汉语儿童语言中的
语法-语用接口研究

吴 庄 著

科学出版社
北 京

内 容 简 介

　　语法-语用接口涉及语法系统与语言运用系统之间的相互作用。本书在讨论语法和语用关系的基础上，通过追踪调查和行为实验等多种方法考察了汉语儿童对已知信息/新信息表达机制、焦点小品词以及等级含意等语法-语用接口知识的习得。研究发现，语法-语用接口知识由于涉及不同模块之间的互动和整合，是语言习得中的难点。尤其在使用句法位置标记已知信息/新信息、确定排他性焦点小品词关联的成分、理解等级焦点小品词的等级预设以及推导等级含意等方面，汉语学前儿童的表现均异于成人。

　　本书适合儿童语言习得领域的研究者阅读，也适合对此领域感兴趣的、有一定语言学基础的大众读者阅读。

图书在版编目（CIP）数据

汉语儿童语言中的语法-语用接口研究 / 吴庄著. —北京：科学出版社，
2024.6

　　ISBN 978-7-03-078373-8

　　Ⅰ. ①汉⋯　Ⅱ. ①吴⋯　Ⅲ. ①汉语-儿童语言-研究　Ⅳ. ①H193.1

中国国家版本馆 CIP 数据核字（2024）第 072076 号

责任编辑：杨　英　贾雪玲 / 责任校对：贾伟娟
责任印制：徐晓晨 / 封面设计：蓝正设计

科 学 出 版 社 出版
北京东黄城根北街 16 号
邮政编码：100717
http://www.sciencep.com
北京科印技术咨询服务有限公司数码印刷分部印刷
科学出版社发行　各地新华书店经销
*
2024 年 6 月第 一 版　开本：720×1000　1/16
2024 年 6 月第一次印刷　印张：17
字数：320 000
定价：118.00 元
（如有印装质量问题，我社负责调换）

本书为国家社会科学基金项目"汉语儿童语言中的句法语用接口研究"（项目编号：13CYY024）的结项成果。

前　言

　　语法-语用接口是一种外部接口（external interface），涉及语法系统与语言运用系统之间的相互作用关系（Slabakova，2011）。

　　学界有关语法-语用接口的理论探讨近年来并不少（Marten，2002；Ariel，2008；Tsoulas & Gil，2011；Tsoulas，2015；Haselow & Hancil，2021；Wiltschko，2022 等）。根据生成语言学的模块论假设，人类思维的组织方式是模块化的：不同的知识系统（或认知能力）内部自成体系，有独特的运行原则和基本架构。语言能力（或语法）与推理、面部识别、思维理论等认知能力是相互独立的；在语言能力（或语法）内部，句法、音系和语义等子系统也是独立的模块。不同模块之间在接口进行交互（Chomsky，2011）。语法-语用接口即语言使用者的语法和语用知识的互动。Tsoulas（2015）认为语法-语用接口存在以下特征：首先，就信息结构（information structure）而言，句法与语用的桥接不能脱离音系的作用；其次，有关含意（implicature）的研究表明，语用过程作用于（至少被允许作用于）小于整句的句法单位。只要某一句法结构可以作为辖域的节点（scope site），它就能接触语用信息。整个句子全部生成后，再交付给宏观的语用学（global pragmatics）进行解读。

　　对儿童语言中语法-语用接口的关注出现于 20 世纪 90 年代。学者主要从早期言语行为（speech act）的句法表征（如 Fenson et al.，1994；Bucciarelli et al.，2003 等）、儿童语言中的名词结构和句法位置与指称意义之间的对应关系（Hickman & Liang，1990；Hickmann et al.，1996；O'Neill，1996 等）、儿童对于语句的等级含意的加工（如 Noveck，2001；Chierchia et al.，2001；Papafragou & Musolino，2003；Chierchia，2004；Guasti et al.，2005；Crain，2012）、儿童语言中的信息结构（Nederstigt，2001，2003；Höhle et al.，

2009；Liu，2009）等方面探讨语法-语用接口知识的始现时间和发展过程。这些研究提供了大量有关印欧语儿童句法和语用知识习得的一手资料，对于儿童语法知识习得与语用能力发展的关系也有深刻的论述。然而，由于在理论背景、资料收集的方式和方法上存在差异，学者在儿童语言句法系统与语用系统之间是否存在直接的互动关系、互动方式，以及语法-语用接口的具体内容、习得过程和顺序等方面仍存在分歧。例如，尽管研究普遍发现 5 岁以前的儿童对话语所蕴含的等级含意不敏感的现象，研究者对于产生该现象的原因的认识却不尽相同。语用延迟假设（pragmatic delay hypothesis）认为，推导等级含意所需的语法-语用接口知识较晚才为儿童所习得（Noveck，2001；Papafragou & Musolino，2003）；加工限制假设（processing limitation hypothesis）则认为，儿童一开始就掌握了该方面的知识（Chierchia，2004），但等级含意的加工受到儿童认知水平的限制，因此容易被忽视（Guasti et al.，2005）。只要语境信息足够充分，儿童就能够推导会话含意（Gualmini et al.，2001；Feeney et al.，2004；Gualmini，2014）。

汉语学界一直重视对句法、语义和语用三个平面之间关系的研究（胡裕树和范晓，1993；刘丹青，1995）。近年对语法与语用关系的研究也出现了许多新的观点（沈家煊，2017）。然而，相较于国外语言学界，对儿童语言中语法-语用接口的关注在汉语学界相对有限，主要分散在汉语儿童句法习得或语用发展的研究中。Min（1994）采用跟踪法研究了汉语儿童对于名词结构与指称特点关系的认识，从而揭示了语法-语用接口知识习得的一个方面。李宇明（1995）、李宇明和陈前瑞（1998）以及周国光和王葆华（2001）对汉语儿童语言中的一些特殊句式及其表征的语用意义进行了详细的描述，勾勒了汉语儿童句法和语用发展的整体面貌。杨小璐（2000，2002）、吴庄和谭娟（2009）、Zhou 和 Crain（2010）等以"才、就、都"等焦点小品词或数量词为切入点，采用实验法考察了汉语儿童对于焦点（focus）、等级含意等语法-语用接口的认识。然而，总体而言，国内研究普遍侧重句法习得或语用发展的一个方面，对于两者之间互动关系的认识还有待进一步深化。

从以上文献回顾可以看出，有关儿童语言语法-语用接口的研究仍有以下问题亟待解决：第一，汉语语法-语用接口知识具体涉及哪些内容，以及这些内容之间存在怎样的关系，目前学界对这些问题存在争议。不仅如此，相关研究选题零散、术语繁杂，缺乏统一的操作性强的分析框架。第二，现有研究大多停留在对儿童语言事实的挖掘与描写层面，未能在儿童语言习得理论和接口理论的高度对现象做出解释。第三，文献中的研究方法或注重跟踪调查，或采用实验研究，但尚未实现小样本深度追踪和大样本广度测试的结合。第四，对儿童语言中语用意义的编码关注较多，对句法结构的语用制约关注不够。本书将从上述四个方面推进汉语语法-语用接口知识的儿童习得研究。

考察汉语儿童语言中的语法-语用接口具有理论和实践意义。理论层面的意义体现为两个"深化"。第一，深化了对句法习得与语用发展关系的认识。本书关注句法习得与语用发展的双向互动，研究儿童句法知识和语用知识两个模块的关联，为整合目前儿童句法习得与语用发展的研究成果、全面深入认识汉语儿童语言习得的过程提供了新的理论框架。第二，深化了对句法和语用互动关系的认识。儿童语言一直被视为语言理论的试金石，而好的语言理论必须回答语言知识的可学性问题。本书通过对汉语儿童在话题（topic）、焦点、含意、先设（presupposition）、名词结构与指称（reference）等方面知识的考察，为进一步揭示语法-语用接口提供了依据。在实践层面，本书为幼儿语文教育提供了启示。语言交际能力是幼儿语文教育的重点。了解儿童句法、语用知识的发展规律对于儿童语文教育中教学语言的使用、内容的取舍、教材结构设计和教学方式选取等方面有所启示。

本书首先界定语法-语用接口知识，然后通过跟踪调查和实验研究获得3～6 岁儿童的语料和语言理解数据，在统一的理论框架下对汉语儿童的语法-语用接口进行阐释，描写各部分知识的习得过程，发掘习得的规律，探讨各部分知识间的相互关联，最后总结句法习得与语用发展的双向互动关系，从儿童语言的视角反观句法与语用的界面。我们认为，语法-语用接口知识涉及语法和语用两个模块，包含语用信息的句法编码与句法结构的语用制约两个方面；该知识是隐性的，但人们可以通过分析自然语料和测试语言产出和理解等手段考察；儿童对语法-语用接口知识的习得受句法习得和语用发展的双重制约；语法-语用接口知识的习得是逐步完成的，在不同个体间表现出较强的规律性。

本书共 9 章，下面分别简要介绍各章的基本内容。

第 1 章"导论"。首先，该章介绍了生成语言学关于思维（mind）和语言架构（architecture of language）的"模块论"思想。"接口"这一概念的理论前提是假设人类思维中不同的知识系统（或能力）构成自成体系的模块，不同模块之间的交互在接口实现。其次，该章提出了关于语法和语用的基本理论假设，以及语言能力和语用能力之间的关系，形成了语法-语用接口的总体模型。最后，该章介绍了语法-语用接口的语言习得理论——接口假说（interface hypothesis）。根据该理论的假设，涉及接口的语言知识相比于不涉及接口的纯句法知识在语言习得中更可能表现出延迟或残缺的现象，涉及句法-语用等外部接口的知识比涉及句法-音系、句法-语义等内部接口的知识更难习得。

第 2 章"语法-语用接口知识"。该章分别从已知信息和新信息的表征机制、对比焦点与焦点小品词和等级含意三个方面进行论述。在汉语中，已知信息和新信息既与名词短语的内部句法结构有关，又与名词短语所处的句法位置相联系。类似于英语等印欧语言，汉语中的限定词表达"定指""不定指"等指称概念。例如，"一"+量词+名词构成的"'一'量名"结构只能不定指，表达未知信息，而指示词"这/那"+（数词）+量词+名词构成的"指量名"结构则只能定指，表达已知信息。然而，汉语中大量存在的光杆名词（bare nominal）形式的定指与不定指与它们所出现的句法位置有关。汉语中存在一个强烈的倾向：由主语表达已知的、确定的事物，而由宾语表达未知的、不确定的事物（Chao，1968；朱德熙，1982 等）。

焦点小品词是一类与焦点相关的副词，它们触发句子与语境中一组相关选项的对比，使位于其辖域中的句子成分成为凸显的信息。正确理解包含焦点小品词的句子需要整合句法、音系和语用等多个模块的知识，因此是观察接口知识习得的重要窗口。儿童在学习语言时不仅需要掌握句子的字面意义，还需要依据语用知识推导字面意义之外的含意。

等级含意因其具有可计算、可取消、不可分离等特征，一般被视作语用推导的结果，但它另一方面又具有局域性（locality），即子句的等级含意可以进入根句的语义运算，因此属于语法-语用接口问题。

第 3 章"语法-语用接口的儿童语言习得研究现状"。该章简要评述了关于语法-语用接口知识习得的国内外研究现状。

习得母语的信息表达机制是儿童面临的挑战。名词性成分的指称性质由于抽象和内隐，难以通过例证学习（ostensive learning）掌握。成人也不可能提供明确的、有效的指导来帮助儿童认识名词性成分的指称性质与它们的形式以及所出现的句法位置之间的联系。现有研究发现，尽管儿童很早就能区分不同类型的信息（Schmitz & Höhle，2007），完整地习得母语的信息表达机制相比习得句法知识需要花费更多的时间。

第一语言习得领域关于焦点小品词习得的讨论主要集中在排他性焦点小品词方面，对儿童习得添加性和等级性焦点小品词的研究非常有限。现有研究结果显示，焦点小品词的习得似乎表现出"产出先于理解"的独特现象：儿童尽管早在 2 岁前就能自发使用各类焦点小品词，但对这些词语的理解直到学龄期还与成人之间存在差异。

儿童是否具有推导等级含意的能力，他们在推导等级含意时面临什么困难，是近年来第一语言习得研究中的热点问题。现有研究发现，学龄前儿童对等级含意不敏感，一般情况下理解的是句子的真值条件意义。但儿童理解不了等级含意究竟是由于缺乏相关的语用知识，还是因为其不够成熟的语言加工能力所限，仍然是文献中悬而未决的问题。

第 4 章"汉语儿童语言中的信息表征"。该章的研究发现，除代词和专有名词外，儿童在 2;6[①]之前使用的名词性成分形式主要有光杆名词和"'那'+量词+名词"（以下称为指量名成分）。"数词+量词+名词"成分（以下称为数量名成分）、"一轻读"量名成分和"量词+名词"成分（以下称为量名成分）等较少，也鲜有包含数量词和修饰语的复杂名词性成分。汉语儿童很早就只把指量名成分用于已知实体，也只把"一轻读"量名成分和量名成分用于新实体，这说明他们习得了这些名词性成分的形式与定指或不定指之间的对应关系。研究没有发现儿童用"一轻读"量名和量名成分做主语的情况。主语位置的数量名成分和光杆名词都是回指话语中已经存在的实体。总体上，儿童早期语言中"一轻读"量名成分和量名成分非常少，且完全没有复杂名词性成分。诱导产出

---

① 本书采用儿童语言习得研究领域通用的年龄标示法，2;6 指 2 岁 6 个月。

法（elicited production task）进一步表明，汉语中指称维度的已知信息/新信息表达机制，即名词性成分的定指性（definiteness），在 3 岁前就已经被儿童习得；关系维度的已知信息/新信息表达机制，如主语表达已知信息，而宾语表达新信息，在 7 岁儿童的语言中仍与成人之间存在差异。

第 5 章"汉语儿童对复杂成分内部结构和信息类型关系的认识"。汉语中包含数量词和修饰语的复杂名词短语有两种可能的词序：修饰语位于数量词之后、名词之前（内修饰名词短语）或修饰语位于数量词之前（外修饰名词短语）。前者既能定指又能不定指，而后者只能定指。该章采用诱导产出法和图片验证法（picture verification task）分别考察了汉语儿童的语言产出和理解，发现 5 岁以前的儿童没有掌握复杂名词短语的指称性质。他们极少使用外修饰名词短语指称定指个体，也未习得该词序不允许不定非实指解读的知识。研究总体支持文献中有关表达定指性的句法手段晚于词汇/形态手段习得的观点。儿童因为外修饰名词短语生成机制的复杂性及该类短语在语言输入中较少出现等而较晚习得其指称性质。

第 6 章"汉语排他性焦点小品词的习得"。该章首先采用真值判断任务（truth value judgment task）（Crain & Thornton，1998）考察了 4～5 岁的汉语儿童对于排他性焦点小品词"是"的理解。汉语中，当"是"出现在动词短语（verb phrase，VP）之前时，句子允许"焦点"和"确认"两种解读。焦点解读具有排他性（exclusiveness），语义更强，在真值条件（truth condition）上是确认解读的一个子集。在这种情况下，儿童可能面临语义习得的子集难题。语义子集原则（semantic subset principle）认为，语言习得机制（language acquisition device，LAD）会引导儿童先假定句子只有子集解读，再通过语言输入中的正面证据（positive evidence），习得母集解读。研究发现，学前儿童仅掌握了"是"的焦点解读用法，而没有习得其确认解读。焦点解读的排他性意味着其在真值条件上包含确认解读，汉语儿童的表现符合语义子集原则：当一个句子表达两种意义，且这两种意义间存在"子集-母集"关系时，儿童先习得的是子集意义。

该章还对比了汉语学前儿童和成人将焦点小品词"只"与双宾/与格结构中的成分关联的情况。研究发现，汉语儿童的焦点解读遵循语义子集原则，他们通常使用"只"限制整个动词短语，而非直接宾语或间接宾语。成人的解读则受到句法结构的影响，他们在理解与格结构时倾向于将"只"关联到直接宾语，而在理解双宾结构（double object construction）时则倾向于将"只"关联到间接宾语。换言之，成人遵循就近原则，即离排他性焦点小品词越近的成分越容易成为焦点，这也是语言加工的一般策略。

第 7 章"汉语添加性和等级性焦点小品词的习得"。该章采用诱导推论任务，考察了汉语学前儿童对添加性焦点小品词"也""还"和等级性焦点小品词"才""就""都"的理解。焦点小品词的功能是关联句子中的对比焦点，并表达句子命题内容以外的预设信息。选项语义学（alternative semantics）（Rooth，1985，1992）认为，句子中的对比焦点成分触发一个选项集，其成员为用语境中相关的其他对象替换对比焦点成分后得到的命题。添加性焦点小品词将选项集中的至少一个成员添加到预设中；等级性焦点小品词除将选项集中的至少一个成员添加进预设外，还表达选项集中的各成员之间在某个语义维度上构成的等级序列，包括焦点成分的命题位于等级的一端。研究发现，汉语儿童在对比项是语境中的凸显信息时，完全能够得到添加性焦点小品词触发的"添加"预设，但在理解等级性焦点小品词表达的等级预设方面表现出迟滞的现象，原因是他们无法构建和维持选项的等级序列。

第 8 章"汉语儿童语言中的等级含意"。该章考察了汉语儿童对等级谓词触发的语用含意的理解和加工。儿童在学习语言时，不仅需要掌握句子的字面意义，还需要依据语用知识推导字面意义之外的含意。关于局域性等级含意，我们通过 4 个实验考察了汉语儿童语言中的等级含意，发现相比于成人，儿童总体上对于等级弱项触发的含意不够敏感。但这并非因为他们缺乏量准则、相关准则等语用知识，而是因为他们的认知有限，难以自动将等级强项相关联。除此之外，实验还说明，等级含意具有局域性和一定程度的特殊性，另外，数词并非像经典的等级含意理论所认为的属于等级谓词。

第 9 章"结语"。该章总结了全书的研究发现，进一步分析了造成儿童在习得语法-语用接口知识时存在困难的原因。

本书所采用的研究方法包括追踪调查法和实验法。追踪调查法是儿童语言习得的常用方法，研究者记录数名儿童自然产出的语言，建立语料库，并进行数据分析（Demuth，1996）。追踪调查法的优势在于能提供大量真实的语料，展现语言发展的全貌。研究者极少干预儿童的语言使用，可以最大限度地避免"观察者悖论"（observer's paradox）（Labov，1972）。我们追踪了两名普通话儿童在 2;0～2;4/2;5 自发的语言产出，对他们使用的名词短语的形式和出现的句法位置以及这些名词短语的指称特点进行了分析。研究比较全面地勾勒了早期儿童语言中已知信息/新信息等语用特征的表达机制。然而，追踪调查法也有其自身的局限：该方法本质上属于被动的观察，由于研究者基本不干预儿童的语言使用，因此无法就相关的理论假设进行有针对性的检验；对语料的分析也取决于研究者自行建立的标准和程序，难免失之主观。此外，由于各方面客观条件的限制，追踪调查法难以对较大规模的样本进行高密度的取样。鉴于以上原因，本书还采取了一系列实验法考察儿童对语法-语用接口知识的习得。诱导产出法采用图片作为刺激材料，诱发儿童使用目标结构（Thornton，1996）。我们采用该方法考察了儿童对于已知信息/新信息的编码，包括他们用来表达已知信息/新信息的名词短语和句法位置等，为追踪调查法的结果作了有力补充。真值判断任务通过故事为儿童提供丰富的语境，然后邀请儿童根据语境对测试句的真值进行判断（Crain & Thornton，1998）。在本书中，我们采用该任务考察了儿童对包含等级谓词或焦点小品词的话语的理解。但真值判断任务的潜在问题在于儿童"对"或"不对"的回答究竟是针对句子的真值条件还是合适性条件难以确定，因此实验结果可能有多重解读。诱导推论法（elicited inference task）则避免了上述问题，儿童根据语境和测试句进行推论，而不是简单地做正确与否的判断（Yang，1999）。本书采用这一方法考察了儿童对焦点小品词触发的预设的认识。

　　本书的主要观点是：①语言的基本架构是模块化的，各模块之间通过接口实现互动和整合。②语法-语用接口在两个层面实现。语用信息对狭义句法（narrow syntax）推导的语段（phase）是可及的，而狭义句法完成后再与宏观层面的语用实现交互。③儿童的词汇语义习得受到"对立原则""语义最简"等语用原则的制约，因此迅速、高效。④表达已知信息/新信息的词汇机制很早就被汉语儿童掌握，但句法机制则较晚习得。这支持"接口假说"关于涉及语法-语用接口的知识较难习得的观点。⑤儿童很早就习得了焦点小品词表达的预设，但由于他们是宽容的语言使用者，在真值判断任务中即使感知测试句没有满足合适性条件，也不会因此拒绝测试句。⑥学前儿童对等级谓词表达的等级含意不敏感。这并非由于他们缺乏推导等级含意所需的语用知识，而是因为加工等级含意需要激活语用等级并构建选项集，这超出了儿童的认知能力所能承受的范围。

　　本书的主要创新之处在于：①在重新审视前人研究的基础上构建了一个语法-语用接口的理论框架，涉及词、短语和言语行为等不同层次，明确了语法-语用接口涉及的内容，比以往的研究更为系统。②从语法-语用接口的视角重新审视了汉语儿童早期语言中的名词结构，并指出前人研究所认为的儿童早期没有习得完整的名词短语结构其实是研究方法没有真正揭示儿童的语言能力。采用诱导产出法证明了儿童早期就完全能像成人一样产出"数量名"等结构。研究也发现，儿童较晚习得由句法位置表达的"定指/不定指"等语用特征。③重新审视了前人关于儿童不能得到添加性焦点小品词的添加预设和等级性焦点小品词的等级预设的看法。用诱导推论法证明了儿童其实很早就习得了这两类小品词所表达的添加或等级预设。但儿童是宽容的语言使用者，他们在真值判断任务中只会拒绝不满足真值条件的测试句，而接受不满足合适性条件的测试句。④证明了汉语学前儿童具有推导等级含意的能力。他们在前人研究中表现出对等级含意不敏感，这主要是因为加工等级含意需要整合句法和语用等各方面的信息。对于儿童来说，激活对比项并构建选项集超出了他们的认知能力。

目　　录

第 1 章

导　　论

讨论语法-语用接口本身意味着接受关于思维和语言架构的模块观（modularity view）：语言官能（faculty of language，指狭义的内在语言知识）与其他认知能力（如记忆、数学、思维理论等）是相互独立的，各自有其组织方式。在语言官能内部，核心的运算系统（即狭义的句法）独立于语义和音系等语法组成部分。不同系统之间通过接口相联系。本章首先简要介绍模块论的基本主张，然后探讨语法和语用的关系，包括本书所采用的语法和语用理论假设以及核心概念等，最后讨论关于语法-语用接口知识的语言习得理论。

1.1　接口与模块论

"接口"最初是计算机科学中的术语，指人们从计算机屏幕显示的程序中获取信息或将信息输入程序的方式，后引申为指两个不同的学科或事件之间互相影响的方式，或两个物体的接触面（皮尔素，2001：952）。在汉语中，有时也称"接口"为"界面"。

Bierwisch（2007：1）将"接口"定义为"两个独立的系统之间交互作用的形式化手段"。因此，"接口"一词预设所涉及的两个系统是相互独立的，不存在包含关系。然而，两个系统之间必须具有部分对等关系作为接口的基础。换言之，A 和 B 存在一个结构为 C 的接口，需具备以下条件。

（1）A 和 B 在相关方面的结构上有所不同；

（2）A 和 B 共享 C，C 代表 A 和 B 的部分结构和过程之间的同构关系；

（3）A 和 B 通过 C 发生交互作用，即 A 对 B 有系统影响，反之亦然。两者之间的影响通过 C 实现。

在语言学（主要是生成语法）中，"接口"一词涉及语法的各组成部分之间以及语法与其他认知能力之间的交互关系，前者如句法-音系接口、句法-语义接口，后者如语法-语用接口等。这一概念反映了关于语言架构的模块观，即语言与其他认知系统之间，以及语言内部各子系统之间相互独立。

从 20 世纪 80 年代至今，心理哲学对模块极为关注。Fodor（1983，2005）认为，人类的部分认知系统[①]具有模块化的属性，并列举了模块的九大特征，分别如下。

（1）领域特殊性：模块仅处理有限类的输入。

（2）强制性：模块以自动化的方式运作。

（3）有限通达性：高层次的加工仅能有限接触模块内部的表征。

（4）快速加工：模块快速生成输出。

（5）信息胶囊化：模块不受高层次加工的信息的影响。

（6）输出浅层性：模块输出的信息相对简单。

（7）局域性：模块在专属神经结构中实现。

（8）故障特殊性：一个模块的损伤不影响其他模块的功能。

（9）发育决定：模块的发展遵循一定的速度和顺序。

在九大特征中，最重要的是信息胶囊化和有限通达性，它们实际上是同一个硬币的两面（Prinz，2006；Robbins，2017）。信息胶囊化指的是认知系统对信息进入的限制，每一个模块仅允许特定的信息进入，而忽略其他信息；有限通达性则表示模块内部的信息仅部分对高层次加工开放。这两点实际上强调

---

① Fodor（1983，2005）的模块论是一种温和的观点，认为低层次的认知系统，如感知和语言，是模块化的；高层次的认知系统，如推理、计划、决定等，则是非模块化的。后福多主义者（post-Fodorianist），如 Carruthers（2002，2006）、Sperber（2002），以及 Sperber 和 Wilson（2002），则更为激进，认为整个认知系统都是模块化的。有关这一争论的详细内容，请参考 Prinz（2006）和 Robbins（2017）的综述。

了模块的独立性。强制性、快速加工以及输出浅层性则是模块独立性带来的副产品。系统仅接受有限的外部信息，使得其运作只需按照内部组织方式自动进行，信息胶囊化减轻了信息加工的负担，提升了处理速度，也使得输出信息相对简单。局域性、故障特殊性以及发育决定（即天赋性，innateness）是模块性在习得、加工和损伤方面的具体表现。

另一位认知心理学家 Pinker（1997，2005）也提出了自己的模块论，认为人类思维是由自然选择的计算器官组成的系统。这一系统是自然对基因复制进行选择的结果，不是单个实体，而是由一系列专门化的官能组成。每一官能都专注于处理某一种特定的推理或目标。与 Fodor（1983）①把模块看成胶囊化的信息处理器不同，Pinker（1997，2005）将模块定义为专注于某一领域的功能组织，这些模块（Pinker 更愿意称之为子系统）不对可能有关的信息完全封闭，也不仅仅对进入系统的信息起到路由器的功能，它们还决定进入的信息触发何种推理或目标。在 Pinker（2005）看来，模块论具有以下几点优势。首先，它与认知官能的模型，如语言、空间认知等，是一致的。人们可以将语言和空间认知等区分开来，这表明思维中这些官能是独立的系统。其次，它能解释神经和基因系统的特殊障碍，例如，有一些人在识别面孔方面存在困难，但在识别其他物体方面没有问题；另一些人在对思维进行推理时有困难，但完全可以对事物或图片做有效推论。最后，它能解释人类思维和情感中复杂而具规律性的现象，例如对于亲情和爱情的区分等。

以 Chomsky 为代表的生成语言学家同样是模块论的支持者，但他们对于模块的理解与 Fodor（1983，2005）的理论不同。Chomsky 的模块观源于生物学对于动物学习的理解。Chomsky（1975）在《语言问题思考》（*Reflections on Language*）一书中指出，所有的动物学习都依赖于专门化的、以特殊方式进行的"学习机制"（learning mechanism）和"学习本能"（instincts to learn）。这

---

① 尽管都是模块论的提倡者，Fodor 并不认同 Pinker 的理论。首先，Fodor 反对把思维看成计算系统，他认为并非所有的思维活动（如"溯因推论"abduction）都可以用计算解释。其次，Fodor 并不认为思维的所有方面都是模块化的，正如前文所说，他仅认为低层次的认知系统是模块化的。最后，Fodor 也不认同 Pinker 的思维进化观。关于两者的争论，详见 Fodor（2000）对 Pinker（1997）的批评、Pinker（2005）的回应以及 Fodor（2005）的再次回应。奚家文（2009）也有相关综述。

些机制和本能本质上就是大脑里的器官，其结构使得动物可以进行某种特殊的计算。Chomsky（1975）认为，人类的语言学习就是一种本能，依靠专门化的语言器官完成。语言器官的初始状态在经验的触发和塑造下最终发展成为具体的语言。Chomsky（1980：3）进一步认为，思维本身是由一系列子系统构成的复合体，与机体的其他系统，如消化系统、免疫系统、视觉系统等一样具有内在的完整性："我们可以将语言官能、数学官能等视为类似于心脏、视觉系统或运动协调系统的器官。生理器官、直觉和运动系统与认知官能之间似乎没有明显的界限。"在思维器官中，语言知识（或语法）独立于计划、各种记忆结构以及行为组织等其他方面（Chomsky，2011）。换言之，语法与其他认知系统各自构成独立的体系。适用于语法的原则不一定适用于人类思维的所有方面。例如，自然语言语法都遵循结构依存（structural dependency）的原则，即移动（movement）等句法操作是基于词语间的结构关系而非线性顺序的（Chomsky，1971，1980，1988）。疑问句的推导并非通过移动在线性序列中排在第一的助动词，而是通过移动在结构上处于较高位置的助动词，例如：

（1）a. Is the man who is here tall?
b. *Is the man who here is tall?[①]

基于以上事实，Chomsky（2001：271）强调："句法似乎遵守结构依存的特征，无法使用语言官能之外的更容易实施的线性或其他运算特征。"然而，结构依存并非人类思维各个方面都遵循的原则。人们完全可以制造出以线性顺序或其他特征为原则的人工语言。事实上，能够构造出类似于（1）b 这样不符合自然语言语法的句子，本身就表明人类思维可能不总是遵守结构依存。正是由于存在结构依存这些语法所独有的特征，生成语言学认为人类思维中存在一个自足的模块负责语言知识，即存在一个独立于数学、逻辑、视觉等其他思维官能的语言官能。生成语言学的模块思想在 Hauser 等（2002）的语言官能结构模型中得到清晰的体现。根据这一模型，广义的语言官能与机体内部的记忆、消化、呼吸、循环等系统之间相互独立，具体结构如图 1.1 所示。

---

① *号表示句子不符合语法。

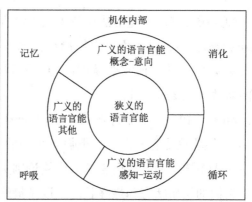

图 1.1　语言官能结构模型

如同 Fodor（1983）强调模块的天赋性一样，Chomsky 认为语言官能是先天的，而非通过后天学习形成的。语言知识，特别是句法知识本身就非常复杂，但儿童能在极短的时间内依据非常有限和低质的语言经验掌握这些知识。语言的能产性和刺激贫乏性（poverty of stimulus）之间的反差说明，语言知识很大程度上不是从经验获得的，而具有先天性。例如，儿童很早就掌握了结构依存的知识，但显然语言经验并未提供关于这一知识的有效信息（Crain，1991）。此外，儿童语言习得表现出整齐划一（uniformity）的特点。尽管儿童的成长环境千差万别，接受的语言输入多寡各异，听觉正常的儿童基本上按照相同的步骤掌握了语言：1 岁前后会说单词，电报句（指没有功能词和语素的句子）在 1 岁半左右首次出现，约 2 岁时开始使用复杂结构和功能性词语或语素，5 岁前的句法几乎与成人无异（Lenneberg，1967；Gleitman & Newport，1995）。此外，语言习得存在关键期，如果儿童在关键期结束前（一般认为是青春期开始）未能接受有效的语言输入，则可能无法掌握语言（Lust，2006）。上述现象表明，语言习得是一种成熟控制的发展过程（maturationally controlled development）（Lenneberg，1967）。基于这些事实，Chomsky 提出儿童具有天赋的语言习得机制，这一机制为人类所独有，提供的信息能确保儿童在有效的语言输入的基础上掌握语言。无论其父母说何种语言，儿童身处于任何一种语言环境中都能学会该语言。例如，被英语国家的家庭收养的中国孩子能像盎格鲁-撒克逊家庭的孩子一样迅速掌握英语，这说明语言习得中一定包含一种普遍语法（universal grammar，UG），使得儿童能够根据适当的语言经验学会任何一种人类语言。普遍语法反映了人类语言所共有的抽象特征，如递归性（recursiveness）等，属于语言生物遗传信息的一部分，无需学习，个体之间也没有显著差别。儿童所需要掌握的句法知识仅限于具体语言之间的差异，即所谓的参数（parameter）。

在与 Stemmer（1999）的邮件访谈中，Chomsky 指出，自己的模块观与 Fodor（1983）的模块论尽管不矛盾，但属于不同的概念。Fodor（1983）的模块论主要关注输入系统，而生成语言学的模块论则关注认知系统——专门化的"学习机制"、它们的初始状态和最终状态，以及最终状态如何与输入系统（感知）和输出系统（语言使用）接触。Fodor（1983：51）曾在语言方面有过专门的论述："语言的感知系统由此可以被视为一套包括其领域内的物体的精细理论，该理论也许隐藏在该语言的语法中。"Chomsky 认为这一看法并不准确。某一使用者的语言（即语言官能的某一状态）的感知系统是基于其语言知识的，而关于其语言知识（以及语言官能）的理论则是语言学家所探求的。所谓的"语法"是指语言学家关于使用者的语言知识的理论，而关于语言官能的理论则是"普遍语法"。普通使用者拥有语言知识，而没有关于语言知识的理论（Chomsky，1975，1980）。显然，这里所说的语言知识和语言官能属于在 Fodor（1983）理论框架中的"中央系统"，是非模块性的。

在语言官能内部，句法、语义、音系各模块之间也是相互独立、自成体系的。早在 1957 年出版的《句法结构》（*Syntactic Structures*）一书中，Chomsky 就讨论过语法和语义之间的关系。他强调语法的独立性，认为"合乎语法"不等同于"有意义"。例如，严格来说，（2）a、（2）b 两句都是没有意义的句子，但只有（2）a 是合乎语法的：

　　（2）a. Colorless green ideas sleep furiously.

　　　　b. *Furiously sleep ideas green colorless.

因此，Chomsky（1957）明确提出语法是自主的（autonomous），独立于意义。在后续的理论模型中，意义尽管被纳入语法的范畴，但仍然像音系一样作为一个独立的模块存在，与句法彼此自成体系。例如，Chomsky（1975）提出，语言理论有两个主要分支：句法学和语义学。句法学研究语言形式，其核心概念是"合乎语法"，主要关注语言中句子的语法合格性以及背后的潜在形式结构；语义学关注语言表达式的意义和指称，研究语言共同体如何使用句法生成的形式结构。两者间的相互作用仍不清楚。显然，上述思想预设句法和语义是不同的系统。在 Hauser 等（2002）刻画的模型中，广义的语言官能包括内在语言（I-Language，或称为狭义的语言官能，faculty of language-narrow sense，FLN）、感知-运动系统、概念-意向系统及其他方面，它们都属于相互独立的子系统。狭义的语言官能生成的句法表征在与语言之外系统的接口进行阐释，因此必须满足这些外部系统所要求的"可读条件"（legibility condition）。

模块论得到了来自生物学以及语言习得、语言障碍等领域的经验证据支持。心理学家 Gallistel（2000）曾观察到：生命的常态是模块系统，在不同物种和不同领域中有独特的生长/学习机制。从进化的角度来看，语言是人类较晚才掌握的能力，在人类从其他物种分离出来数百万年后才出现（Chomsky，2011）。从个体的语言习得来看，婴幼儿掌握语言的过程非常迅速。大多数儿童 3 岁左右就完全掌握了母语的核心句法知识，他们能理解成人所说的绝大部分话语，同时能自如地用母语表达思想，所说的大部分话语即便陌生人也能听懂。与此相反，组织运动能力、逻辑思维能力、数学思维能力等认知系统的发展则较晚。大多数 3 岁左右的儿童不能独立系鞋带，无法平衡地骑自行车，不能完成简单的数学运算，他们的绘画也非常简单、抽象。因此，语言习得似乎遵循与其他认知能力发展不同的机制。

从语言病理学的角度来看，语言知识的各模块之间存在所谓的"双重剥离"（double dissociation）关系（Lust，2006），即当一个模块的能力丧失后，另一个模块的能力能得以保全，反之亦然。举例来说，布洛卡失语症（Broca's aphasia）患者表现为说话迟缓、费力，语法受到损伤，导致说出的句子往往缺失功能性词汇或语素，但语言知识的其他方面，如词汇等，往往没有受到影响，一般认知能力也能得以保全。相比之下，韦尼克失语症（Wernicke's aphasia）患者则表现为句法未受影响，但在理解和词汇层面的能力丧失。同样，语言知识和其他认知能力之间也可能双重剥离。威廉姆斯综合征（Williams syndrome）患者的典型表现是拥有超常的词汇量和基本完整的句法知识，但他们往往智商（intelligence quotient，IQ）较低；相反，特定型语言障碍（specific language impairment，SLI）的患者则在句法、音系、语义等语言模块的某一个或几个方面存在困难，而智商正常。这些现象都说明，语言知识内部各模块之间、语言知识与其他认知能力之间存在一定的独立性。

由于"接口"一词本身就预设语言与其他认知系统以及语法内部各系统之间的独立性，因此并非所有的语言学理论都承认存在"语言接口"并不难理解。当代语言学关于语言是否独立于一般认知能力一直存在激烈的争议。例如，基于使用的语言观（usage-based view）认为，人类习得语言是因为具有识读意图（intention-reading）和发现规律（pattern-finding）的能力（Tomasello，2003）。前者包括引起他人关注某一事物或事件、追踪他人意图以及学习和模仿他人意向性行为的能力，后者涉及形成范畴、从反复出现的感知和行动中发现规律以及对外部刺激的分布进行统计分析等。换言之，语言和其他认知能力并无本质区别，这些能力是跨领域的。

本书采纳模块论的语言架构观，主张语法和语用是两个相互独立的系统，各自有其运作规则，并通过一系列投射规则相联系。接下来，我们将详细讨论语法和语用的关系。

1.2 语法和语用的关系

本节首先简要讨论语法和语用两个概念。和语言学中的其他一些术语一样，语法和语用可以指学科的名称。前者研究语言中遣词造句（句法）以及句子表达意义（语义）和外化为声音（音系）的规则，而后者研究语言使用的规则。但这两个专有名词还可以指人们所拥有的知识或能力。语法指语言使用者拥有的内化的语法知识，或 Chomsky（1965）所说的语言能力；语用则是指语言使用者拥有的关于语言使用的知识。采取这样一种看法意味着，语法和语用不仅是语言研究的层次，而且是思维的一部分。

不同的语法理论和语用理论会影响对语法–语用接口的描写（Tsoulas，2015）。例如，采用中心词驱动短语结构语法（head-driven phrase structure grammar，HPSG）（Pollard & Sag，1994）、词汇功能语法（lexical functional grammar，LFG）（Bresnan，2001）或动态句法（dynamic syntax）（Kempson et al.，2001）作为语法模型描写的语法-语用接口，与采用最简方案（minimalist program）（Chomsky，1995，2000，2001，2004，2008）作为语法模型描写的语法-语用接口将会呈现出完全不同的图景[①]。同样，如果把语用看作语言使用的社会、心理各个方面的知识，即 Levinson（1983）所说的大陆传统，那么语法-语用接口肯定也不同于把语用限制在关于指示语（dexis）、含意、预设、言语行为和话语信息结构的知识（即英美传统）时的情况。因此，有必要先交代本书关于语法和语用的理论框架。

　　按照生成语言学的最简方案理论（如图 1.2），语法首先包括词汇信息，或词库（lexicon）。我们可以将词库视为心理词典，提供具体语言中的词项及其句法属性。句子由词语组建而成，因此造句时首先需要从词库中获取词汇信息，然后句法对词汇信息进行句法运算。在最简方案中，句法运算实际上只有一种，即"合并"（merge）：词语从词库中被提取后，构成一个集合；然后从集合中选取两个词，构成一个句法单位；该句法单位可以继续与其他句法单位合并。由于合并总是将两个成分组合起来，所生成的结构均体现为二分叉（binary-branching）。二分叉合并是最简单、最基本的组合，可以反复递归生成，运算起来经济简便，而且生成能力强大。在最简方案中，早期理论中所谓的"移位"被视为一种特殊的合并操作（Chomsky，2004）。从词汇阵列（lexical array）中提取词项，并把其与其他成分合并，被称为"外部合并"（external merge）。将现存结构中的某个单位移动到同一结构中的另一个新位置，这样的移位操作被称为"内部合并"（internal merge）。

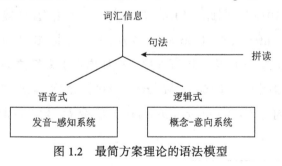

图 1.2　最简方案理论的语法模型

---

① 关于非转换句法理论（主要是 HPSG 和 LFG）视角下的语言接口，详见 Kuhn（2007）的讨论。

　　句法运算完成后进行拼读（spell out），语法的其他两个组成部分提供输入（input）。其中，一个是逻辑式（logical form，LF），用于将句法结构转化为对应的语义表达式；另一个是语音式（phonetic form，PF），负责将句法结构映射到语音表达式。Chomsky（2008）将与言语发音系统的接口称为发音-感知系统（articulatory-perceptual system），其作用是负责外显，驱使说话人发声，让听话人感知声音①；与思维意义系统的接口称为概念-意向系统（conceptual-intentional system），负责思维和行为规划等。每一个运算生成的语言表达式都包含着对这些系统的指令。语言与这两个系统形成的接口分别为发音-感知系统和概念-意向系统提供指令。传递给（思维与言语）界面系统的语义和语音表达式只能包含接口系统可辨别的（legible）元素，因此传递给思维系统的语义表达式只包含对语义有贡献的成分，传递给言语系统的语音表达式只包含对句子读音有贡献的成分。

　　句法操作严格遵守局域性条件。也就是说，每个句法运算循环（即所谓的语段）（Chomsky，2001，2008）完成后，所得的句法表达式通过"转化"（transfer）交由发音-感知系统和概念-意向系统解读。语段理论对于如何看待语言接口非常关键。语义和音系本身并非语言外部系统：语义不是概念-意向系统，音系也不是发音-感知系统。严格来讲，由句法生成的表达式在形式语义组件中得到语义表达式，即逻辑式，逻辑式是句法与外部的概念-意向系统的接口。同样，句法生成的表达式在音系中获得语音表达，即语音式，成为句法与外部的发音-感知系统的接口。因此，语义和音系是内在语言的内在组件，它们在逻辑上是先于接口表达式存在的，而不是以接口表达式作为其输入成分（Tsoulas，2015）。因此，句法-语义接口、句法-音系接口也被称为内部接口（internal interface）（Sorace，2011）。与此相对应的是外部接口（external interface），即语法与语言外部（机体内部）系统之间的接口。

　　语言学中的语用学一词源于 Morris（1938）对于符号学（semiotics）分支学科的描述：符形学（syntactics/syntax）研究符号之间的关系，符义学

---

① 在 Chomsky（2011）中，这一接口被改称为感知-运动接口（sensory-motor interface），以纳入声音之外的手势（手语符号）以及其他感知模态。

（semantics）研究符号与其所代表的物体之间的关系，而符用学（pragmatics）研究符号与解读符号的人之间的关系[①]。Morris（1938：108）对于符用学的理解非常宽泛："符用学研究指号过程的生物方面，即符号在起作用的过程中的全部心理、生理和社会现象。"如果具体到语言符号，这种理解显然包含当下所说的心理语言学、社会语言学、神经语言学等领域。

　　当下语言学中对语用学的理解则比 Morris（1938）狭窄得多。Levinson（1983：5）把语用学看作"语言研究中必须涉及语境因素的部分。'语境'一词包括参与者的身份，言语事件中的时间、空间参数以及参与者的信念、知识和意图等"。然而即使在这样一种狭义的理解下，要给语用学下一个明确的定义绝非易事（Levinson，1983；Ariel，2010）。例如，把语用学看作"由语法编码的语境因素"会太窄，会话含意等语用学中的重要课题将被排除在外；把语用学看作"语言使用者关于话语合适性的知识"则太宽，许多属于社会语言学的课题会被囊括在内。一般认为，语用学指意义除去语义学之外的那部分，即"语用学=意义－语义学"。然而，这种看法意味着语用学的范围取决于如何看待语义学。如果把语义学看作处理规约意义的学科，而把语用学看作处理非规约意义的学科，那么预设规约含意（conventional implicature）（Grice，1989）以及一般会话含意（generalized conversational implicature）这些既有规约化特征的意义就会被归于语义学，但问题是它们又有一定语境依赖性的意义（沈家煊，1990）。反之，如果采取严格的语义观，语用学的范围就会非常宽。Gazdar（1979）、Levinson（1983）等语用学家接受形式语义学（formal semantics）（Montague，1974）的语义观，把语义看作真值条件，那么语用学就囊括了所有的非真值条件意义。关联理论（relevance theory）则更为激进，它认为即便是真值条件也离不开语境充实（Sperber & Wilson，1995；Carston，1998，2008；Ariel，2010 等）。Recanati（2004）总结了语用学中一个广为接受的意义分类方法，如图 1.3 所示。

[①] 沈家煊（2016）将 Morris（1938）的三个分支分别译为"语形学"、"语义学"和"语用学"。由于 Morris 的理论针对所有符号，并不限于语言，本书认为称其为"符形学"、"符义学"和"符用学"更加准确。

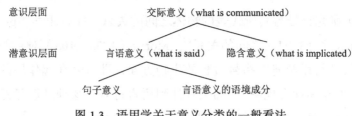

图 1.3　语用学关于意义分类的一般看法

根据这种观点，不仅隐含意义属于语用学，与语境有关的言语意义成分，如话题、焦点、预设等，也都属于语用学的研究范围。因此，简便的做法是采取外延定义，即明确语用学的核心课题。一般认为，语用学涵盖（但不限于）以下子领域：含意、预设、言语行为、指称、指示语、定指性以及信息结构（Horn & Ward，2004；Huang，2017）。

在生成语言学的模块观的启发下，Kasher（1991）等将说话人/听话人关于语用的知识概念化为语用能力。传统意义上，语用学研究具体语境中话语（utterance）的合适性问题。在 Kasher（1991）看来，就像生成语言学将语法视为说话人/听话人关于语言合法性的知识一样，语用学同样可以将语用视为理想的语言使用者关于话语合适性的知识。这是一种内在主义的观点，即认为语用规则是人类心智的一部分。至于语用表现，则是语用能力与属于另一模块的心理系统之间的互动。

Kasher（1991）的语用能力模块化假说与 Fodor（1983）的模块论并不相适应。如前文所述，后者主要关注输入系统，而关于话语合适性的信念（belief）的加工、修正与存储属于 Fodor（1983）所说的中央认识系统，该系统在 Fodor（1983）的理论中是非模块化的。以会话含义的推导为例，按照 Fodor（1983）的假说，会话含义是中央认知系统将与意图行为有关的一系列原则用于语言使用的结果，是基于字面意义推出的高阶隐含意义。这样看来，语用并不具有专属于某一领域的特征，语用意义的推导并非由输入系统中某一模块实现，因此 Fodor（1983）的模块论中没有语用模块的位置，也不存在自成体系、独立于其他知识的语用知识。与 Fodor（1983）不同，Kasher（1991）的语用能力模块化假说不把模块看作输入系统中的独立子系统，而是将人类整个认知系统看作是模块化的，这与 Chomsky（1975）的观点类似。在这一理论中，语用知识，即关于话语合适性的知识，由两个相互独立的部分构成：分析性语用知识和综合性语用知识。前者指独立的语言语用（linguistic pragmatics）知识，后者指与非语言因素有关的语用知识。分析性语用知识是独立的模块，是核心语用知识（core pragmatics），涵盖基本言语行为类型，是儿童语言习得的重要内容；综合性语用知识则涉及与其他语言之外的认知能力有关的意向行为，如祝贺、道歉等，属于泛化的核心语用知识（amplified core pragmatics）。与分析性语用知识不同，综合性语用知识并非自成体系的模块。在 Kasher（1991）的理论中，关于话轮转换（turn-taking）的知识、关于会话含义推导的知识等都属于独立的模块，而与理解指称成分有关的语用知识则需要整合语法和其他认知模块的信息，属于语用学与其他模块的接口。

　　Chomsky 也认为，语用知识可能是自成体系的模块或某一独立于语法的模块的组成部分（Stemmer，1999）。语用模块提供的交际能力（communicative competence）使得人类可以连贯地、根据具体交际情境恰当地使用语言。交际能力之所以可能独立存在，是因为一方面语言能力和交际能力之间存在双重剥离关系——个体可以在交际能力损伤的情况下，保全语言能力等；另一方面，有证据表明交际能力（至少部分）独立于所谓的一般推理能力。

　　关于语法和语用关系的讨论可以追溯到 Chomsky（1965）对于语言能力（competence）和语言运用（performance）的区分。语言能力是语言学理论关注的主要对象，指完全均质的语言社团中理想的说话人和听话人拥有的语言知识系统；语言运用则是指语言知识在具体语境中的实际使用，可能受到记忆限制、分心、注意力和兴趣的转移、随机或系统性的错误等与语法无关的因素的影响。Chomsky 曾明确表示，在这个意义上语言能力不包括语用，尽管他认为一个完整的语言学理论应该包括语用学，而且语用学应居于核心地位（Stemmer，1999）。语言语用是否等同于语用？文献中对此存在强式和弱式两种理解（Campbell & Wales，1970）。根据强式的理解，语言能力是理想的说话人/听话人拥有的内在的语言系统（即语法），是语言使用者可以产出和理解符合语法的句子的知识基础，是独立于社会约定的普遍性法则，受到先于社会经验的生物遗传属性的约束。语言运用主要是个体对语言知识的实际使用，涉及语言理论和其他认知模块因素之间的互动，如把声音与意义联系起来用于对世界进行思考或用于交际等。换言之，语言语用涉及从内在语言到外在语言、从语言知识到语言行为、从普遍语法到个体语法的过程。可见，在强式的区分中，语言运用并不涉及话语在语用上的合适性问题（毛眺源和戴曼纯，2017）。相反，弱式理解则仅仅把语言能力和语言运用看成方法论而非本体论上的区分，即语言能力是理想化的语法知识，而语言运用是实际的语言使用，不仅涉及语法知识，还涉及与交际和社会文化规范有关的语用知识。

　　Chomsky（1965）关于语法和语用的观点秉承其一贯的模块论立场。语用学属于语言外部的领域，旨在阐释语言知识如何进入实际使用，是关于运用外化的语言来实现交际行为的理论（Andor，2004；Chomsky，2015），或者说是关于语用能力的理论（毛眺源和戴曼纯，2017）。语言能力（内部语法）和语用能力是人类认知能力的两个组成部分，前者是语言的基本运算系统（或普遍语法），而后者指的是使用语言来达成人类目标（human ends）的能力（Chomsky，1977）。一般而言，儿童习得一种语言后，会同时掌握如何使用语言来实现目标。然而，后者是否是语言专属的性质目前尚不得而知。对Chomsky而言，语法是独立于语用自主运作的。Chomsky以新/旧信息这一语言交际中参与者所共享的语用信息为例说明两者的关系，狭义句法中的某些移位效应（displacement effect），如宾语转换（object shift）、话题化（topicalization）都与新/旧信息有关。但即便如此，仍然不能说这些转换操作是由新/旧信息这一共享的语用信息所驱动的。将语用包含在句法运算中的后果是将句法的范围无限扩大。因此，宾语转换、话题化等句法操作仍然是自主进行的，而语用是关于句法结构如何从新/旧信息角度进行阐释的理论（Stemmer，1999）。简言之，语用是人类对于句法结构的阐释。

　　那么，语法和语用之间如何产生互动呢？模块论者认为，两者之间存在接口[①]。但对于语法-语用接口具体是如何实现的，目前文献中讨论较少。

---

　　① 如上文所说，接口的概念以模块论为前提，非模块论者不承认接口的概念。例如，沈家煊（2016，2017）认为不存在所谓的语法-语用接口（原文是"界面"），因为语法是语用的一个子集，用法包含语法。他不赞成汉语研究中区分"主语"和"话题"这一对概念，认为汉语的主语就是话题。在西方语言学界，特别是语用学界，也有类似的看法，例如 Levinson（1983）认为，在构建关于语言能力的完整理论时，有必要讨论语言能力各组成部分或层次之间的逻辑顺序。以 Chomsky 的语言观中有关句法和音系的关系为例，句法在逻辑上是先于音系的：音系描写需要参考句法范畴，而反之则不然。因此，句法是自主的，是音系表征的基础。Levinson（1983）认为，按照上述思路，如果语法的某个组成部分相对于语用是非自足的，即该部分需要以语用为输入，那么语用在逻辑上也先于该语法的组成部分，因此必须被包含在语言能力之中。换言之，语法不能独立于语用而存在。

Chomsky（1977）认为，语法和语用①的运算需要利用对方的信息，然而，对于这种信息的具体使用程度尚不清楚，并且尚未得到清晰的阐述。两者之间的关系更具体地讲，需要考虑以下三个问题（Tsoulas，2015）。

第一，语用信息对语法而言是否可及？（换言之，句法是否利用语用信息？）

第二，语用所应用的对象究竟是什么？

第三，语法和语用之间如果存在接口，它们是何时以何种方式互动的？

Chomsky（2015）指出，相比语言的本质（即语言的核心句法）而言，在言语交际中使用外语言更加边缘，属于语言语用的范畴。然而，除了言语交际外，个体思维中同样存在语言运用，即内语言与其他认知模块的交互（Chomsky，2013）。换言之，狭义的语言官能和广义的语言官能与语用之间都存在接口。毛眺源和戴曼纯（2017）提出的语法-语用接口模型较好地回答了上述问题，如图 1.4 所示。

图 1.4　语法-语用接口模型②

根据这一模型，语法-语用接口在两个层面实现。狭义的语言官能，即核心句法与其他模块之间存在接口，也就是说，核心句法的运算结果在外模块中实现为语音形式，获得意义解读，即①→②。这反映的是强式的语言运用观，即个体思维内部也存在语言运用。广义的语言官能与生物体外部的社会语境因素之间存在双向的作用：个体的话语改变语境，语境反过来影响个体的话语选择和理解。这种接口属于外部接口，即（①→②）↔③。该模型意味着"语用能力即为人们所具备的，使用语言进行思维，或利用语用知识与规则实现成功

---

① Chomsky（1977：3）的原文是"语义"（semantics），但他把"语义"定义为"研究语言是如何在语言社团中加以使用"的学科，显然这属于一般意义上的语用学范围。

② 笔者对原图略作修改。

交际的内在能力，具有生物遗传的属性"（毛眺源和戴曼纯，2017：22）。也就是说，语用能力与语法能力是互补的（Chomsky，1977）。语用既包括个体之间的具有社会文化属性的交际行为，也包括概念-意向系统中使用语言进行思维的活动。语用模块是概念-意向系统的一部分，帮助个体解读狭义句法运算的结果，使用语言进行思维。个体还利用语用模块的知识在言语交际中使用语言，产生合适的话语，并根据语境对听到的话语进行阐释，获得说话人的意义。

1.3 接 口 假 说

语言习得研究近几年才开始重视接口知识，其中最有影响的理论是 Sorace 及其同事提出的接口假说（Sorace & Filiaci，2006；Sorace，2011）。该假说认为，语法-语用接口知识是语言习得中的难点，表现为这类知识在第一语言习得中进展滞后，在第一语言磨蚀中首当其冲，以及在第二语言习得中存在缺陷。

接口假说最初是为了解释高水平学习者的第二语言语法中的系统性缺陷，其主要观点是：涉及句法和其他认知领域的接口的语言结构相比于不涉及接口知识的语言结构更难被完全习得。接口假说后来也被用来解释双语儿童的第一语言习得以及早期的第一语言磨蚀，即在第一语言中，最晚习得和最早磨蚀的也是涉及句法与其他认知模块之间接口的结构。接口假设启发了语言习得研究领域对于语法-语用接口知识习得的大量探索，同时引发了关于语言官能架构与人类语言、加工和一般认知能力之间互动的讨论。

许多研究关注双语学习者（包括幼龄双语者和成年双语者）的语言知识中与语用和语境因素有关的缺陷。例如，Sorace 和 Filiaci（2006）发现，那些水平已经非常接近本族语者的以意大利语为第二语言的学习者，在理解主语位置的显性代词时表现出与本族语者显著的差异；相反，他们对于主语位置的隐性代词的理解则与母语者别无二致。请看（3）：

（3）a. La vecchietta_i salute la ragazza_j quando (lei)_{i/?}^①_j attraversa la strada.

　　冠词 老妇人 问候 冠词 女孩 当 空代词 穿过 冠词 街道

b. 当（她）_{i/*j} 穿过街道时，老妇人_i 问候了女孩_j。

对母语为意大利语的人而言，不论代词 lei 是否出现，他们都将"穿过街道"的施事理解为主句的主语"老妇人"而非宾语"女孩"。然而，即使是达到近似母语水平的第二语言学习者，在理解上述例句时的表现也受到代词的影响：当代词不出现时（即空代词），他们与母语者表现相似，倾向于将"穿过街道"的施事理解为主句的主语；当代词出现时，他们对于代词辖域的理解则表现出与母语者明显不同的延伸现象，允许"穿过街道"的施事为主句的宾语"女孩"。该现象在 Belletti 等（2007）的实验中进一步得到证实。

Tsimpli 等（2004）则是从相反的角度发现了意大利语显性和隐性代词的不对称性。他们考察了以意大利语为母语的英语二语学习者的母语磨蚀，并发现这些英语二语学习者尽管达到近似母语者水平，但在理解母语中类似上文的例句时，在显性代词的指称上存在与上述高水平意大利语二语者相同的错误，即把 lei 理解为指称主句的宾语，而非主语。这些研究共同表明，涉及代词形式的回指成分的指称判断在二语习得的高级阶段和一语磨蚀的最初阶段都是相对脆弱的。

Sorace 等（2009）认为，出现上述现象的原因在于回指成分的指称解读涉及语法之外的语境信息。在第二语言习得中，跨语言的影响（如上述研究中英语对意大利语的影响）主要表现在涉及语法之外的语境信息的结构上。此外，在单语儿童的语言习得中，只有涉及语法-语用接口的结构才会表现出发展阶段的错误（Lillo-Martin & de Quadros，2011）。因此可以预测，那些涉及句法和其他认知领域接口的结构在二语习得中表现出系统性的残缺，在一语磨蚀中首当其冲，在双语儿童的一语习得中显著延迟，而那些仅仅涉及句法运算的结构可以被二语学习者完全掌握，并在母语习得的早期就出现并保持稳定。

接口是指对各种不同性质的条件（如句法、语用、音系等）敏感的句法结构。也就是说，如果某一结构要合法和/或合适，就需要同时满足不同性质

---

① ? 表示句子的可接受程度低。

的条件，这样的结构就与接口有关。接口假说最初区分了两种结构：涉及句法与其他认知模块接口的结构和不涉及接口的结构。随后的研究则进一步提出了以下几个问题（Sorace，2011）：①如何在语法模型中定义接口？②涉及句法与不同认知领域接口的结构之间是否存在系统性差异，是否在语言习得方面表现出不同？③为什么涉及接口知识的结构在语言习得方面表现出不稳定的特征？

正如第 1.1 节所述，接口假设对于"接口"的定义建立在模块论的前提之上。接口既指连接语言内部各子模块之间的构件，也指语言与其他非语言的认知系统之间的连接（Ramchand & Reiss，2007）。关于语言与其他非语言的认知系统之间的接口，认知心理学与心理语言学已经做了许多探索（如 Frazier & Clifton，1996；Townsend & Bever，2001；Friederici & Thierry，2008；Steinhauer et al.，2009 等）。至于语言内部各子模块之间的接口，Jackendoff（2002）曾系统阐述了语言的句法、语义和音系等模块如何相互作用。

在接口假说的观点中，不同性质的接口在语言习得中的表现存在明显的差异。具体而言，句法-语用接口被认为是语言习得中的难点，也是语言知识中的脆弱之处。与其他接口（如句法-语义接口）有关的结构对语言学习者来说并没有构成类似的困扰（Sorace et al.，2009；Serratrice et al.，2009 等）。基于这一观点，Tsimpli 和 Sorace（2006）提出接口知识可分为内部和外部两类。内部接口涉及语法内部各模块（如句法和逻辑式）之间的知识，如焦点；外部接口涉及语境合适性等语用条件的结构，如代词的指称解读。这两种接口的根本区别在于：外部接口涉及高层次的语言使用，需要整合语言和语用加工的特征；内部接口仅涉及语言系统的形式特征。

对接口条件敏感的结构之所以是语言习得中的难点和语言知识中的弱点，是因为学习者需要掌握两方面的知识：①关于结构及模块内部映射条件的知识；②对不同模块的信息进行实时整合的加工原则。具体来说，导致这种困难的原因可能有两点：首先，接口知识的可理解特征（interpretable feature）在语言习得中难以明确。以同时学习代词脱落语言（如意大利语）和非代词脱落语言（如英语）的双语者为例，他们倾向于在非代词脱落语言中应该使用隐性代词的情况下过度使用显性代词。这可能是因为英语中的代词总是显性的，因此双语者在意大利语知识中与代词隐现有关的语用条件被弱化了。换言之，英语在该方面的语法-语用接口由于最经济（不允许隐性代词）而影响了接口关系更为复杂的意大利语。其次，输入的质和量也可能导致学习者的整合能力减弱。研究表明，输入的质和量对于一语磨蚀有显著影响。当学习者远离原来的语言社团时，母语输入的量和质都明显减少，母语中涉及接口知识的结构（如代词的指称等）也随之显著减少，因此他们整合不同模块信息的能力减弱（Sorace，2005）。

　　总而言之，接口假说可以被视为一种"表征性的理论"（representational theory）。这意味着它认为语法-语用接口知识在语言知识中是一个难点，是高水平二语学习者的二语知识中最可能出现残缺的部分，也是儿童一语习得中最难掌握的部分以及一语知识中最不稳定的部分。

1.4　小　　结

　　本章首先讨论了生成语言学对于思维和语言架构的基本主张——模块论。根据模块论，人类思维由不同的模块构成，每个模块都是自足的系统，具有不同的组织方式和原则。语言与其他认知能力是相互独立的。在语言内部，句法、音系和意义等各子系统同样也是自成模块，遵循不同的计算原则。这些模块之间通过接口相互联系。因此，讨论接口问题的前提是接受模块论的基本主张。本书所采用的语法理论框架为生成语言学，根据该理论，狭义句法中词汇信息由词库提供，然后通过"合并"的句法操作生成句法表达式，在两个接口中进行解读：在发音-感知系统中获得语音形式，在概念-意向系统中获得语义解读。本书采用外延定义法来界定语用，即认为语用包括（但不限于）含意、预设、言语行为、指称、指示语、定指性以及信息结构等内容。本书认为，语法和语用的互动在两个层面实现。狭义的语言官能，即核心句法与其他模块互动时，核心句法的运算结果在外部模块中实现为语音形式，获得意义解读时涉及语用因素。广义的语言官能与生物体外部的社会语境因素之间存在双向的作用：个体的话语改变语境，语境反过来影响个体的话语选择和理解。本章最后介绍了关于接口知识的语言习得理论——接口假说。根据该假说，语法-语用接口知识是语言知识中脆弱的部分,表现为该类知识在第一语言习得中滞后于句法知识的习得,在第一语言磨蚀中一般首当其冲。不仅如此,在第二语言习得中,即使近似母语水平的学习者在该类知识中也一般存在系统性的缺失。因此,语法–语用接口知识是语言习得的难点。

第 2 章

语法-语用接口知识

语法-语用接口知识是指涉及语法和语用两个子系统之间映射关系的知识，即语用信息的语法编码。本章我们从已知信息和新信息的表征机制、对比焦点与焦点小品词、等级含意三个视角来管窥语法-语用接口。

2.1 已知信息和新信息的表征机制

儿童学习语言时，不仅需要掌握音系、词汇、句法和语义知识，还需要习得有关信息结构的知识，例如已知信息和新信息在句子中以何种方式呈现。信息结构涉及不同类型的信息与名词性成分的形式，以及它们在句法结构中的位置之间复杂的映射关系，儿童习得这些知识需要花费比习得句法知识更长的时间（Höhle et al.，2016）。

2.1.1 已知信息和新信息的两个维度

信息结构是指句子中不同类型信息块的组织方式（Féry & Ishihara，2016）。例如，句子中的已知信息（given）和新信息（new）通过何种词汇形式和语序表达。Chafe（1976：30）将已知信息定义为"说话人说出话语时假定听话人意识中已有的知识"，而将新信息定义为"说话人假定通过话语引入说话人意识的知识"。因此，区分新旧信息的关键在于听说双方的共享知识（common ground），即听话人和说话人共同知晓的信息，也就是会话发生的背景知识（Stalnaker，1974，2002）。在会话中，交际双方所说的每一句话语都会更新共享知识的内容（Kamp，1981；Heim，1982 等）。近期观点（如 Gundel & Fretheim，2004；Féry & Ishihara，2016；Rochemont，2016 等）认为，已知信息和新信息可以在两个维度上进行区分：指称（referential）维度和关系（relational）维度。指称维度的已知信息和新信息指语言中的名词性成分与说话人/听话人头脑或话语中的非语言实体之间的关系。名词性成分的定指性等指称性质即属于此类。关系维度的已知信息和新信息则指句子在语义表达层面分裂成两个互补的部分 X 和 Y，其中 X 是句子所关涉的对象，Y 是对 X 的陈述。X 和 Y 的信息新旧是相对的：X 相对于 Y 是已知信息，因为其独立于 Y 所陈述的内容；Y 相对于 X 是新信息，因为它是关于 X 的新的断言或疑问。句子的话题和焦点即属于关系维度的已知信息和新信息（Gundel，1988，1999；Gundel & Fretheim，2004）。接下来，我们将分别讨论这两个维度以及两者之间的关系。

2.1.1.1　指称维度的已知信息和新信息

信息结构的指称维度一般指句子中名词性成分的定指性。定指性是名词性成分的一种指称性质。所谓指称性质是指名词性成分的指称实体与具体语境中的事物之间的联系。例如，"苹果"在以下各例中指称性质各不相同：

（1）a. 门前长着一棵<u>苹果</u>树，（#①<u>它</u>酸甜酸甜的）。

　　　b. <u>苹果</u>富含多种维生素。

　　　c. 张三想吃一个<u>苹果</u>，所以现在去买。

　　　d. 张三刚刚扔了一个<u>苹果</u>。

　　　e. 被张三扔掉的<u>苹果</u>已经坏了。

根据陈平（1987）的观点，（1）a 中的苹果并不指称语境中的具体事物，而是作为修饰成分表达"树"的性质，被称为无指（non-referential）成分。因为它是无指成分，所以不能用代词回指。（1）b～（1）e 中的"苹果"都具

---

① #表示句子接续不自然。

有指称性质，属于有指（referential）成分，但具体性质又有不同。在（1）b
中，"苹果"指的是这一类水果，而不是类别中的某个具体个体，因此属于类
指（generic）成分；虽然（1）c 中的"苹果"指向个体，但说话人并不使用
它指代某一个特定的苹果，因此属于非特指（nonspecific）成分；在（1）d
中，"苹果"不仅指代个体，说话人还使用它指向特定的个体，是特指
（specific）成分；在（1）e 中，"苹果"不仅指代特定的个体，说话人在使用
该成分时还假定听话人能够辨别其所指对象，为定指（definite）成分。说话
人使用（1）c 和（1）d 时，不会有这种假设，所以它们属于不定指
（indefinite）成分。以上指称性质的分类可以总结为图 2.1。

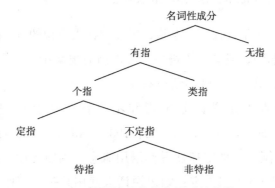

图 2.1　名词性成分指称性质的分类

定指和不定指这一组概念最早是从唯一性（uniqueness）的角度加以区分
的。这是一种语义定义，以 Russell（1905）关于定指摹状词的分析为代表。在
Russell 看来，（2）a 中句子的表达逻辑式为（2）b 的命题。

（2）a. The king of France is bald.

　　　b. ∃x[King-of-France(x) ∧ ∀y[King-of-France(y) →y = x] ∧
　　　　bald(x)]

（2）b 中的逻辑公式表达的是：存在且只存在一个是法国国王的个体，并
且该个体是秃子。可见，Russell（1905）对于定指摹状词的看法主要有两点：
一是定指摹状词的语义内容包括其指称实体的存在，二是其指称实体具有唯一
性。然而，该分析面临一系列的问题。首先，定指摹状词指称实体的存在更像

是语用先设，而非语义内容。其次，定指摹状词有属性的（attributive）和指称的（referential）两种用法（Donnellan，1966）。Russell（1905）的分析，即"存在一个满足定指摹状词所描述的个体"仅适用于其属性用法，而很多时候定指摹状词仅用于让听话人明白谈论的对象是谁，即使该对象不具有定指摹状词描述的性质，也可以达到上述目的。例如，假设说话人看到的是英国国王，但他误以为是法国国王，所以说了（2）a，在同一语境中的听话人完全可以明白说话人话语中的 the king of France 指的是谁。这种指称用法不符合 Russell（1905）的分析。最后，定指摹状词常常是不完整的，例如：

（3）The computer has broken down.

显然，世界上并非只有一台电脑，因此说话人所说的 the computer 仅指某个语境中唯一的电脑，或者是语境中存在的所有电脑中唯一凸显的（salient）那台电脑。也就是说，唯一性与语境有关。

鉴于用唯一性的定义区分定指和不定指存在上述问题，许多学者（Hawkins，1978；Heim，1982；Givón，1984；Allan，1986；Avrutin，1994；陈平，1987 等）倾向于把定指性看作语用概念，用熟悉度（familarity）或可识别性（identifiability）来界定：如果说话人使用某一名词性成分时，基于语言内外语境或双方共有的世界知识预设其指称实体可以为听话人识别，即该名词性成分为定指成分；相反，如果说话人使用某一名词性成分时并不预设其指称实体能被听话人识别，则该名词性成分为不定指成分。

严格来讲，熟悉度或可识别度可以从两个角度来考虑：听话人角度和话语角度（Prince，1992）。听话人角度是指（说话人预设）听话人是否熟知某一指称实体。话语角度是指某一指称实体在当前话语中是否已被激活。激活指称实体主要有两种方式：回指和推测。

（4）a. 从浓雾中走来一个男人，<u>他</u>背着一筐草药。

　　　b. 福尔摩斯走进一栋房子，<u>客厅</u>里空无一人。

例如，（4）a 中的"他"是对"一个男人"的回指，因此"他"的指称实体在上文已经被激活，是话语旧信息；（4）b 中的"客厅"虽然在上文并未提及，但可以根据"房子一般有客厅"的百科知识通过上文的"一栋房子"推测出来，因此也是话语旧信息。听话人和话语两个维度构成了四种可能的组合：①说话人旧，话语旧信息；②说话人新，话语新信息；③说话人旧，话语新信息；④说话人新，话语旧信息。第四种可能性并不存在，因为已经在前文激活的指称实体对于听话人而言必定是已知的。

不定指成分可以进一步分为特指和非特指两种情况。特指性（specificity）是从说话人的角度定义的指称性质。如果说话人预设某一名词性成分的指称实体在其论域（universe of discourse）中真实存在，则该成分为特指成分；反之，如果说话人使用某一名词性成分时并不预设其存在特定的指称实体，则该成分为非特指成分（Lee & Wu，2013）。例如：

（5）a. 张三想录取<u>一个农村孩子</u>，她叫李四。

b. 张三想录取<u>一个农村孩子</u>，因为农村孩子很用功。

（5）a 中的"一个农村孩子"为特指成分，因为说话人使用该成分时预设了其在论域中存在，即下文提及的"李四"；（5）b 中的"一个农村孩子"为非特指成分，说话人使用它时并不指称任何特定的个体，甚至并不预设其存在指称实体。需要说明的是，仅不定指成分才可能有非特指解读。根据定义，定指成分必然是特指的。

特指性通常表现为名词性成分的"部分"用法（partitive use）（Enç，1991）。特指名词性成分通常指称上文或情景语境中的一群实体的子集。以英语的存在量化词 some 为例：

（6）a. The teacher believes that <u>some students</u> are absent for the lecture.

b. The teacher believes that <u>some of the students</u> are absent for the lecture.

（6）a 中的 some students 有特指和非特指两种解读。如果老师发现张三和李四没有来听讲座，这时 some students 指张三和李四，类似于（6）b 中的 some of the students，为特指成分；相反，如果老师不确定是否所有学生都来听讲座了，只是感觉人没有到齐，那么 some students 为非特指成分。（6）b 中的 some of the students 则只有特指解读，不能取非特指解读。

逻辑语义学也用量化词的辖域关系来区分特指和非特指（Fodor & Sag，1982）。当一个不定指名词性成分（在逻辑语义学中分析为存在量化成分）位于另一个逻辑算子（logical operator）或量化成分的辖域之外，也就是取宽域时，该名词性成分为特指；反之，当一个名词性成分位于另一个逻辑算子或量化成分的辖域之内，即取窄域时，该成分为非特指。例如，（5）中的"张三想录取一个农村孩子"可以用以下两种逻辑公式表达：

（7）a. ∃x[农村孩子(x) ∧ 想 [录取(张三，x)]]

b. 想 [∃x[农村孩子(x) ∧ 录取(张三，x)]]

"想"这种内涵动词（intensional verb）是逻辑算子。如果把不定指名词性成分"一个农村孩子"看作存在量化成分，那么内涵算子和存在量化词之间有两种辖域关系。在（7）a 中，内涵算子"想"位于存在量化词的辖域之内，用语言表达就是"有一个农村孩子 x，张三想录取 x"，对应（5）a 的解读。在（7）b 中，存在量化词处于内涵算子的辖域之内，即"张三想有一个农村孩子 x，可以录取 x"，对应（5）b 的解读。再如：

（8）a. Every student admires some teacher.

b. ∃x[teacher(x) ∧∀y[student (y) → admire (y, x)]]

c. ∀y[student (y) → ∃x[teacher(x) ∧ admire (y, x)]]

（8）a 中有全称量化成分 every student 和存在量化成分 some teacher 两个量化成分，两者之间也存在两种可能的辖域关系。（8）b 刻画的是 some teacher 的特指解读，some student 处于 every student 的辖域之外，即"存在一个老师 x，每一个同学 y 都倾慕 x"；（8）c 刻画的则是 some teacher 的非特指解读，some student 处于 every teacher 的辖域之内，即"每一个同学 y 都有一个倾慕的老师 x"，对于每个 y 而言，x 可能是不同的。

名词性成分的定指与不定指等指称性质通常通过限定词来表达。因此，在生成语法的文献中，指称性的名词性成分一般被分析为限定词短语（determiner phrase，DP）。按照这种分析，不论表层形式是否包含限定词，只要该成分不是作为谓词或修饰语的无指成分，那么名词性成分都可被视为以限定词 D 为中心语的功能投射（functional projection）[①]。

　　然而，从表层结构来看，并非所有的名词性成分都具有显性的限定词，限定词与定指和不定指之间并非一一对应的关系。以英语为例，Abbott（2004）列举了两类名词性成分：第一类一般被认为指称某个确定的实体或实体集，属于定指成分，见（9）；第二类则不指称某个确定的实体或实体集，属于不定指成分，见（10）。

　　（9）定指名词性成分包括：

　　a. 空语类 e，包括控制结构中的 PRO、空代词 pro 以及其他省略的成分；

　　b. 代词，如 I、you、she、them 等；

　　c. 指示词，包括代词性的指示词 this、that 以及"指示词+名词"，如 this book；

　　d. 定指摹状词，如 the book；

　　e. 所有格名词性成分，如 my book、John's wedding；

　　f. 专有名词，如 John；

　　g. 全称量化短语，如 each student、every man；

　　h. 类指性的光杆名词。

　　（10）不定指名词性成分包括：

　　a. 存在性的光杆名词；

　　b. 量化词 any，包括否定极性词 any 和任选词 any；

　　c. 否定量化词 no+名词，如 no student；

　　d. 量化词 most+名词，如 most students；

　　e. 不定冠词 a(n)+名词，如 a student、an idea；

[①] 是否所有语言中的指称性的名词性成分都投射为 DP 存在争议。例如像汉语这样的量词语言（classifier language）是否存在 DP 结构，文献中有不同看法（见 Cheng & Sybesma, 1999, 2012；Huang et al., 2009；Bošković, 2005, 2009；Li, 2013 等）。因此，我们暂且使用"名词性成分"这一理论色彩较弱的表达。

f. 量化词 some 以及轻读的 some（一般写成 sm）+名词，如 sm student、some students；

g. 量化词 several、a few、many、few+名词，如 several students；

h. 不定指的指示词 this+名词。

可以看出，名词性成分的形式与定指和不定指的关系比较复杂。例如，光杆名词和指示词 this+名词既可以表示定指，又可以表示不定指。从跨语言的角度看更是如此。尽管定指和不定指是所有人类语言都存在的一组指称性质，不同语言之间在编码或标记这组特征时存在很大差异（Lyons，1999）。并非所有的语言都像英语一样主要依赖于冠词等限定词来表达定指和不定指。事实上，有冠词的语言在人类语言的大家庭中仅占少数。根据 Lyons（1999）的调查，在不同语言中，词缀、短语缀（phrasal clitic）、形容词、前置词（preposition）和后置词（postposition）等都可以用于表达定指或不定指。

另外，即使在使用冠词的语言中，冠词所表示的含义也不一定是定指的。以南岛语系的萨摩亚语为例，该语言中的冠词所表达的是特指性，而非必然的定指性（Mosel & Hovdhaugen，1992；Ionin，2003；Ionin et al.，2004）。以下是萨摩亚语的例子，这些例子摘自 Mosel 和 Hovdhaugen（1992：259-261）：

（11）a. Māsani 'o le tamāloa e usua'i=ina lava ia. ...（定指）

It was the man's practice to get up early.

b. 'O le ulugāli'i, fānau l=a lā tama 'o le teine 'o Sina. （特指）

There was a couple who had a child, a girl called Sina.

c. 'Au=mai se niu! （非特指）

Bring me a coconut [no matter which one]!

通过对应的英语翻译，不难看出，萨摩亚语的冠词 le 不仅用于表示定指成分，还用于表示不定特指成分，而 se 则仅用于不定非特指成分。英语和萨摩亚语在冠词所传达的指称信息方面的差异见表 2.1 和表 2.2。

表 2.1　英语冠词的指称信息表

指称性质	定指[+D]	不定指[–D]
特指[+S]	the	a(n)
非特指[–S]	—	a(n)

表 2.2　萨摩亚语冠词的指称信息表

指称性质	定指[+D]	不定指[–D]
特指[+S]	le	le
非特指[–S]	—	se

也就是说，萨摩亚语只有实指冠词和非实指冠词，而没有定冠词和不定冠词。因此，Ionin（2003）以及 Ionin 等（2004）认为，普遍语法中存在一个冠词语义参数，儿童（以及二语学习者）需要通过对语言输入的判断，确定他们学习的语言中冠词的表达方式是表示定指性还是实指性。

2.1.1.2　关系维度的已知信息和新信息

已知信息和新信息的表达不仅体现在名词性成分的指称性质上，而且与句子中不同位置的信息的已知或未知也有关。以（12）中的两个句子为例，它们的命题内容（即真值条件）相同，但由于词序不一样，所传递的具体信息略有差异。说话人在（12）a 中告诉听话人的是"台上发生了什么"，其中"台上"被认为是说话人预设听话人已知的信息，而"坐着主席团"则是新信息；相反，（12）b 则传递的是关于"主席团"的信息，其中"主席团"是已知信息，而"坐在台上"则是新信息。

（12）a. 台上坐着主席团。

　　　b. 主席团坐在台上。

这里所说的已知信息和新信息是关系性的。文献中关于关系维度的已知信息和新信息有许多术语，如逻辑或心理主语-谓语（logical/psychological subject-predicate）（Chao，1968）、先设-焦点（presupposition-focus）（Chomsky，1971；Jackendoff，1972）、话题-陈述（topic-comment）

（Gundel，1974）、主位–述位（theme-rheme）（Vallduví，1992），以及话题–谓语（topic-predicate）（Erteschik-Shir，1997）等。本书采用 Gundel 和 Fretheim（2004）提出的术语，将关系维度的已知信息称为话题，新信息称为焦点。

根据 Krifka（2008：265）的定义，话题是指"说话人所给出的信息或评论关涉的实体"。因此，"关涉性"（aboutness）是话题的核心概念。焦点是指说话人针对话题所给出的新信息，也就是话语中更新共享知识的那一部分。需要说明的是，这里所说的焦点是指信息焦点（information focus），以区别于对比焦点（contrastive focus）（Rooth，1985）。话题和焦点涉及句子表达的具体事件或情境的信息内容以什么方式呈现，或者说句子的真值如何判断。

在常规语序（canonical word order）的句子中，话题通常与主语重叠，焦点则与谓语重叠。但在非常规语序的句子中，信息结构对句法实现的影响尤为明显。以英语为例，前置结构（preposing construction）中的前置成分表达了在话语中已经提及的信息，而后置结构（postposing construction）中的后置成分则表达了在话语中未曾提及或对听话人而言全新的信息。此外，论元倒置结构（argument-reversing construction）要求前置成分的已知程度不能低于后置成分的已知程度（Birner & Ward，1998）。例如，前置结构（13）a 作为对问题（13）b 的回答是合适的，因为该问题中已经提及了罗曼语族语言，而法语属于其中一种，是已知信息的一部分。然而，如果作为对问题（13）c 的回答，（13）a 则不合适，因为法语不是已知信息。（14）中的后置成分出现在存在结构中，表达的是新信息。在（15）a 中，前置的指称成分 me 是已知信息，而后置的指称成分 a man 则是新信息；相反，（15）b 中的前置成分是新信息，后置成分也是新信息，因此这个句子的接受程度较低。

（13）a. French I speak fluently.

b. Do you speak any romance languages?

c. What can you tell me about yourself?

（14）a. There is a student waiting you on the phone.

b. * There is the student/John/your best friend waiting you on the phone.

（15）a. I was riding a bus to my school. Sitting next to me was a man
who wears glasses.

b. ? I was riding a bus to my school. Sitting next to a man who
wears glasses was me.

关系维度的已知信息和新信息与指称维度的已知信息和新信息的联系非常紧密。定指的名词性成分表达已知信息，因此倾向于充当话题；不定指的名词性成分则表达新信息，因此更容易成为焦点。在许多语言中，定指成分（指称维度的已知信息）在语序上都位于不定指成分之前（Ward & Birner，2004）。例如，汉语中主语位置一般只能是定指成分，而不定指成分只能做宾语（Chao，1968）（详见 3.2 节的讨论）。尽管如此，定指/不定指与话题/焦点之间还是彼此独立的关系。尽管话题一般为定指成分（Gundel，1988），但 Reinhart（1981）却发现在某些情境下，即使说话人预设听话人不熟悉、不可识别，但有具体所指实体的不定特指成分也可以充当话题，如（16）所示。

（16）An old preacher down there, they augured under the grave
where his wife was buried.

下面两个对话中下划线的名词性成分可以进一步说明已知信息/新信息的指称维度和关系维度在逻辑上是不同的概念。

（17）A：谁去北京？

B：张三说他去北京。

（18）A：你吃了苹果还是香蕉？

B：我吃的是苹果。

如果在（17）中，B 中的"他"指的是张三，该成分是定指的，即在指称维度上是已知信息。其指称对象被预设为真实存在的，对于说话人而言是特定的实体，对于听话人而言是已知的、可识别的，而且该实体在话语中已经被激活，是话语中的旧信息（Gundel，1980，1985）。但是，从关系维度来看，

"他"却是句子中相对较新的信息，因此可以承载重音。如果把问句中的疑问词看作变项，那么"他"就是对逻辑公式"x 去北京"中变项 x 的填充，这使句子成为一个命题，得到真值。在（18）中，B 中的"苹果"同样是定指成分，其指称的实体在上文中已经提及。但相对于话题而言，该成分传递的信息却是新的，是信息焦点。需要注意的是，两种维度的新、旧信息概念之间的区别在于，指称维度的已知信息和新信息不仅限于语言表达（比如任何符号的所指对于使用者而言都有已知或未知的区别），而关系维度的已知信息和新信息概念只适用于语言中的句子或话语（Gundel & Fretheim，2004）。正因为如此，名词性成分的定指还是不定指取决于听话人在话语中某一具体时刻的知识状态或注意力，而关系性的信息，如话题或焦点等，则受到话语语境的制约和影响。例如，在回答问题时，替换疑问词的部分总是表达新信息（Velleman & Beaver，2016），如（17）和（18）。

2.1.2　汉语的信息结构

2.1.2.1　汉语名词性成分的定指性

汉语没有冠词，也不像阿拉伯语等形态系统发达的语言一样用语法前缀和后缀来表达定指和不定指。但是，汉语中有一些名词性成分的形式与定指/不定指之间存在严格的对应关系。例如，专有名词只能定指，代词以及空成分 e 也只能定指。例如，（19）a 中的"张三"指某个确定的个体，说话人使用专有名词时也一般预设听话人已知其所指。代词属于指示语，其指称由语境确定，但说话人使用代词时也一般预设其所指的实体存在于听、说双方的共享知识中。例如，（19）b 中的"他"指上文的"一个学生"。在没有上下文时，代词指情景语境中某个凸显的个体。（19）c 中的两个空成分分别指上文的"张三"和《红楼梦》。空成分跟代词类似，其指称也是通过上下文或情景语境才能得以确定，因此也被称为空代词。

（19）a. 张三去学校了。

b. 有[一个学生]$_i$非常用功，他$_i$每天七点前就进了教室。

    c. —— 张三ᵢ看过《红楼梦》ⱼ吗?

         —— _e1_ᵢ看过 _e2_ⱼ。

除此之外，有一些限定词也仅表示定指或者不定指。汉语中的远指示词"那"可以看作准定冠词（quasi-definite article）。指量名成分，如"那个学生""那几本书"等必然是指上下文或语境中真实存在的，并且其身份能被听话人识别的实体。英语中由定冠词 the 构成的定指成分，在汉语中都翻译成指量名成分，如（20）a 的译文（20）b:

（20）a. I know <u>the student</u> who is wearing glasses.
       b. 我认识戴眼镜的<u>那个学生</u>。

跟指示词相反，数词"一"在轻读时（以下用"一轻读"表示）就类似于英语的不定冠词 a(n)，只能用于不定指成分。"'一轻读'+量词+名词"（以下称为"一轻读"量名成分），如"一轻读个人""一轻读本书"等都只能是不定指成分。在（21）中，说话人并不假设"一轻读个人"的所指为听话人所知。"一轻读"量名成分的主要功能就是把新的话语指称实体（discourse referent）引入话语（Erteschik-Shir，2007）。"一轻读"的计数功能已经弱化到可以忽略不计的程度（陈平，1987），文献中也将其称作准不定冠词（quasi-indefinite article）（Lyons，1999；Chen，2003）。

（21）有<u>一个人</u>不见了。

普通话中另一种只能充当不定指成分的名词性成分形式是量名成分①。（22）中"本书"所指的不是说话人已知的某一本具体的书。由于其处于内涵动词"想"的辖域之内，对于说话人而言，该短语可能不存在具体的所指，即不定非特指成分。

（22）张三想找<u>本书</u>来读一读。

---

① 在汉语各方言中，量名成分的指称性质不同。在粤语、吴语等汉语方言中，量名可以是定指成分，指的是听、说双方共知的、确定的事物，可以出现在主语位置（Cheng & Sybesma，1999；邓思颖，2015；李旭平，2018）。

按照 Cheng 和 Sybesma（1999）的分析，汉语所有的不定指名词性成分都是由数词构成的数词短语（numeral phrase），数词可以是显性的（如"一_{轻读}"量名成分）或隐性的（如量名成分）。

然而这一概括并不准确。由数词+量词+名词构成的数量名成分既可以表达定指，也可以表达不定指。例如，在（23）a 中，说话人使用"两个人"时并不假定听话人可以辨识其指称的实体，因此为不定指成分；在（23）b 中，"两个人"则显然是指上文提到的胡四和翠喜，为定指成分。

（23）a. 有<u>两个人</u>缺席了今天的讲座。

b. 胡四大笑，又拧了翠喜一下，翠喜叫一声，<u>两个人</u>对笑起来（曹禺《日出》）。

因此，汉语中并非所有的限定词都与定指或不定指一一对应。不仅如此，汉语中大量的名词性成分没有限定词，即所谓的光杆名词。这类名词性成分的指称性质更为复杂，它们既可以指称一类事物，如（24）a；也可以指称听、说双方共知的个体，如（24）b；还可以指称特定或非特定的个体，如（24）c 和（24）d（文卫平，2010）。

（24）a. <u>猫</u>喜欢吃鱼。（类指）

b. <u>猫</u>不见了。（定指）

c. 张三买了<u>猫</u>。（不定特指）

d. 张三想养<u>猫</u>。（不定非特指）

在这一点上，汉语与英语之间存在明显的差异，英语中只有物质名词（mass noun[①]）和可数名词的复数才能以光杆形式出现，而且英语光杆名词只能为类指或者不定指成分（Carlson，1977）。例如：

（25）a. Dinasours are extinct.（类指）

b. Dinasours attacked the tourists in Jurrasic Park.（不定指）

---

① 即一般所说的不可数名词。

以上是简单形式的名词性成分的情况。再看带有修饰语的数量名成分。当数量名成分中还有修饰语时，修饰语的位置决定整个名词性成分为定指还是不定指。试比较：

（26）a. 两个会法语的同学

　　　 b. 会法语的两个同学

修饰语"会法语的"在（26）a 中位于数量词和名词之间，而在（26）b 中位于数量词之前。文献中一般将前者称为"带内部修饰语的名词成分"（inner modifier nominal）或简称"内部修饰成分"，而将后者称为"带外部修饰语的名词成分"（outer modifier nominal）或简称"外部修饰成分"（Huang，1982；Zhang，2006，2015；Sio，2008；Ming & Chen，2010；Lee & Wu，2013；张志恒和李昊泽，2015 等）。两者之间的区别在于，内部修饰成分与没有修饰语的数量名成分一样既可以表达新信息，又可以表达已知信息，如（26）；外部修饰成分则只能表达已知信息，如（27）。

（27）a. 张三想找<u>两个会法语的同学</u>来承担本次会议的口译工作，但整个学校都没有人会法语。（不定非特指）

　　　 b. 张三和李四学了很多年法语，[王五和赵六]ᵢ却完全不懂法语，于是他们决定虚心向[<u>两位会法语的同学</u>]ᵢ学习。（定指）

（28）a. *张三想找<u>会法语的两个同学</u>来承担本次会议的口译工作，但整个学校都没有人会法语。（不定非特指）

　　　 b. [张三和李四]学了很多年法语，王五和赵六却完全不懂法语，于是他们决定虚心向[<u>会法语的两个同学</u>]ᵢ学习。（定指）

（27）a 和（28）a 的后半句说明，说话人并不预设听话人能辨识划线的名词性成分的指称实体，事实上就连说话人心目中都没有特定的指称实体。这种情况下，只有使用内部修饰成分是合乎语法的。（27）b 和（28）b 中划线的名词性成分指上文提到的王五和赵六，此时内部修饰成分和外部修饰成分都合乎语法。

2.1.2.2 汉语中句法位置与已知信息和新信息的关系

和许多语言一样，汉语中有很多非常规句式是信息结构影响句法实现的结果。例如，汉语在 SVO 的常规语序［如（29）a］外，还允许 OSV［（29）b 和（29）c］、SVO［（29）d～（29）e］等语序①。显然，这些前置的成分都是已知信息，是句子的话题。

> （29）a. 张三打破了花瓶。
>
> b. 花瓶，张三打破了。
>
> c. 花瓶被张三打破了。
>
> d. 张三花瓶打破了，（花却没丢掉）。
>
> e. 张三把花瓶打破了。

这里我们先搁置这些非常规句式，仅仅看常规的 SVO 语序的情况。很多语言的常规句式都表现出已知信息先于新信息出现的倾向（Lyons，1999；Ward & Birner，2004）。比如，在芬兰语中，当名词性成分位于动词之前时常为定指成分，位于动词之后时则一般为不定指成分（Chesterman，1991）。汉语中句法位置与已知信息和新信息的关系尤为密切。丁声树等（1961）在研究受事主语句时就发现，该类结构中的主语不管带不带修饰语，一般都是确定的，是已经提过或已经知道的事物。Chao（1968：99）则进一步指出，汉语中存在一个明显的倾向，"由主语表达已知的、确定的事物，由宾语表达未知的、不确定的事物"（也见朱德熙，1982）。其中，主语位置表达已知信息，具有相当的强制性。表达听话人未知或者听话人都不确定指称实体是否存在的"一轻读"量名成分和量名成分不能做句子的主语，而一般出现在宾语位置。比较：

> （30）a. ？ 一本书/*本书遗失了。
>
> b. 遗失了一本书/本书。

---

① 把字句和被字句是否分别算作 SOV 和 OSV 语序存在争议。这实际与是否区分话题和主语有关。如果汉语中所谓的主语其实就是话题（如 Li & Thompson，1981；Xu，2004，2007），那么这些把字句就是 SOV 语序，而被字句则是 OSV 语序。如果区分主语和话题，那么把字句和被字句中前置的成分仍然还是主语，这些句式也就不能看作 SOV 或 OSV 语序。

（30）a 中"一本书"／"本书"出现在主语位置，句子的可接受程度低，而（30）b 中"一本书"／"本书"出现在动词之后，句子完全合格。对此，Li 和 Thompson（1976，1981）的解释是，汉语中实际上并没有语法化的"主语"或"宾语"等句法概念，所谓的主语实际上都是话题，因此必须由指称实体已知和确定的成分充当（也见 LaPolla，1990，1993，2009）。Xu（2007）接受了这一看法，认为与英语等"主语凸显型"的语言不同，汉语是"话题凸显型"的语言（见沈家煊，2016 的进一步阐述）。

大多数学者还是坚持在汉语中区分话题和主语两个概念（Chen et al.，2016）。因此，汉语主语表达已知的、确定的事物这一倾向可以被称为主语定指限制（subject definiteness constraint）。范继淹（1985）通过大量的报刊语料试图证明，所谓的主语定指限制过强是指，不定指成分在许多情况下可以充当主语。比如，不定指成分内的修饰语越多，其充当主语时句子的可接受程度就越高，如（31）a。在现场报道（on-site report）的语境中，"一_{轻读}"量名成分也可以做主语，如（31）b。

（31）a. <u>一本封面为红色精装、大 16 开规格的书</u>不见了。

　　　b.（描述配图）2017 年 10 月 1 日，<u>一位游客</u>在天安门广场的国庆花篮前留影。

但这些"一_{轻读}"量名成分做主语的情况并不对主语定指限制构成真正的反例。修饰语越多，名词性成分的可识别性越强，实际上该成分变成了定指成分。在现场报道的语境中，说话人实际上假定听话人可以见到名词性成分的指称实体，因此其也是定指成分（朱晓农，1988）。范继淹（1985）的反例具有明显的报刊语言语体特征。Lee 和 Wu（2013）对曹禺的两部现代话剧《雷雨》和《日出》进行分析后发现，有限的几例"一_{轻读}"量名成分充当主语的情况只出现在对舞台的描述中，而在对话中几乎没有"一_{轻读}"量名成分充当主语的情况。舞台描述与现场报道的语境类似，剧作者假定读者和观众可以识别指称实体。这进一步说明，主语定指限制具有强制性。

主语定指限制还反映在本身在定指性方面没有确定取值的光杆名词，其一旦进入主语位置就会获得定指解读，而出现在宾语位置时则倾向于获得不定指解读。比如：

（32）a. 书遗失了。

b. （张三）遗失了书。

说话人说（32）a 时，一般假定听话人知道自己指哪本书；说话人说（32）b 时，则没有这种假定。

跟主语位置相反，存在动词"有"的宾语则只允许指称新信息的成分，即存在定指效应（definiteness effect）（Huang，1987），而排斥指称已知信息的成分在该位置出现。比如：

（33）a. 有一本书遗失了。

b.*有那本书/《红楼梦》/红色封面的两本书遗失了。

上文讨论过，指量名成分、专有名词和外部修饰成分都是定指成分，指称听话人已知的实体，它们出现在存在句中时，句子都不合格。光杆名词、数量名成分和内部修饰成分等既可以定指，又可以不定指，充当"有"的宾语时，只能获得不定指解读，比如（34）：

（34）a. 有书遗失了。

b. 有两本书遗失了。

c. 有两本红色封面的书遗失了。

综上所述，我们可以对汉语的指称性和关系性的信息结构做出如下总结（表 2.3）：代词、专有名词、指量名成分、空成分以及外部修饰成分表达已知信息，因此与表达新信息的存现动词的宾语位置不相容；"一轻读"量名成分和量名成分只能表达新信息，因此在一般情况下不能出现在表达已知信息的主语位置。光杆名词、数量名成分以及内部修饰成分既可以表达已知信息，又可以表达新信息：当它们出现在主语位置时，为定指成分；当它们出现在存现动词的宾语位置时，为不定指成分；出现在一般的宾语位置时，它们倾向于表达不定指。

表 2.3 汉语的定指性表达机制

名词性成分形式	举例	主语	宾语	存在动词宾语
代词	他	定指	定指	/
专有名词	张三	定指	定指	/
指量名成分	那个同学	定指	定指	/
空成分	e	定指	定指	/
外部修饰成分	会法语的两个同学	定指	定指	/
光杆名词	同学	定指	不定指	不定指
数量名成分	两个同学	定指	不定指	不定指
内部修饰成分	两个会法语的同学	定指	不定指	不定指
"一轻读"量名成分	一个同学	/	不定指	不定指
量名成分	个同学	/	不定指	不定指

注："/"表示不能出现在该位置。

2.2 对比焦点与焦点小品词

焦点小品词是自然语言中与对比焦点有关的一类词语，也被称为焦点敏感算子（focus sensitive operator），如"只、是、都、也、才、就"等。与一般的副词不同，焦点小品词表现出对焦点的敏感性，它们触发句子与语境中一组相关选项的对比，使位于其辖域中的句子成分成为凸显的信息（Rooth，1985，1992；König，1991）。正确理解包含焦点小品词的句子涉及句法、音系和语用等多个模块，以及这些语言知识之间的互动（Höhle et al.，2016）。

一般认为，所谓的焦点其实可以分为两种：信息焦点与对比焦点（张伯江和方梅，1996；Xu，2004；Gundel & Fretheim，2004 等）[①]。信息焦点即是我们在第 4 章中所讨论的关系维度的新信息，是相对于句子中的已知信息——"话题"而言的；对比焦点则是针对上下文或共享知识中存在的特定对象或所有其他同类对象而特意突出的信息（刘丹青和徐烈炯，1998）。换言之，对比

---

① 刘丹青和徐烈炯（1998）认为还存在第三类，即话题焦点。

焦点的背景信息不是句中的话题，而是语境中与焦点成分相关的事物。在文献中，对比焦点也被称为识别焦点（identificational focus）（Kiss，1998）或简称为焦点（Jackendoff，1972；Rooth，1985，1992）等。

在语言中，对比焦点总是通过一些特定的形式表达，如重音、特殊的句法结构（分裂句）以及焦点小品词等。请看下面的例子：

（35）a. JOHN ate the apple[①].

b. It was John who ate the apple.

c. Only John ate the apple.

（36）a. **约翰**吃了那个苹果。

b. 是**约翰**吃的那个苹果。

c. 只有**约翰**吃了那个苹果。

（35）和（36）中的句子所传递的意义除了命题"约翰吃了那个苹果"之外，还有"不是别人吃了那个苹果"。严格地讲，这些句子有三层意义：①存在预设（existential presupposition），"某人吃了那个苹果"；②识别断言（identificational assertion），"约翰吃了那个苹果"；③穷尽性（exhaustivity）或排他性（exclusivity），"除约翰外，其他人没吃那个苹果"。

在使用选项语义学的术语来描述时，句子中的对比焦点成分触发了一个选项集，其成员为用语境中相关的其他对象替换对比焦点成分后得到的命题（Rooth，1985，1992）。比如，（35）中的句子所涉及的选项集是{John ate the apple，Bill ate the apple，Mary ate the apple，...}。说话人在断言（35）a～（35）c 时也传达了"选项集中的其他命题不成立"这一信息。需要说明的是，关于对比焦点所涉及的排他性究竟是什么性质，不同的表达形式可能并不一致。比如，一般认为（35）c 和（36）c 中由焦点小品词 only 或"只"所引发的排他性是真值条件的一部分，而对于（35）a 和（35）b 与（36）a 和（36）b 中由重音、分裂句所表达的对比焦点，排他性究竟是语义层面的还是语用层面的，仍然存在争议。Kiss（1998）将其看作断言，是纯语义的；

---

① 英文例句中的大写单词（如 JOHN）和汉语例句中的加粗字体（如**约翰**）表示重读。

Percus（1997）、Velleman 等（2012）以及 Križ（2015）等则认为排他性是预设，属于语义-语用接口；Xue 和 Onea（2011）、DeVeaugh-Geiss 等（2015）认为排他性实际上是一种会话含意，其本质上是一种语用意义。

　　研究表明，汉语中对比重音不是表达对比焦点的主要手段（刘丹青和徐烈炯，1998；Xu，2004；Shyu，2010，2014 等）。对比焦点更多地通过包括焦点小品词等在内的形态和句法手段表达。接下来，我们主要讨论由焦点小品词触发的对比焦点。

　　焦点小品词所关联的对比焦点并非总表达排他性。König（1991）、Krifka（1999）等认为，自然语言有两种焦点小品词：一种是排他性的（exclusive），如英语的 only 和汉语的"只"；另一种是兼容性（inclusive）或添加性的（additive），如英语的 also、even，汉语的也、都[①]等。Ippolito（2007）则进一步把添加性焦点小品词分成单纯表添加的（如 also/也）和等级性的（scalar，如 even、都）两类。不同于排他性焦点小品词的是，添加性焦点小品词将选项集成员添加到预设中，表达的是除包含焦点成分的命题为真以外，选项集中的命题也一样成立。等级性焦点小品词则进而表达，添加后选项集中的各成员之间在某个语义维度上存在一个等级序列，包括焦点成分的命题位于等级的一端，例如：

　　（37）a. John also ate the apple.

　　　　　b. 约翰也吃了苹果。

　　（38）a. Even John ate the apple.

　　　　　b. 约翰都吃了苹果。

　　（37）中的句子所表达的除了"约翰吃了那个苹果"之外，还有"语境中相关的其他人中还有人吃了那个苹果"；（38）中的句子则进一步表达，"约翰

---

　　① 文献中对于"都"是不是表达等级焦点有不同的看法。一种观点认为，像（38）b 这样的句子实际上有一个隐含的"连"，等级意义来自于"连"而不是"都"，因为有"连"出现时，"都"可以被"也"替代，如"连约翰也吃了苹果"，而句子不改变意义。但另一种观点认为，"都"才是等级意义的来源，因为如果没有"连"，只有"都"才能表达等级意义，而"也"不可以（Mok & Rose，1997；Portner，2002；Shyu，2004；Liu，2017 等）。

吃了那个苹果"与选项集中的命题相比,是最不可能成立的。汉语中"都"主要触发可能性维度的序列,而"才"和"就"则还可以触发时间和数量维度的等级序列,例如:

（39）a. 约翰才搬得动那个箱子。

　　　b. 约翰就搬得动那个箱子。

（40）a. 约翰五点钟才来。

　　　b. 约翰五点钟就来了。

（41）a. 约翰吃了两碗饭才饱。

　　　b. 约翰吃了两碗饭就饱了。

在（39）中,"才"和"就""都"一样触发的是本句与选项集成员在可能性维度的等级序列:在（39）a 表达的{约翰搬得动那个箱子,比尔搬得动那个箱子,玛丽搬得动那个箱子,……}选项集中,"约翰搬得动那个箱子"最有可能为真;（39）b 则刚好相反,表达的是"约翰搬得动那个箱子"最不可能为真。在（40）中,"才"和"就"触发的则是时间维度的等级序列。尽管（40）a 和（40）b 的真值条件意义都是"约翰五点钟来",但（40）a 表达的是五点钟已经很晚,而（40）b 则表达的是五点钟来仍然很早。在（41）中,"才"和"就"触发的是数量维度的等级序列。两句话都表达"约翰吃了两碗饭并且约翰饱了"的命题,但（41）a 还传递"两碗饭是很大的量"这个信息,而（41）b 则表达"两碗饭是很小的量"。

需要说明的是,"都"、"才"和"就"除了作为等级性焦点小品词外,也可以充当排他性焦点小品词,例如:

（42）a. 约翰都买的耐克鞋。

　　　b. 约翰才买了一双耐克鞋。

　　　c. 约翰就买了一双耐克鞋。

当（42）a 中的"都"与句子的陈述部分关联时,句子表达排他性,相当于"买鞋约翰只买耐克鞋"（蒋静忠和潘海华,2013；Chen et al.,2016）。（42）b 和（42）c 中"才"和"就"表达的意义相当于"只",表示"约翰除买了一双耐克鞋之外，没有买别的东西"。

排他性焦点小品词与添加性焦点小品词和等级性焦点小品词最大的区别在于，前者影响句子的真值条件意义，而后者对句子的真值条件意义没有影响（Bergsma，2006；刘慧娟等，2011）。

2.3 等 级 含 意

人们在语言交际时所传递的意义并不仅限于所用话语的字面意义。在更多的时候，意义是以隐含的方式传递的。比如，当说话人说出（43）b 时，他不仅断言（43）b 为真，同时还隐含着更强的语义，即（43）a 不成立，即"并非所有的花儿都已经开放了"。

（43）a. 所有的花儿都已经开放了。
　　　 b. 有一些花儿已经开放了。

推测说话人的隐含意义是儿童必须掌握的能力，是语言习得的重要内容之一。在本节中，我们将探索以汉语为母语的儿童推导一类一般会话含意——等级含意的能力。

2.3.1 合作原则与会话含意

含意是 Grice（1989）语用理论中的核心概念，指在交际中，说话人传递的意义除去言语意义（即由话语的语法结构所传递的字面内容）之外的那一部分。含意是一种言者意义（speaker meaning），并非听话人的推断或者句子本身的意义。依据是否具有规约性，含意可以分为规约含意和会话含意。会话含意又可依据是否需要依靠特别的语境分为特殊会话含意和一般会话含意（Grice，1989；Levinson，2000）。

（44）a.（连）张三都看过《红楼梦》。

　　b. 在某个由语境触发的选项集中，张三是最不可能看过
　　　《红楼梦》的。

　　规约含意是指不属于句子的真值条件，但又与句中某些词语的规约意义有关的那部分意义。例如，（44）b 是说话人在说（44）a 时所传递的部分意义，但并非其真值条件。从形式语义学的角度来看，只要张三是看过《红楼梦》的人组成的集合的一个成员，（44）a 就为真。然而，之所以说规约含意是规约意义的一部分，是因为它和属于语义的蕴涵（entailment）一样不可取消，例如"？（连）张三都看过《红楼梦》，因为他博览群书"这样的表达可接受程度低，因为"张三博览群书"与（44）a 触发的含意（44）b 相矛盾。规约含意的规约性还表现在它的可分离性，即可以用不同结构的话语表达相同的真值条件，而不传递该含意。例如，"张三看过《红楼梦》"与（44）a 的真值条件完全相同，但没有（44）b 的含意。

　　会话含意与规约含意一样不属于句子的真值条件意义，但不同的是它具备可计算、可取消和不可分离的特征。可计算是指会话含意可以在话语的字面意义和语境的基础上推导出来，而推导的前提是说话人和听话人以一种理性和合作的方式，为取得一个共同目标互动。Grice（1975：45）（译文见蒋严和袁影，2011：5-6）称之为"合作原则"："就参与的言谈对话而言，在相应的阶段、顺应参与者接受的言谈目的或方向、按需要做出自己的会话贡献。"具体而言，合作原则被细化为四类准则（maxim）：

　　质准则：力图使自己的贡献为真。
　　1. 不要说自己相信是假的话。
　　2. 不要说自己缺乏充分证据的话。
　　量准则：
　　1.（根据对话的实时目的）按需要的信息量作出自己的适当贡献。
　　2. 不要作出比需要的信息量更多的贡献。
　　关系准则：要有关联。
　　方式准则：要清晰明了。
　　1. 避免隐晦用语。

2. 避免歧义。

3. 要简洁（避免无谓的冗辞）。

4. 要有条理。

　　按照 Grice（1975）的描述，作为对问题"听说张三病倒了"的回答，（45）a 的含意和（45）b 的计算过程大致如下：说话人在表述（45）a 时，违反了量准则第 2 条以及关系准则。没有确凿的证据表明，说话人违反了所有准则或违反了合作原则。除非他认为（45）b，否则没有充分的理由这么做。此外，他知道（并且知道我知道他知道）我会基于他的陈述做出"他认为（45）b"这个假设。但是他没有做什么来阻止我做出这个假设，而是意图使我想到（45）b，或者至少愿意让我想到（45）b。因此，他隐含了（45）b。

　　（45）a. 张三上午还在剪草坪。

　　　　　b. 张三没有生病。

　　可取消是指会话含意可以在后文或语境中被取消，而不引起矛盾。比如，如果说话人在回答相同的问题时说"张三上午还在剪草坪，真是天有不测风云"，含意（45）b 则不复存在。不可分离是指会话含意不取决于具体的词语或结构，而在相同的语境下，说话人可以通过不同的话语传递相同的含意。比如，要表达（45）b，说话人还可以说"我刚刚看见他在逛街"等。类似于（45）b 的会话含意有一个重要特点，即它们依赖具体的语境。如果语境有所改变，含意也会随之改变。比如，如果（45）a 是对问题"下午我们去张三的球场踢球吧"的回答，那么含意就不再是（45）b，而是"下午不能去张三的球场踢球"；如果是对问题"听说张三家的草坪枯死了"的回答，那么会话含意就变成了"张三的草坪没有枯死"。这种通过具体语境产生的会话含意被称为"特殊会话含意"。

　　（46）a. 张三可能去了北京。

　　　　　b. 张三并不一定在北京。

　　由（46）a 产生的含意（46）b 同样具有可计算、可取消和不可分离的特征，属于会话含意。但不同于类似（45）b 的特殊会话含意，（46）b 的产生不需要特别的语境，而是一般情况下说话人说（46）a 所默认传递的意义，称为"一般会话含意"。

Grice 之后的语用学家对含意理论提出了许多批评和修正，例如：Horn（1984）将 Grice 原则简化为 Q 原则（提供足量的信息）和 R 原则（提供必要的信息）两条；Levinson（2000）则提出了三条推论性引发原则（inferential heuristics），即 Q 原则（未说的则是不需要说的）、I 原则（所表达的是典型用法）、M 原则（以非正常方式说的即为不正常）；关联理论（Sperber & Wilson，1986，1995）则将所有的含意都归结为"相关"。但无论理论模式如何变化，含意始终是语用学的核心课题。

2.3.2 等级含意理论

在一般会话含意中，基于量准则第 1 条产生的等级含意（scalar implicature）最受语言学家的关注。所谓等级（scale）由属于同一语法类别、按照语义强度或信息量排列成线性序列的语言单位构成。等级一般表现为有序集（ordered set），如 $<e_1, e_2, e_3, \cdots\cdots, e_n>$（Horn，1972；Gazdar，1979）。一般认为，典型的等级谓词包括：基数词，如五、四、三、二、一；量化词，如所有、一些；模态词，如一定、可能；逻辑连接词，如和、或；形容词，如热、暖；动词，如开始、完成。

包含等级中强项的句子在真值条件上蕴涵包含弱项的句子。比如在（47）~（52）中，包含语义强项的 a 句如果为真，则包含弱项的 b 句也一定为真。如果肯定 a 句，而否定 b 句，则会产生矛盾。例如，"#张三肯定去了北京，但张三不可能去了北京"。

（47）a. 张三有五个孩子。

　　　b. 张三有四个孩子。

　　　c. 张三有四个，也只有四个孩子。

（48）a. 张三吃了所有苹果。

　　　b. 张三吃了一些苹果。

　　c. 张三吃了一些，但不是所有苹果。

（49）a. 张三一定去了北京。

　　b. 张三可能去了北京。

　　c. 张三不一定去了北京。

（50）a. 张三吃了苹果和香蕉。

　　b. 张三吃了苹果或香蕉。

　　c. 张三没有既吃苹果，又吃香蕉。

（51）a. 天气很热。

　　b. 天气很暖。

　　c. 天气很暖，但不热。

（52）a. 张三完成了论文。

　　b. 张三开始写论文了。

　　c. 张三开始写论文了，但还没有完成。

　　但是，如果说话人断言包含语义弱项的 b 句时，一般情况下会隐含包含语义强项的 a 句是不成立的，即产生相当于 c 句的含意。这种隐含意义的产生基于合作原则的量准则：在交际中，说话人总是以合作的态度参与，并且所说的话必须提供足够的信息来满足交际的需求。以（48）为例，在<所有，一些>这一等级中，"所有"相对于"一些"在语义上更为强烈。如果说话人断言（48）b，则隐含着（48）a 不成立，因为如果假定说话人遵循量准则第 1 条，那么在明知张三吃了所有苹果的情况下，他应该说（48）a。由于他没有说（48）a，而是选择了语义强度相对较弱的（48）b，这说明他隐含了（48）c。再如，如果说话人明明知道张三肯定去了北京，那么在"可能性"与交际目的相关的情况下，说话人应该说（49）a，而不是（49）b。既然实际上说话人使用的是（49）b，则他隐含（49）a 不成立，即（49）c。等级含意的生成机制可以形式化地表达为（53）：

（53）对于任何形式为<e_1，e_2，e_3，……，e_n>的语言等级，如果说话人断言 A（e_2），则他隐含 A（e_1）为假；如果断言 A（e_3），则他隐含 A（e_2）和 A（e_1）都为假；概括地讲，如果说话人断言 A

（e_n），则他隐含 A（e_{n-1}）、A（e_{n-2}）……直至 A（e_1）都为假。
（Levinson，1983：133）。

"强项不成立"的等级含意并不是弱项的字面意义。这表现在，肯定包含弱项的句子而否定包含强项的句子并不会导致矛盾，例如"张三可能去了北京，但他也不一定去了北京"。在这种情况下，否定包含强项的句子仅仅是取消了包含弱项的句子隐含的等级含意。

随着近年来研究的不断深入，学界对于等级含意有了进一步的认识。经典理论对于等级含意的描述存在一些过于强调的问题。另外，对于等级含意究竟是语用概念，还是语法概念，以及其与特殊会话含意之间究竟是否存在本质差异，学者们也提出了不同看法。

2.3.2.1 强等级含意与弱等级含意

断言等级中的弱项时，所触发的等级含意具体是什么？早期理论（如 Gazdar，1979；Levinson，1983，2000）认为，对于等级<s, w>而言，如果说话人断言 A(w)，则隐含他知道 A(s)是不成立的。这一观点可以形式化为 A(w)→K[¬A(s)]。然而，一些研究者（如 Hirschberg，1985；Horn，1989；Geurts，2009，2010）则认为上述描述过于强硬。在他们看来，说话人断言 A(w)时，仅仅隐含他不知道 A(s)是否成立，即 A(w)→¬K[A(s)]。举例说明：说话人断言（43）b 时，强含意论者认为他直接隐含（54）a，而弱含意论者则认为隐含的是（54）b。

（54）a. 说话人知道并非所有的花儿都开放了。

b. 说话人不知道是否所有的花儿都开放了。

按照弱含意论，只有在听话人断定说话人对情况完全掌握时，断言语义弱项才能隐含强项不成立。这就是所谓的"能力假定"（competence assumption）。比如，如果说话人正在花房看自己栽种的花草，他在说（43）b 时才隐含地表达"并非所有的花儿都开放了"；如果缺乏这一假定，则（43）b 就不会包含上述含意。根据 Geurts（2009）的观点，弱式等级含意的推理过程可以表述如下：

（55）说话人断言了（43）b。

　　i. 如果不说（43）b，说话人就可能断言（43）a。为什么他没有断言（43）a?

　　ii. 最为可能的解释是说话人不知道（43）a 为真，即¬K（43）a。

　　iii. 说话人应该知道（43）a 是否为真，即 K（43）a∨K¬（43）a。

　　iv. ii 和 iii 蕴涵 K¬（43）a，即说话人不相信所有的花儿都开放了。

（55）中的第 iii 步就是"能力假定"。若缺乏做出这一假定的基础，比如当（43）b 的说话人只是偶然瞥了一眼窗台上的花草时，该过程在第 ii 步就会结束。

其他学者也提出了类似的看法。Hirschberg（1985：79-80）提出，如果说话人断言 A(w)，则隐含一个析取式"[K[¬A(s)]∨[¬K[A(s)]∧¬K¬[A(s)]]]"，即说话人要么知道 A(s)不成立，要么不知道 A(s)是否成立。如果听话人相信说话人知道情况，则会推断说话人所隐含的意思是他认为 A(s)不成立。Horn（1989）更进一步认为，Hirschberg 的析取式可以简化为说话人不知道 A(s)是否成立。比如，说话人表述"张三开始写论文了"时，隐含他不知道"张三完成了论文"是否为真。如果听话人认为说话人知道实际的情况，如说话人是张三的导师，则会推断说话人所要传递的意思是"（我知道）张三还没有写完论文"。

虽然认同弱含意论的学者占大多数，但是该理论也并非完全没有问题。因为根据弱含意论，等级含意推导是由一个疑问开始的，即说话人为什么选择等级中的语义弱项而不是强项。弱含意论认为，说话人这样做的理由本质上是知识性的（epistemic），即他们根据自己所知道的或所认为的行事。但我们也不能否认，在一些情况下，说话人选择弱项并非因为不清楚强项是否成立。比如：

（56）a. Bonnie had some of the pears.

　　　b. Bonnie had all of the pears.

假设 Bonnie 吃光了所有的梨，但她对自己的贪吃行为感到惭愧。当说话人在表述（56）b 时，Bonnie 一定会迁怒于他。这时说话人表述（56）a 所传递的含义是：由于顾忌 Bonnie 的面子，他无法自由地选择语义更强的（56）b。Geurts（2009）认为，这也是一种含意，尽管不太典型。然而，上述弱含意论却不能推导出来这种含意。

2.3.2.2　局域的等级含意

经典的含意理论认为，会话含意只能在完整的言语行为的基础上推导出来。作为会话含意的一种，等级含意也应该在完整的句子的基础上产生，这就是所谓的整体论（globalism）。但这一观点近来受到 Levinson（2000）和 Chierchia（2004）等人的质疑。整体论的困境可以通过（57）说明：

（57）a. Clyde believes that Bonnie had some of the pears.

　　　b. Clyde believes that Bonnie had all of the pears.

　　　c. Clyde believes that Bonnie had not all of the pears.

直觉上，说话人断言（57）a，则隐含（57）b 不成立，相当于（57）c。但在（57）a 中，some 位于态度动词 believe 的辖域之内，也就是说，如果（57）a 隐含（57）c，则子句产生了等级含意。这与等级含意整体论的观点相悖。如果按 Geurts（2009）所描述的过程推导的话，问题更为明显：

（58）说话人断言了（57）a。

i. 如果不说（57）a，说话人就可能断言（57）b，可表示为"K_{Clyde}（57）b"。为什么他没有断言"K_{Clyde}（57）b"？

ii. 最为可能的解释是说话人不知道"K_{Clyde}（57）b"为真，即"$\neg K[K_{Clyde}$（57）b]"。

iii. 说话人应该知道"K_{Clyde}（57）b"是否为真，即"$K[K_{Clyde}$（57）b]$\lor K\neg[K_{Clyde}$（57）b]"。

iv. ii 和 iii 蕴含"$K\neg[K_{Clyde}$（57）b]"，**即说话人不认为 Clyde 相信 Bonnie 吃光了所有的梨**。

显然，按照这一过程推导出的等级含意（iv 中黑体的部分），比直觉上的等级含意（57）c 弱。

与（57）a 类似，在下面的例句中，虽然等级谓词都位于子句中或某种逻辑算子的辖域之内，但等级含意依然存在。

（59）a. Drinking warm coffee is better than drinking hot coffee. (Levinson, 2000：203)

    b. …we don't like coffee, we LOVE it. (Horn, 1989：382)

    c. Mary is either working at her paper or seeing some of her students. （Chierchia，2004：46）

（59）a 中的 warm 处于比较结构内，但仍然产生 "warm, but not hot" 的等级含意，否则句子就不能被接受。（59）b 中的 like 位于否定算子的辖域内，但仍然表示 "like, but not love"[①]。（59）c 需要稍加说明。根据等级含意整体论，与（59）c 相比，语义更强的句子是：

（60）Mary is either working at her paper or seeing all of her students.

断言（59）c，则隐含 "¬（60）"，即 "It is not the case that Mary is either working at her paper or seeing all of her students."。根据德·摩根律[②]，最终得到的等级含意为 "Mary is not working at her paper and not seeing all of her students."。显然，这种预测违反我们的直觉。直觉上，断言（59）c 时隐含的应该是 "Mary is either working at her paper or seeing not all of her students."。也就是说，not all 的等级含意是在局域产生的。

基于以上原因，Chierchia（2004）提出，等级含意和真值条件意义的计算是同时进行的。当子句中间出现等级谓词时，触发等级含意，该等级含意随后又进入更高层次的句子的语义加工。也就是说，语义模块（module）和语用模块的运作分层次交替进行，而不是像整体论所假设的那样，整个句子语义加工完成后才交给语用模块。Chierchia（2006）和 Fox（2007）甚至进一步认为，自然语言的句法中存在一个负责等级含意的隐性算子（covert operator），

---

① Horn（1989）认为，（59）b 中的否定属于元语言否定（metalinguistic negation）。但 Geurts（1998）不同意这一观点。

② 德·摩根律（De Morgan's Law）: ¬[p∨q]↔¬p∧¬q（见方立，2000）。

该算子可以出现在句法结构的不同层次上，但其出现并非强制性的（Fox，2007）。这一观点被称为等级含意的句法论。句法论的主要论据是，自然语言中所有句子的等级含意都可以通过限制焦点标记词 only（只）来明确表达。例如，（43）b 的等级含意可以表示为：

（61）只有一些花儿开放了。

自然语言中负责等级含意的隐性算子就相当于一个没有语音形式的 only（用 ONLY 表示）。位于 ONLY 辖域之内的等级谓词将产生等级含意。比如，（62）a 有至少两种可能的含意：①你可以吃苹果或梨，但不能两者都吃；②你可以（但不一定要）吃苹果或梨。前一种含意是 or 引发的，而后一种是 may 引发的。根据 Fox（2007），产生这两种含意的句法结构分别为（62）b 和（62）c。

（62）a. You may have an apple or a pear.

b. You may [ONLY have an apple or a pear]

c. You ONLY [may have an apple or a pear]

在（62）b 中，ONLY 的辖域较窄，仅覆盖 or；在（62）c 中，ONLY 的辖域较宽，覆盖 may。

但是，上述分析面临过度产生等级含意的问题。比如，在（62）a 中，除了 may 和 or 之外，a(n) 也与 two、three 等构成等级。如果所有等级谓词都位于 ONLY 的辖域之内，如（63）所示，那么对于（62）a 的可能解读就会变得非常丰富。但事实上，人们对于（62）a 的理解主要是上述两种。因此，认知系统中就需要一个独立的模块来从（62）a 的众多可能解读中做出选择，但没有证据表明这样的模块存在。

（63）You [ONLY may [ONLY [have ONLY [an apple] or ONLY [a pear]]]]

把等级含意看成局域的观点还存在其他问题。例如，当说话人断言（64）a 时，（64）b～（64）d 都是可能隐含的意义。但局域论只能预测（64）d。

（64）a. 屋子里有些人偷了东西。

　　b. 说话人不好说是否屋子里所有人都偷了东西。

　　c. 说话人不认为屋子里所有人都偷了东西。

　　d. 说话人认为并非屋子里的所有人都偷了东西。

　　根据整体论，如果（64）a 引发了（64）d 的等级含意，这是因为首先它引发了（64）c，然后（64）c 再与"能力假定"一起推导出（64）d。局域论则预测等级含意直接与"有些"相联系，因此只能推导出（64）d。

　　尽管认同等级含意与等级谓词而不是整个句子直接相联系，Geurts（2009）认为句法论是就事论事（ad hoc），局域性等级含意实际上可以通过经典的格莱斯推理机制解决，不需要通过句法途径。比如，对于一个形式为"φ or ψ"的句子，与其形成反差的选项包括子句φ、ψ以及与子句形成反差的选项。以（59）c 为例，其选项集应包括（65）a～（65）c。

（65）a. Mary is working at her paper.

　　b. Mary is seeing some of her students.

　　c. Mary is seeing all of her students.

　　（65）a～（65）c 的语义上都比（59）c 强。根据经典的格莱斯推理机制，说话人不清楚（65）a～（65）c 是否为真。即：

（66）a. ¬K（65）a

　　b. ¬K（65）b

　　c. ¬K（65）c

　　如果"能力假定"起作用，听话人认为说话人清楚（65）c 是否为真："K（65）c∨K¬（65）c"。这一认识加上（66）c，则蕴涵"K¬（65）c"。也就是说话人认定玛丽没有会见所有的学生。至于"Mary is not working at her paper."的含意为什么没有产生，是因为作用于（65）c 的"能力假定"没有作用于（65）a 和（65）b。如果说话人清楚玛丽是在写论文，还是在见学生，他就不会说（59）c。这样，整体论存在的问题就得以解决了。至于

（59）a 和（59）b 的情况，Geurts（2009）认为，warm 和 like 等词语在进入真值条件语义计算之前经历了一个"重构的"（reconstrual）语用过程，这使得 at least warm 的语义转换为 "warm, but not hot"，at least like 的语义变成了 "like, but not love"。正是因为这使得词语意义狭窄化的"意义转换"（meaning shift）过程存在，（59）a 和（59）b 是有标记的。

2.3.2.3　等级含意的默认性

一般认为，等级谓词在大多数情况下"理所当然地"产生等级含意（Horn，1972，2010；Levinson，1983，2000；Chierchia，2004 等），即等级含意具有默认性（defaultness）。默认性本来是信息科学研究中的术语，是指在没有其他特别规定时所使用的预先设定的选项和价值（张权和李娟，2006）。Chierchia（2004：51）明确表示："所谓的默认解读，就是在语境没有任何偏向的情况下大多数人会产生的那一种解读"。Horn（2010）在列举典型等级谓词时也指出，在交际中，语义上单边限定的等级词语传递的典型意义是双边限定的解读。Levinson 则用"默认性"来区分一般会话含意和特殊会话含意。"一般会话含意是在缺乏与之冲突的信息时保存下来的推理。但一旦存在与之相冲突的信息，就足以使其消失。因此，这种推理模式有两个特点：其一是默认的推理模式，其二是它可以取消。"（Levinson，2000：42）在 Levinson 看来，等级含意是典型的一般会话含意。它依赖的是语言结构中不变的凸显性质，而不是可变的语境（Levinson，2000）。换言之，等级含意是等级谓词所触发的自动推理过程。

但也有学者认为，等级含意的产生除了等级谓词的触发外，还需要以一定的语境为条件。或者说，等级关系不是像默认论者所认为的由词语之间的逻辑蕴涵关系定义，而是通过语用规则临时建立的。比如，数词所构成的等级关系在不同的语境中存在不同的蕴涵方向（徐盛桓，1995）。再比如，在某些情况下，根本不存在逻辑蕴涵关系的词语之间也可以形成等级。张三坐火车从长沙去北京。李四问："你现在到哪里了？"张三的回答（67）a 显然隐含（67）b。

（67）a. 我已经到武汉了。

　　　 b. 我还没有到郑州/石家庄/北京。

这里<北京，石家庄，郑州，武汉>似乎也构成了一个临时性等级。断言了弱项"武汉"就隐含否定了强项"郑州"、"石家庄"和"北京"。Hirschberg（1985）系统地考察了这些临时性等级，并提出了一个理论试图统一解释由逻辑关系定义的荷恩等级和临时性等级（Levinson 称之为赫氏等级）。显然，赫氏等级含意属于特殊会话含意。但 Levinson（2000）认为，Hirschberg（1985）的理论没有对等级关系加以任何限制，会过度产生等级含意。

van Rooij 和 Schulz（2004）也强调语境特征，尤其是交流类型和交谈相关因素对等级含意产生的影响。实际上，他们所坚持的是 Grice 的合作原则，即等级含意只有在假定说话人遵守了合作原则的基础上才可能产生。

Horn（2010）所持的是一种温和的默认论。一方面，他不同意 Levinson（2000）把一般会话含意看作默认推理的观点，强调等级含意是说话人的意义，而并非听话人的理解。也就是说，在默认语境中产生的隐含意义并不构成默认或自动的推理。另一方面，他也不同意 Geurts（2010）完全否定默认论的观点。根据 Grice（1989）的理论，在某种情况下，使用某种形式的词语通常（即不在特殊情况下）会产生某个或某种含意（Horn，2010）。

综上所述，目前关于等级含意的性质还存在一些争议。导致这些争议的原因主要是，在等级含意的理论研究中，收集语料的最常见方法是研究者本人的反思（introspection）。反思法尽管不失为语言学研究中的一个有效方法，但在研究会话含意时存在一定的偏向（Geurts，2010）。实验语用学认为，为了准确了解等级含意的本质，需要采用实验研究的方法在尽可能中立的语境中考察普通人对于等级含意的直觉（Noveck & Sperber，2007）。观察儿童理解等级谓词的方式对于理解等级含意具有重要的意义。

2.4　小　　结

本章从已知信息和新信息的表征机制、对比焦点和焦点小品词、等级含意三个角度展开讨论。人类语言普遍采用音系、词汇和句法手段标记话语中听说双方的共有信息和说话人希望传递的新信息。在汉语中，名词性成分本身的结构以及其出现的句法位置与信息地位有关联，其中主语表达已知信息、宾语表达新信息的倾向具有鲜明的个性。焦点小品词是自然语言中与对比焦点有关的一类词语，它们触发句子与语境中一组相关选项的对比，使位于其辖域中的句子成分成为凸显的信息。正确理解包含焦点小品词的句子涉及句法、音系和语用等多个模块间的互动。等级含意一方面具有语用意义上的可计算、可取消和不可分离的特征，另一方面又与等级谓词的逻辑语义关系密切相关。它甚至能够进入句法运算中，表现出"局域性"。因此，这三者都是典型的语法-语用接口知识。

第 3 章

语法-语用接口的儿童语言习得
研究现状

儿童何时掌握母语的语法-语用接口知识是第一语言习得研究中的热点问题。研究者采用追踪调查或跨阶段的实验方法，对儿童语言中已知信息和新信息表达机制、焦点小品词的语义和语用表征、等级含意的习得与加工等问题进行了深入、细致的研究。但不同研究得出的结果迥异。此外，这些知识在不同语言的儿童母语中的表现也不尽相同。本章将评述语法-语用接口的儿童语言习得研究现状，并梳理该领域悬而未决的问题。

3.1 已知信息/新信息表达机制的习得

已知信息/新信息在语言中的表达机制非常复杂，跨语言的差异也非常显著。对于第一语言习得研究，儿童如何习得具体语言的信息结构尤其值得关注。名词性成分的定指/不定指等性质非常抽象，儿童不可能像习得具体指称实体一样通过例证学习来掌握。语言输入中也不可能存在足量的、有效的信息帮助他们认识到已知信息和新信息以及名词短语形式和句法位置之间的关系。研究表明，一方面儿童很早就拥有与信息结构有关的基本认知概念。例如，新生儿可以区分已知信息和新信息（Schmitz & Höhle，2007）。表达已知信息的成分（如话题）在儿童最早的句子结构中往往不出现（Müller et al.，2011）。不仅如此，儿童在 2 岁时就能根据对交际另一方的知识所做的假定预测对方的行为，并调整自身的行为（O'neill，1996；Onishi & Baillargeon，2005）。但另一方面，信息结构的习得要比句法知识的习得花费更多的时间，取决于具体语言中信息结构表达机制的复杂性（Höhle et al.，2016）。

3.1.1 印欧语言儿童语言习得

我们先看印欧语言的儿童语言习得指称维度的已知信息/新信息，即名词性成分的定指/不定指的表达机制的情况。印欧语言大多通过冠词来表达定指/不定指。因此，较早的研究主要考察以英语、法语等为母语的儿童是否掌握定冠词与具体指称实体和已知信息，以及不定冠词与非具体指称实体和新信息之间的映射关系。不同的研究结论存在较大差异。

早在 20 世纪 20 年代，Piaget 就对两名法语儿童的自发语料中名词性成分的定指性进行了考察。他发现，儿童在 7 岁之前更多地使用代词来指称成人一般用普通名词性成分描述的实体。不仅如此，儿童在使用名词性成分时似乎不能从他人的视角考虑。比如，他们会用定冠词表达自己心目中确定的指称实体，而不论听话人是否能识别该指称实体。Piaget（1959）认为，这说明儿童是"以自我为中心的"。

Brown（1973）采用追踪法研究了 3 名英语儿童在自发语料中使用的冠词。通过对名词性成分出现的语境进行分析，他发现，英语儿童在 3;0～3;5 掌握冠词的特指性：the 用于具有特定指称实体的名词性成分或独一无二的事物，而 a(n)则用于没有特定指称实体的成分。Brown（1973）同时发现，该年龄段的英语儿童对于冠词定指性的掌握不理想，不论听话人是否能辨识具体的指称实体，儿童都倾向于在名词前使用 the。儿童在 4;0 左右才开始表现出对冠词与定指性之间对应关系的认识。Maratsos（1974，1976）通过一系列的理解和产出实验进一步印证了 Brown（1973）的结论。在理解实验中，研究者要求被试用玩具演示研究者所讲述的故事。在故事的关键环节中，研究者使用定指成分"the-N"或不定指成分"a(n)-N"来指称某个事物。在语境中，名词N 的指称有多个实体，其中一个在上文中被提及。如果儿童掌握了冠词与定指/不定指的关系，则会在听到"the-N"时选择上文已经提及且在语境中凸显的那个实体，而在听到"a(n)-N"时选择上文没有提及过的实体。比如，研究者讲述（1）中的故事时，为被试提供 1 只狮子、1 只老虎和 4 只兔子。

（1）The lion and the tiger saw the bunnies, and they went to them. One of the bunnies went over to the tiger. He said hello to the tiger. Now <u>a bunny</u>/<u>the bunny</u> went over to the lion. He said hello to him.

如果被试听到的是 the bunny，则应该将其理解为上文中向老虎打招呼的那只兔子；如果被试听到的是 a bunny，则应该在其余 3 只兔子中选择任意一只。Maratsos（1974，1976）发现，3 岁组（平均年龄：2;8～3;6）和 4 岁组（平均年龄：4;0～4;11）的英语儿童在上述任务中都能根据冠词做出正确的选择。产出实验包括故事续说、诱导模仿等。同样，3 岁组和 4 岁组的被试都能根据指称实体是否确定选择正确的冠词。因此 Maratsos（1974，1976）认为，英语儿童在 3;6 之前就掌握了冠词与特指性之间的关系，但她没有考察儿童是否掌握冠词与定指性之间的关系。Garton（1984）也得出了类似的结论。他通过命名实验发现，英语儿童在 3;6（3;0～3;11）时就已经能正确地将定冠词用于通过话语或上下文语境确定的具体指称实体的名词性成分，而将不定冠词用于缺乏具体指称实体的名词性成分。

然而，Karmiloff-Smith（1981a）的实验研究却似乎表明，法语儿童直至 8 岁时都没能掌握不定冠词指称非确定对象的某些用法。在该研究的其中一个实验中，被试的任务是描述在下面三种情境中成人对某个物体的选择：

（2）a. 单一个体（只有唯一的物体，如一辆红色的汽车）
　　　b. 三个仅在颜色方面有差异的个体（如一辆红色的汽车、一辆绿色的汽车和一辆蓝色的汽车）
　　　c. 三个完全相同的个体（如三辆蓝色的汽车）

在（2）a 和（2）c 的情境中，合适的指称形式分别是定指成分和不定指成分，而在（2）b 的情境中，合适的指称形式是带修饰语的定指成分，不定指成分则不恰当。研究者发现，3 岁组的法语儿童在上述三种情境中都使用了几乎同等数量的定冠词；4 岁组的儿童则能够区分单一个体和非单一个体的情况，前者使用定冠词，后者不论个体之间是否完全相同都使用不定冠词。直到

8 岁以后，法语儿童才能在上述情境中正确使用相应形式的名词性成分。

由于不定指成分一般用于向话语中引入新的指称实体，而定指成分用于回指话语中已经提及的对象，许多研究考察儿童在话语中引入和回指指称实体的名词性成分形式。Warden（1976，1981）发现，当听话人没有见到具体的指称实体时，4 岁儿童在命名任务中总是使用不定指形式，但在讲述故事时，他们使用不定指形式的百分比非常低，这说明该年龄段的儿童还没有掌握使用不定指形式向话语中引入新的指称实体的知识。Warden（1976，1981）还考察了儿童是否用不同形式的名词性成分指称听、说双方共同关注的事物和没有共同关注的事物。被试的任务是依次描述 4 种卡片，这些卡片的区别在于语境中是否还有同类物品。实验发现，不论听、说双方是否共同关注了指称实体，4 岁儿童使用的名词性成分在形式上没有区别，他们都倾向于使用定冠词，而不是不定冠词。在讲述故事时，儿童指称上文已经提及的事物跟成人一样总是使用定冠词，但他们在指称新的事物时，其表现与成人不一致，年龄越小的儿童越倾向于使用定冠词向话语中引入新的指称实体。

Kail 和 Hickmann（1992）研究了法语 6 岁、9 岁和 11 岁儿童在两种情境中用来指称事物的名词性成分：共享知识情境（听、说双方共同阅读一本故事书）和非共享知识情境（只有说话人可以见到故事书）。该研究发现，各年龄组的儿童都能区分上述两种情境，他们在共享知识情境中更多使用定冠词，而在非共享知识情境中则更多使用不定冠词。但后续研究（Hickmann et al.，1996）却发现，分别有 45%、62%和 40%的以法语、英语、德语为母语的学前儿童在讲述故事时存在使用定冠词+名词的形式向话语中引入新的指称实体的错误，这一结果与 Warden（1976，1981）的结果一致。Schafer 和 de Villiers（2000）也发现，英语儿童在早期的自发语言产出中也把定冠词用于自身已知的、具有唯一性的事物，而不考虑听话人是否能识别该事物。综上所述，前人研究大多发现，尽管儿童很早就掌握了定冠词标记特定的事物、不定冠词标记非特定的事物的规则，但较小的儿童还没有认识到定指名词性成分不仅要求指称实体为特定的，而且要求该实体能为听话人所识别。换句话说，儿童一开始似乎将冠词的语义参数设置为特指性（跟萨摩亚语类似），而非定指性。

然而，也有一些研究得到了与上述研究完全不同的结果。例如，尽管使用与 Warden（1976，1981）类似的实验设计，Emslie 和 Stevenson（1981）却发现，2;2 的英语儿童无论在命名，还是在描述任务中，都系统地使用不定冠词标记新事物。不仅如此，在讲述故事时，这些 2 岁儿童甚至还会使用不定冠词来标记上文中已经提及的事物。直到 4 岁以后，儿童才完全习得使用不定冠词向话语中引入新的指称实体，以及使用定冠词指称话语中已知实体的能力。因此，与 Warden（1976，1981）的结论相反，Emslie 和 Stevenson（1981）得出的结论是，儿童早期的错误并不是过度使用定冠词，而是过度使用不定冠词。

后续研究则认为，儿童很早就习得冠词在标记定指性和特指性方面的知识。de Cat（2004）在分析说法语的成人对冠词的使用情况后指出，一些在前人研究中被视为"错误"的儿童使用冠词的情况，实际上是冠词的特殊用法。de Cat（2004）采用新的标准重新分析了 5 名以法语为母语的儿童在 1;10～3;6 的自发语料，结果表明这些儿童很早就掌握了定冠词与已知信息、不定冠词与新信息之间的对应关系。de Cat（2013）的诱发产出研究进一步证实了上述结论。在使用带定冠词的名词性成分指称话语中已经提及的实体时，以及使用带不定冠词的成分引入新实体时，年龄介于 2;6～3;3 的被试与成人之间已经基本没有差别。因此，de Cat（2004，2013）认为，儿童在语言习得早期就已经掌握了已知信息/新信息在名词性成分词汇层面的表达机制。同样，Rozendaal 和 Baker（2010）研究了来自儿童语言数据交换系统（Child Language Date Exchange System，CHILDES）的 3 个不同语料库中的各 1 名英语儿童的自发产出后，也发现在 2;9 之前，英语儿童就已经能够根据某一指称实体在话语中是否首次出现而正确使用相应的限定词；到 3;3 时，他们基本掌握了从听话人的视角选择限定词。结合对儿向语（child-directed speech）中成人使用限定词的分析，Rozendaal 和 Baker（2010）认为，语言输入在儿童习得名词短语的指称性质中起到了重要的作用。

再看关系维度的已知信息/新信息。关于印欧语言儿童早期语言中词序的研究得到了迥然不同的结果。一些研究（Penner et al.，2000，de Cat，2009 等）发现，2 岁左右的儿童所使用的词序就已经表现出对信息结构因素的敏感性。然而，其他研究则表明，即使在学龄期，儿童在相同的情境下所使用的词序也与成人不同（Barbier，2000；Narasimhan & Dimroth，2008；Dimroth & Narasimhan，2012 等）。成人在组织话语信息时倾向于把已知信息置于新信息之前（Stephens，2010；Wagner，2016）。尽管一些研究（如 Hickmann et al.，1996；Stephens，2010；Anderssen et al.，2012 等）表明，儿童也有类似的倾向，但也有研究发现一些儿童似乎更倾向于将新信息置于已知信息之前（Bates，1976；Narasimhan & Dimroth，2008；Dimroth & Narasimhan，2012 等）。Höhle 等（2016）认为，不同研究在结果上的差异可能源于词序、名词性成分的形式以及已知信息/新信息之间错综复杂的关系。例如，4～5 岁的英语和挪威语的儿童在使用与格结构（dative construction）时，如果直接宾语为已知事物或代词，则倾向于将其放在间接宾语之前；如果间接宾语为已知信息，挪威语儿童一般将其省略，而英语儿童则将其放在直接宾语前（Stephens，2010；de Marneffe et al.，2012）。

　　儿童关于已知信息/新信息与句法位置之间关系的认识还反映在他们对特殊句法结构的运用上。当受事为话题时，学龄前和学龄儿童都倾向于使用被动句（Turner & Rommetveit，1967；Demuth，1989）。de Cat（2009）则发现，在 2;6 时，法语儿童倾向于使用移位的名词性成分等作为话题，而采用复杂的代词形式或准分裂结构来表达焦点。但研究也发现，尽管较大的儿童偶尔采用被动句、分裂句和准分裂句等特殊句式来表达已知信息/新信息，但是他们表达信息结构的主要手段还是韵律，而非句法（Hornby，1971）。

3.1.2　汉语儿童语言习得

　　相比于印欧语言的信息结构习得，有关汉语儿童习得母语中已知信息/新信息表达机制的研究较为有限。

　　Erbaugh（1982）通过追踪调查分析了汉语儿童早期语言中句子的词序，并发现，在最初阶段，出现的句子都严格遵循主语—动词或动词—宾语的基本词序，在语义上表达动作-受事、施事-动作或者受事-状态。在 2;0～2;9，儿童基本不会改变基本词序来满足语用要求。在词汇形式方面，Erbaugh（1992，2006）详细分析了儿童使用量词的情况。该研究发现，尽管数量名结构很早就出现，但早期语言中的具体量词却非常少见，儿童更倾向于使用概化量词"个"。只有在指称实体为不定指个体时，儿童才会使用具体量词。

Szeto（1993）分析了粤语儿童在 1;10～2;11 的自发语料中用于已知事物和新事物时所使用的名词性成分。该研究发现，在该年龄段，儿童在指称不在现场的事物时倾向于使用光杆成分。当指称已经进入话语的事物时，与成人一般用主语位置的量名成分不同，儿童同样使用主语位置的光杆名词。因此，粤语儿童在早期并没有完全掌握量名成分与已知信息之间的关系。Lee 和 Szeto（1996）进一步发现，粤语儿童直到 5 岁都未完全习得表达定指和不定指的机制。

Min（1994）对 5 名处于不同语言发展阶段的普通话儿童进行了追踪调查，并得出了类似的结论。通过分析这些儿童在 0;4～3;6 的自发语言产出，Min（1994）发现，普通话儿童尽管在 3;6 之前就已经自发产出光杆名词、数量名、指量名等多种形式的名词性成分，但并未掌握这些形式与已知信息/新信息之间的对应关系，也未习得它们的话语功能。例如，儿童极少使用数量名成分向话语中引入新的指称实体，而是更倾向于使用光杆名词。此外，儿童也没有掌握句法位置与已知信息/新信息之间的关系。直到 3;6 之后，他们才逐渐开始用宾语表达新的指称实体。在此之前，指称新的指称实体的名词性成分，无论光杆名词还是数量名成分，都更多地充当主语。

Hickman 等人的实验研究（Hickmann & Liang，1990；Hickmann et al.，1996；Hickmann，2004）与 Min（1994）的结论基本一致。他们所使用的是诱导产出法，即被试向蒙着眼睛的听话人讲述卡通图片中的故事。研究者分析了被试在指称话语中的新实体和已知实体时所使用的名词性成分的形式和句法位置，并发现 4 岁的普通话儿童在指称新实体和已知实体时都倾向于使用光杆名词。儿童使用光杆名词指称已知实体的百分比随着年龄增长，到 10 岁时高达82%。被试使用数量名成分指称新实体的百分比同样随着年龄增长，但到 10岁时，儿童与成人之间在使用数量名成分的百分比上仍然存在显著差异。除光杆名词外，儿童早期还更多地使用指量名成分指称已知实体，但百分比随年龄的增长呈下降趋势。在表达已知信息/新信息方面，4 岁儿童在表达新信息时超过 2/3 使用主语位置，而到 10 岁时，使用宾语表达新信息的比率不到 2/3，与成人之间的差异十分明显。有趣的是，各年龄段的被试（包括成人）都明显倾向于将表达新信息的名词性成分放在主语位置，百分比均超过 80%。Jia 和 Paradis（2015）采用了与 Hickmann 等人相同的实验范式，比较了汉语儿童和以汉语为继承语言（heritage language）的英-汉双语儿童表达新信息的机制，并发现单语儿童在向话语中引入新的指称实体时使用的数量名成分和量名成分明显少于双语儿童，更倾向于使用光杆名词。两组儿童用于表达新的指称实体的名词性成分都倾向于出现在动词前。因此，上述实验表明，不论是指称维度还是关系维度的已知信息/新信息表达机制，汉语儿童都较晚习得。关系维度的机制比指称维度的机制更晚被儿童习得。

然而，Lee（2010）通过对两名北京儿童在 1;5～2;3 的自发语料中使用的名词性成分进行分析，发现尽管在汉语儿童的早期语言中，名词性成分的主要形式的确是代词、专有名词和光杆名词，但儿童一开始就掌握了不同形式的名词性成分在指称性质上的区别。例如，两名儿童的自发产出中完全没有出现代词或指量名成分用作谓语的情况。光杆名词和数量名成分则既用作谓语（无指），又用作论元（有指）。而且，儿童很早就仅将数量名成分（尽管很少出现）用于听话人不能识别的对象。

上述文献回顾说明，关于儿童何时拥有信息结构知识的问题，学界尚未形成一致的结论。习得不同语言的儿童表现出明显的差异。总体而言，信息结构知识的习得与被试的年龄和具体语言中的机制（例如已知信息/新信息与语言的其他模块，甚至其他认知模块的交互）的复杂性都密切相关。此外，有一些方法上的细节也可能影响研究的结果。以 Hickmann 等人的研究为例，实验采用的刺激材料为卡通图片，被试在看完图片后向蒙着眼睛的研究者讲述故事。然而，两个细节可能影响被试的表现。首先，在该研究中，所有图片中同一类事物（如小猫和小马）都只有 1 个，这可能使得被试更多地使用光杆名词，而不是"一轻读"量名形式。由于"一"的计数功能在该语境下基本可以忽略不计，而数量在该情境下也不是凸显的信息，为了省力，儿童可以采用更简单的形式。光杆名词虽然本身并不表示单数或复数，但被默认为单数。另一种可能性是，当语境中某一类事物只有一个实体时，被试采取命名的策略，即将光杆名词如"白马"作为专有名词使用。Keenan 和 Schieffelin（1976）发现，在掌握其他机制之前，命名就是儿童向话语中引入新的指称实体的最重要手段。Jia 和 Paradis（2015）的研究也表明，汉语儿童在初次提及指称实体时有约 15% 的名词性成分是专有名词。其次，在被试讲述故事时，听话人是研究者。尽管听话人蒙着眼睛，被试可能完全假定该听话人对故事的内容是熟悉的（de Cat，2013），因此即使在初次提及时，对于听话人来说也是已知信息。Schafer 和 de Villiers（2000）发现，如果可以确定某一实体是听话人无法识别的，例如回答类似"告诉我你家客厅的墙上挂着什么"的问题时，儿童几乎完全不在名词前使用定冠词的形式。因此，鉴于以上原因，儿童对信息结构相关表达机制的习得值得做进一步研究。

3.2 焦点小品词的儿童习得

第一语言习得领域对于焦点小品词的关注并不多，讨论较多的是儿童对于排他性焦点小品词，如汉语的只、英语的 only 等的习得。至于添加性焦点小品词和等级性焦点小品词的儿童习得，仅有极少数研究做过考察。目前这些研究的总体发现是，尽管儿童在较早阶段就能够产出各类焦点小品词，但在语言理解方面，学前甚至部分学龄儿童对这些词语所表达的焦点意义的敏感度不如成人高。不同于一般语言知识在语言理解中的表现先于语言产出，这种产出先于理解的现象使得焦点小品词的习得成为一个特别值得关注的话题。

3.2.1 语言产出研究

文献中关于儿童何时开始自发使用各类焦点小品词的报道并不多见。Nederstigt（2001）分析了 CHILDES 中 Caroline 语料库的 1 名德语儿童 0;10～3;4 的自发语料，发现在该名儿童所说的 23 595 个句子中，包含添加性焦点小品词 auch（也）的有 868 句。该名儿童最早在 1;6 时就开始使用 auch，该词一开始仅零星地被用于独词句，但 1;9 开始大量出现在多词句中。Nederstigt（2003）进一步分析发现，该名儿童不仅较早地开始使用 auch，而且掌握了该词的部分句法分布和音系限制。跟成人一样，该名儿童允许该词在其作用域

（domain of application，即添加的成分，见 Krifka，1999；刘慧娟等，2011）之前和之后出现。不仅如此，该名儿童还清楚地认识到只有当 auch 出现在作用域之后时，该词才能承载重音。承载重音的 auch 先于不承载重音的 auch 被儿童习得：前者的始现时间大约在 1;9，而后者大约在 2;1。然而，Nederstigt（2003）同时也发现，并不是成人语法中允准 auch 的全部结构都可以在儿童早期的自发语言中得到观察。因此，尽管该词的始现时间较早，但与它有关的语言知识是渐进式发展的。

Nederstigt（2001，2003）的结论得到了后续研究的支持。Höhle 等（2009）对 18 名德语儿童（1;0～3;0）的自发语料所进行的研究同样表明，儿童最早在 1;6 使用 auch，在 1;8～2;0 约有一半的儿童自发地使用了 auch，而在 2;4～23;0，90%以上的儿童的自发语料中都可以观察到 auch。总体上，前者的使用频率也高于后者。Müller 等（2009）进行的诱发产出实验也得出了类似的结论，即德语儿童很早就能正确使用 auch，但相比于重读的 auch，非重读的 auch 的习得要滞后大约 6 个月。儿童很早就开始自发使用焦点小品词的现象在对不同语言的儿童习得研究中都有报道。Matsuoka 等（2006）对取自 CHILDES 的 4 个语料库的 6 名日语儿童的自发语料进行了分析，他们发现，最早在 1;6 的儿童语言中就可以观察到添加性焦点小品词 mo，而在 2;1 时儿童就能自发产出排他性焦点小品词 dake。

汉语儿童语言习得研究同样观察到儿童很早就能自发使用焦点小品词。Lee（2003，2005）考察了 5 名粤语儿童的自发语料，并发现儿童大约在 2;0 后开始自发使用添加性焦点小品词，而在 2;6 之后，排他性焦点小品词也开始出现。Lee（2003）将排他性焦点小品词晚于添加性焦点小品词被儿童所掌握的现象归结于前者涉及全称量化，而后者涉及存在量化。全称量化的知识相对于存在量化的知识来说，习得要稍晚。孔令达等（2004）的跨阶段语言产出调查显示：在 2;0 前，添加性焦点小品词（在该书中被称为"重复副词"）已经在汉语普通话儿童的语言中大量出现，其中，"还"始现于 1;6，"也"始现于 2;0，"再"和"又"则始现于 1;8；等级性焦点小品词"才"、"就"和"都"则大约在 2;6 时出现；排他性焦点小品词（在该书中被称为"限制副词"）出现稍晚一些，其中"只"出现在 3;0，"就"始现于 2;0，"才"始现于 3;6，而

"光"则晚至 4;6 才出现①。张云秋等（2010）对 1 名北京话儿童在 1;6～3;0 的追踪研究发现，等级性焦点小品词"都"在 1;9 时就出现，早于孔令达等（2004）报告的时间。Liu（2009）（也见刘慧娟等，2011）的诱发产出实验也表明，普通话儿童在 2;0 时就能正确使用添加性焦点小品词，不仅如此，他们还拥有系统性的关于这些焦点小品词的知识。他们不仅能区分不同类型的焦点小品词（如"也"、"还"和"又"），还能区分同一个焦点小品词在不同作用域的重音/非重音变体。例如，重读的"还"以整个命题为作用域，重读的"也"则以其前面的成分为作用域，而非重读的焦点小品词可以以其成分统领（c-command）的成分为作用域，等等。范莉和宋刚（2013）对北京话儿童早期语言获得语料库（Beijing Child Early Language Acquisition Corpus，BJCELA）中 4 名汉语普通话儿童的研究发现，儿童最早自发使用的添加性焦点小品词"还"、"也"和"又"的时间都在 2;0 之前，其中，"还"大约在 1;5～1;7 之间，而"也"和"又"则分别是在 1;5～1;9 之间和 1;8～1;11 初次出现。不仅如此，儿童还很早就注意到这几个词语在与焦点相关联方面的区别，比如，"也"倾向于与主语关联，而"还"和"又"则倾向于与谓语关联。排他性焦点小品词的习得稍晚一些，除 1 名儿童（SJQ）在 1;10 时有零星产出的"只"和排他性的"就"外，其余儿童都在 2;0～2;3 之后才开始自发使用"只"和排他性的"就"和"才"。

总体上，儿童对焦点小品词的习得是一个渐进的过程。不同语言的儿童都较早能使用各类焦点小品词，总的来说，添加性焦点小品词的自发使用要先于排他性焦点小品词。然而，不同研究之间也因为研究对象和方法的不同而在结果上表现出差异。比如，针对德语儿童的研究，无论是自发语料追踪分析（如 Nederstigt，2001，2003；Höhle et al.，2009），还是诱发产出实验（如 Höhle et al.，2009；Müller et al.，2009），都表明儿童对于添加性焦点小品词的重音与作用域之间的关系并不是一次性习得的，出现在作用域之后的重读添加性焦点小品词的习得要比出现在作用域之前的非重读添加性焦点小品词的习得

---

① 需要指出的是，孔令达等（2004）的研究并非严格意义上的追踪研究，因此他们报道的始现时间不一定是儿童最早使用该词语的时间。

晚约 6 个月。针对汉语儿童的研究，无论是自发语料追踪分析（如范莉和宋刚，2013），还是诱发产出实验（如 Liu，2009；刘慧娟等，2011），都发现儿童在 2;0 之前就掌握了关于添加性焦点小品词的系统知识。

3.2.2 语言理解研究

要正确理解一个包含焦点小品词的句子，儿童必须考虑句子的词汇、句法、韵律和语境等多个方面的知识，以及这些不同领域的知识之间的互动（Höhle et al.，2016）。目前大多数研究表明，儿童一开始对包含这些词语的句子的理解与成人并不相同。这可能与焦点小品词所涉及的接口属性有关。总体上，儿童对于排他性焦点小品词的"排他"意义比对添加性焦点小品词的"添加"意义和等级性焦点小品词的"等级"意义更敏感，但对于排他性焦点小品词所关联的焦点位置，儿童与成人存在不同的偏向。

3.2.2.1 儿童对排他性焦点小品词的理解

关于儿童对排他性焦点小品词的理解，现有研究最主要的发现是儿童表现出将排他性焦点小品词与谓语而不是主语或宾语相关联的倾向。Crain 等（1992）通过图片验证法考察了 3～6 岁英语儿童对包含 only 的句子的理解。该研究发现，相比于理解 only 位于动词短语之前的句子（如"The cat is only holding a flag."），儿童在理解 only 位于主语之前的句子（"Only the cat is holding a flag."）时的表现要差得多。无论 only 位于动词短语前，还是主语前，儿童都倾向于把它和谓语而不是主语相关联。这一发现不仅在英语儿童的语言理解中得以反复证实（如 Crain et al.，1994；Philip & Lynch，2000；Paterson et al.，2003；Notley et al.，2009；Kim，2011 等），而且也得到了跨语言的儿童习得研究的支持。Endo（2004）、Matsuoka 等（2006）对日语儿童理解 dake（日语中的"只"）的研究，Müller 等（2011）对德语儿童理解 nur（德语中的"只"）的研究都发现，儿童有错误地将主语前的排他性焦点小品词与动词短语相关联的倾向。对此现象文献中存在两种解释，一种解释是以 Crain 等（1992）为代表的句法论，认为儿童没有掌握与 only 有关的句法知识。他们认为，主语前的 only 成分统治的是整个句子，动词短语也在其辖域之内，因此可以被其关联，成为对比焦点。另一种解释则是以 Paterson 等（2003）为代表的加工论。这种观点认为，儿童表现出的所谓谓语倾向实际上是因为他们没有加工 only。儿童之所以忽略 only 可能是因为在构建相关的选项集时存在困难，如果语境中相关的对比项得以凸显，他们对主语前的 only 的理解会更接近成人。加工论得到了一系列后续研究的支持（Bergsma，2002；Gualmini et al.，2003；Kim，2011；Müller et al.，2011；Berger & Höhle，2012 等）。Müller 等（2011）认为，儿童之所以忽略主语前的排他性焦点小品词还可能是因为 SVO 语言中的主语倾向于表达已知信息，而谓语倾向于表达新信息。当排他性焦点小品词关联主语时，主语作为焦点成分表达新信息，与默认的信息结构相冲突。儿童因此认为排他性焦点小品词不可能与主语相关联，从而忽略该词语的语义贡献。

关于儿童理解排他性焦点小品词的另一个发现是，当 only 位于谓语之前时，儿童倾向于将其与整个动词短语而不是动词短语中的宾语相关联。Crain 等（1994）发现，4 岁英语儿童更多把 "The dinosaur is only painting a house." 理解为 "恐龙只在刷一所房子，没有做其他事情。"，而成人则更多将其理解为 "恐龙只在刷一所房子，没有在刷其他东西"。对此，Crain 等（1994）的解释是，语言习得机制中存在一个语义子集原则，指导儿童对于一个句子作两种解读，且这两种解读之间存在蕴涵关系时，先选择真值条件为子集的那种解读。only 与整个动词短语相关联时，句子的真值条件是 only 与宾语相关联时句子真值条件的一个子集：如果 "恐龙只在刷一所房子，没有做其他事情" 为真，那么 "恐龙只在刷一所房子，没有在刷其他东西" 也必定为真。儿童根据语义子集原则选择前一种解读，所以表现出用 only 限制动词短语而不是宾语的倾向。但是语义子集原则受到了来自理论和实证研究两方面的质疑。在理论方面，Musolino（2006）认为，该原则在语法理论中缺乏必要性，儿童异于成人的表现可以通过句法途径解释。不仅如此，该原则对于其他方面语言知识的儿童习得（如儿童对量化词辖域关系的理解）所做出的预测并不正确。在实证研究方面，Paterson 等（2006）发现，成人在理解谓语前的 only 时并没有表现出将其与宾语相关联的倾向，而是和儿童一样坚持子集解读。因此，儿童将

only 与动词短语相关联，不可能是受到语义子集原则的制约，而只是采取和成人相同的语言加工策略或语用策略，比如他们认为宾语焦点的信息量不如动词短语焦点的强。

研究还发现，当 only 位于双及物动词短语之前时，英语儿童倾向于将其与间接宾语而不是直接宾语相关联。例如，Gualmini 等（2003）发现，4～5岁英语儿童在理解测试句"The farmer only sold a banana to Snow White."时，不论重音位置如何，都倾向于将其理解为"农夫只卖了一根香蕉给白雪公主，而没有卖给其他人"。与此不同，成人根据重音位置判断与 only 关联的焦点位置：如果重音在 Snow White 上，他们的理解跟儿童一样；但如果重音在 a banana 上，则他们将句子理解为"农夫只卖了一根香蕉给白雪公主，没卖别的东西给她"。Szendrői（2004）以及 Costa 和 Szendrői（2006）对于荷兰语儿童的研究也有类似的发现。他们认为，焦点解读是在语法-韵律接口实现的，儿童缺乏相应的接口策略，因此不能根据韵律线索判别焦点。

对于汉语儿童理解排他性焦点小品词的研究大多取得了跟上述研究一致的结论。Yang（1999）（也见杨小璐，2002）通过图片验证法考察了汉语普通话儿童理解"只（有）"和"就"的情况，并发现在 6;0 以前，汉语普通话儿童同样存在将主语前的排他性焦点小品词与谓语相关联的错误。然而，与 Crain 等（1992）的句法解释不同，杨小璐（2002）认为汉语儿童在焦点解读上之所以表现出谓语倾向性，是因为谓语焦点与汉语"话题-陈述"的信息结构同构（isomorphism），儿童的表现说明他们在习得与语义/语用表征不一致的表层结构时存在困难。此外，汉语更多采用副词量化（A-quantification）而不是限定词量化（D-quantification）的特点也可能导致儿童一开始只把排他性焦点小品词看作副词，只能与动词短语相关联，而主语前的"只/就"是限定词性质的。Yang（1999）还发现，和英语儿童一样，汉语儿童也很少将动词前的"只/就"与宾语相关联，而更多选择与整个动词短语相关联的子集解读，符合语义子集原则的预测。针对 Yang（1999）的结果，Shyu 和 Hsieh（2011）提供了另一种解释，即无论"只/就"处于何种位置，汉语儿童都把它们看作命题限制词（proposition restrictor），即把"只有小女孩拿着水桶"理解为"只有'小女孩拿着水桶'这个命题是正确的"。Zhou 和 Crain（2010）采用真值判断任务进一步证实了汉语儿童在理解排他性焦点小品词"只"和"是"时的谓语倾向性。但他们也发现，如果测试句的谓语动词位于否定词的辖域之内，如"只有白狗没有爬上大树"，儿童的理解就不再表现出谓语倾向，而是可以得到与主语相关联的正确解读。对此，Zhou 和 Crain（2010）采用了与 Crain 等（1992）类似的句法解释，认为儿童把肯定句中主语前的"只/是"看成类似 generally 这样修饰整个句子的副词，动词短语也在其辖域之内。一旦句子中有否定词，则"只/是"与谓语的关联被阻断，儿童就只能得到主语焦点的解读。然而，Yang 和 Liu（2017）以及 Liu 和 Yang（2017）对 Zhou 和 Crain（2010）将"是"看作排他性焦点小品词的观点提出了质疑。这两项研究显示，无论是成人，还是儿童，对包含"是"的句子的理解并不同于对包含"只"的句子的理解，"是"的排他性并不如"只"强。因此，研究者认为，"是"的排他性是预设，而"只"的排他性则是真值条件意义。

3.2.2.2　儿童对添加性焦点小品词的理解

跨语言研究发现，儿童在理解添加性焦点小品词时倾向于将动词短语内的添加性焦点小品词与主语相关联。比如，Bergsma（2006）通过图片选择任务考察了 4～7 岁荷兰语儿童对包含 ook（也）的两类句子的理解：ook 位于主语前，如"Ook Peter eet een appel."（"[除了其他人之外]皮特也在吃一个苹果。"）；ook 位于宾语前，如"Peter eet ook een appel."（"[除了吃别的东西之外]皮特也在吃一个苹果。"），其中主语、宾语分别承载重音。该研究发现，有近一半的 4～6 岁儿童忽略了 ook 所引发的预设。在剩下的一半儿童中，尽管超过 80% 的儿童能正确理解 ook 位于主语前的句子，但他们对 ook 位于宾语前的句子的理解表现出随意性，约有一半的人将它们理解为与主语相关联。Bergsma（2006）认为，儿童一开始在预设纳入（accomodation）（Lewis，1979）方面存在困难。此外，他们也没有掌握判断焦点的韵律线索。Hüttner等（2004）对德语儿童的研究发现了更明显的主语倾向性，2～7 岁德语儿童理解动词短语内的 auch（也）时，更多将其与主语相关联。因此，儿童对于添加性焦点小品词的理解似乎刚好与他们理解排他性焦点小品词时表现出的谓语倾向性相反，将主语看作添加性焦点小品词所关联的默认位置。然而，

Höhle 等（2009）却发现，3～4 岁儿童在眼动测试中表现出与成人一样的关于添加性焦点小品词的知识，并不会把宾语前的添加性焦点小品词理解为与主语相关联。因此，Bergsma（2006）和 Hüttner 等（2004）的结果可能是受到了实验任务的影响。

研究还发现，儿童对添加性焦点小品词的添加预设总体上不如他们对排他性焦点小品词的排他意义那样敏感。Matsuoka（2004）、Matsuoka 等（2006）比较了日语儿童对 mo（也）和 dake（只）的理解，发现即使语境中明确地列出了选项集中的各成员，大多数儿童也无法注意到 mo 所触发的预设，但他们对 dake 的理解却与成人类似。这一结果可能是因为添加性焦点小品词所触发的预设与句子的真值条件无关，仅与句子的合适性条件有关，因此可能被儿童忽略。排他性焦点小品词对于选项集成员的限制则与句子的真值条件有关，因此较早被儿童习得。然而，Berger 和 Höhle（2012）发现，在合适的实验条件下，比如当使用添加性焦点小品词的预设得以满足时，3 岁德语儿童对于 auch 的意义已经非常敏感。

对于汉语儿童理解添加性焦点小品词的研究仅有 Liu（2009）以及刘慧娟等（2011）。他们发现，汉语儿童对于添加性焦点小品词的理解明显滞后于产出：虽然 2 岁儿童就可以被诱发使用"也"、"又"和"还"，但是儿童要到 7 岁左右才能像成人一样正确理解包含这些词语的句子。此外，他们的表现还受到添加性焦点小品词的具体类型以及重音位置的影响。Liu（2009）认为，儿童在产出和理解添加性焦点小品词时表现出的不对称现象说明，尽管儿童习得了信息结构的相关知识，但他们还没有完全掌握与预设纳入有关的语用知识，不能在预设没得到满足的情境下将其纳入到谈话的背景知识中。

3.2.2.3　儿童对等级性焦点小品词的理解

相比于排他性焦点小品词和添加性焦点小品词，文献中有关等级性焦点小品词的儿童习得研究较为有限。Kim（2011）通过诱导推论法考察了 4～5 岁英语儿童对 even 的理解。该研究所采用的测试句包括四种类型，分别是：even 位于主语前的肯定句和否定句，如 "Even Larry was (not) able to reach the cookie."，和 even 位于宾语前的肯定句和否定句，如 "Bear was (not) able to reach even the vanilla cookie."。在实验中，研究者向被试介绍在某一特征上构成等级的三个角色，如高矮不同的 3 只兔子。接着，通过手偶就某一项任务对其中一个的能力进行评价，比如 "Even Larry was able to reach the cookie."。然后，研究者要求被试根据手偶的评价指认谁是 Larry。结果表明：无论 even 处于何种句法位置，也无论是在肯定句，还是在否定句中，学前的英语儿童都不能得到 even 所传递的预设[①]。Ito（2012）对日语儿童理解 datte（甚至）的研究也有类似的发现。该研究采用了合适性判断任务，考察了 4～6 岁日语儿童在 datte 的预设与语境相冲突时能否将包含 datte 的句子判断为不恰当。比如，在一个故事中，松鼠想触摸兔子妈妈、兔子哥哥和兔子妹妹的皮毛，其中它最有可能摸到的是兔子妹妹，最不可能摸到的是兔子妈妈。然而，最终松鼠却触摸到了这两者的皮毛。这时，手偶陈述测试句 "Risu-kun-ga imooto-usagi-datte sawat-ta n'da-ne."（"松鼠甚至摸到了兔子妹妹。"）。结果发现，仅有约 1/3 的儿童将其判断为不恰当。不仅如此，儿童对 datte 的理解与"当下讨论的问题"（question under discussion，QUD）无关。因此，Ito（2012）认为，儿童对 datte 的等级性焦点意义不敏感，这可能是因为他们不能构建与记忆相关的选项集。

关于汉语等级性焦点小品词的习得，Yang（1999）通过一系列实验方法考察了汉语儿童对于"才"和"就"用作等级性焦点小品词时的理解（也见杨小璐，2000）。其中，诱导模仿任务考察了儿童对于"才"和"就"在与时间和数量搭配时的限制是否敏感。"才"传递的是焦点成分表达的时间晚、数量多，而"就"传递的是焦点成分表达的时间早、数量少。实验结果表明，当测试句符合"才"和"就"与时间和数量的搭配限制时，儿童正确模仿测试句的百分比要明显高于模仿违反搭配限制的测试句时的正确率。不仅如此，儿童未能模仿测试句的情况绝大多数是他们将违反搭配限制的测试句修改为符合搭配限制的句子。这说明在 4 岁时，汉语儿童就已经掌握了"才"和"就"与时间和数量搭配时的限制。然而，句子选择任务和诱导推论任务却表明，7 岁前

---

① 对于 even 所表达的"焦点成分处于等级的一端"的意义其本质是什么，文献中有不同的看法。Kim（2011）将其看作等级含意，而 Ito（2012）认为其是规约含意。

的儿童尚未完全掌握与"才"和"就"有关的全部语言知识，例如，他们不能就"小民今天看三本书就够了"推断出"小民昨天看了超过三本书"。总体而言，儿童对于"就"的习得要先于对于"才"的习得。Yang（1999）认为，学前儿童的总体表现说明，他们关于"才"和"就"的知识还比较脆弱，只有在语境信息特别丰富的情境下才能正确理解包含这些等级性焦点小品词的句子。

Wu（2017）考察了汉语儿童对另一个等级性焦点小品词"都"的习得。该研究采用了诱导推论法，要求被试根据包含"都"的肯定和否定测试句来推断两个角色在某一方面能力上的差异。例如，与肯定测试句相匹配的语境是：小黑马和小白马想到河对岸去吃草，小白马先跳了过去，但小黑马犹豫不决。这时大象说："小黑马，你别怕，你看小白马都能跳过去。"与否定测试句相匹配的语境是：小白马先跳，但掉进了河里，小黑马正准备跳时，大象说："小黑马，你别跳，你看小白马都没跳过去。"研究者问被试："大象觉得谁跳得更远？"如果被试理解了"都"的焦点意义，则他们会在肯定的语境中回答小黑马，在否定的语境中回答小白马。然而，结果发现，直至7岁时，汉语儿童都无法做出正确的推断，这说明他们对"都"的等级焦点意义还不敏感。Li（2018）也通过类似的方法考察了汉语儿童对于"连……都"的理解。例如，在一个故事中，班长请两个同学小明和小亮去搬一个沉重的箱子，班长回来后，老师问："谁搬起了那个箱子？"班长回答："连小明都搬起了那个箱子"。研究者问被试："小明和小亮谁的力气大？"显然，在这个语境中，班长的回答表明小明是不太可能搬起箱子的，因此正确答案应该是"小亮"。然而，该研究表明，6岁之前的儿童都不能正确地做出上述推断，与 Wu（2017）的研究结果一致。

通过本节的文献回顾可以看出，目前文献中对于儿童是否具有关于各类焦点小品词的全部语言知识还远没有达成一致的认识。例如，儿童在理解包含焦点小品词的句子时与成人的表现不同，但究竟是因为他们的句法知识不完善，还是因为他们在加工句法–信息结构的接口知识时存在困难，现有研究尚未能达成共识。总体而言，关于汉语焦点小品词的研究还不够充分。文献中对焦点小品词的性质（如"是"的排他性）存在争议（Zhou & Crain, 2010 vs.

Yang & Liu，2017；Liu & Yang，2017）。关于排他性焦点小品词与双宾结构和与格结构中不同成分之间的关联，目前尚缺乏研究。在理解添加性焦点小品词和等级性焦点小品词方面，虽然现有研究已经表明儿童对这些词语所触发的预设不够敏感，但背后的原因还有待进一步探究。

3.3　等级含意的习得

3.3.1　儿童理解等级谓词的总体表现

儿童是否能推导出话语中的等级含意，以及他们在推导等级含意时主要面临的困难，是近年语言习得研究的热门课题。儿童对等级含意的认知之所以受到特别关注，是因为等级含意相对独立于具体的话语语境，而与等级谓词之间的语义关系和量准则有关。正是由于等级含意所具有的概括性和默认性，它成为观察儿童句法-语用接口知识的一个理想窗口。

早期研究主要关注的问题是儿童是否能捕捉到话语中的等级含意。尽管没有在等级含意理论的框架下讨论研究结果，一些研究者很早就发现儿童对于一些逻辑词语的理解与成人似乎存在差异。比如，Paris（1973）对英语儿童理解逻辑连接词 or 的研究显示，儿童倾向于将 or 理解为相容性的（inclusive），而非相斥性的（exclusive）。也就是说，当 or 连接的两个命题 P 和 Q 同时为真时，儿童也接受"P or Q"的描述。类似地，Braine 和 Rumain（1981）也发现，相较于成人而言，英语儿童直至 9 岁时都更倾向于将 or 理解为与 and 相容。根据 Horn（1972）的分析，or 本身并不存在歧义，其逻辑语义是相容的："P or Q"为真，当且仅当 P 为真，或 Q 为真，或 P 和 Q 都为真。相斥的 or 实际上是 or 的逻辑语义加上等级含意所产生的结果。尽管"P or Q"本身并不排斥 P 和 Q 同时为真的情境，但在这种情况下，英语中有一个就信息量或语义强度而言更合适的表达"P and Q"，既然说话人没有选择这一表达，则他隐含着"P and Q"是不成立的，"P or Q"的逻辑语义加上"并非 P and Q"的等级含意，就得到了相斥的 or。如果上述分析正确，那么 Paris（1973）、

Braine 和 Rumain（1981）的研究结果说明，儿童对于"P or Q"所产生的等级含意"并非 P and Q"不敏感。另一项较早的研究是 Smith（1980）针对英语儿童理解量化词 some 所进行的。该研究发现，4～7 岁儿童在回答"Do some birds have wings?"（"是否有一些鸟有翅膀？"）这样的问题时倾向于给出肯定的答案，而成人则基于"所有的鸟都有翅膀"这一事实倾向于给出否定回答。这说明，some 对于成人而言隐含 not all，而较小的儿童未能理解这一隐含意义。需要指出的是，Smith（1980）的研究在方法上存在一个明显的缺陷，对结果的解读取决于被试是否具有相关的百科知识。比如，如果儿童不知道"所有的鸟都有翅膀"这一事实，即使他们把 some 理解为 some but not all，他们也会给出肯定回答。事实上，Smith（1980）所用的测试句中就存在这样的问题。比如，有一个问句是"Do some elephants have trunks?"（"是不是有一些大象有长牙？"），研究者的本意是被试应该根据"所有的大象都有长牙"给出否定回答。但事实上，并非所有的大象都有长牙，比如亚洲象中只有公象才有暴露在外的长牙。如果被试通过动物园或其他途径掌握了这一知识，他们完全可能给出肯定回答，但这并不能说明他们没有把 some 理解为 some but not all。

真正开始将儿童对这些逻辑词语异于成人的理解与他们推导等级含意的能力相关联的是 Noveck（2001）和 Chierchia 等（2001）。Noveck（2001）的实验一和实验二考察了英语母语者对于模态词 might 的理解。根据 Horn（1972）的理论，<have to, might>是一组等级谓词。包含 have to 的句子逻辑上蕴涵包含 might 的句子，（3）a 为真，则（3）b 一定为真：

（3）a. There has to be a parrot in the box.

b. There might be a parrot in the box.

如果说话人断言（3）b，假定其遵循合作原则并提供交际所需的足够信息量，则意味着他隐含（3）a 不成立，即盒子里不一定有鹦鹉。在实验中，研究者为被试展示了三个盒子（A、B、C），其中盒子 A 和盒子 B 是打开的，被试可以看见盒子 A 中装了一个玩具鹦鹉，而盒子 B 中装了一个玩具鹦鹉和一个玩具熊。然后，被试被告知盖着的盒子 C 中所装的东西要么与盒子 A 相同，要么与盒子 B 相同。这时，呈现测试句（3）b，然后请被试判断测试句是否正确。实验的逻辑是，不管盒子 C 中的内容与盒子 A 相同，还是与盒子 B 相同，盒子 C 中一定有鹦鹉。如果被试将（3）b 理解为"盒子里可能有，甚至一定有鹦鹉"，即取 might 的逻辑语义，则将（3）b 判断为正确；相反，如果被试将（3）b 理解为"盒子里可能有，但不一定有鹦鹉"，即得到 might 的等级含意，就会将（3）b 判断为错误。实验发现，7 岁儿童将（3）b 判断为正确的比例高达 80%，远高于成人组的比例（30%）。Noveck（2001）的实验三考察了法语母语者对于量化词 certains（相当于一些和 some）的理解，基本是重复 Smith（1980）的实验方案。结果发现，对于"是否有一些长颈鹿有长长的脖子"这样的问题，85%的 10～11 岁儿童仍然给出了肯定回答，而成人给出肯定回答的比例仅为 41%。成人的否定回答都是基于"所有的长颈鹿都有长长的脖子"这一事实给出的。Noveck（2001）认为其实验结果说明，儿童在理解模态词和量化词等等级谓词时更符合逻辑，即倾向于取其逻辑语义，而成人则倾向于取其语用意义（逻辑语义+等级含意）。

总体上，儿童在理解等级谓词方面与成人之间存在差异。在等级谓词的强项为真的语境中，儿童倾向于接受包含等级弱项的句子，这表明他们没有推导等级含意。这一观点在后续的跨语言儿童习得研究中得到了反复证实（如 Feeney et al.，2004；Guasti et al.，2005；Katsos & Bishop，2011；Foppolo et al.，2012；吴庄，2009，2015；吴庄和谭娟，2009 等）。

3.3.2　影响儿童加工等级含意的因素

尽管儿童对等级含意的敏感性总体上不如成人，但研究也发现他们的表现受到句法语境和话语语境、等级谓词的类型以及测试方式等因素的影响。

3.3.2.1　句法语境和话语语境

先看句法语境。Chierchia 等（2001）通过真值判断任务考察了英语儿童在两种语境中对于 or 的理解：下向蕴涵（downward entailment）语境和上向蕴涵（upward entailment）语境①。等级含意具有的一个性质是在下向蕴涵语境中不会出现，比如 every 是主语下向蕴涵而谓语上向蕴涵量化词，比较：

（4）a. Every dwarf who chose a banana or a strawberry received a jewel.

　　 b. Every dwarf chose a banana or a strawberry.

（4）a 并不隐含"既选择了香蕉又选择了草莓的小矮人不能得到珠宝"，而（4）b 则隐含"每个小矮人要么选择了香蕉，要么选择了草莓，但没有人同时选择两者"。Chierchia 等（2001）的研究结果显示，成人和儿童都表现出对不同语境的敏感性：在下向蕴涵语境中，儿童和成人都倾向于接受 or 的逻辑语义，即相容性的 or。超过 90%的儿童和成人都认为，根据（4）a，如果某个小矮人既选择了香蕉，又选择了草莓，他也应该得到珠宝。在上向蕴涵语境中，成人则 100%将 or 理解为相斥的，即（4）b 意味着小矮人不能同时选择香蕉和草莓，儿童在相容的语境中接受（4）b 的比例也降到了 50%，有一半儿童的表现与成人并不存在系统差异。Chierchia 等（2001）认为，上述结果说明儿童在语用知识方面并不存在延迟。等级含意作为语法的一部分可能已

---

① 蕴涵方向或单调性（monotonicity）是量化词的一个性质。根据 Barwise 和 Cooper（1981），量化词 Q 是主语上向蕴涵，当且仅当 Q（A，B）蕴涵 Q（A′，B），其中 A 是 A′的子集；量化词 Q 是主语下向蕴涵，当且仅当 Q（A′，B）蕴涵 Q（A，B），其中 A 是 A′的子集；量化词 Q 是谓语上向蕴涵，当且仅当 Q（A，B）蕴涵 Q（A，B′），其中 B 是 B′的子集；量化词 Q 是谓语下向蕴涵，当且仅当 Q（A，B′）蕴涵 Q（A，B），其中 B 是 B′的子集。以英语 some 和 every 为例。先看主语：professor of linguistics 是 professor 的子集，则有（i）b 蕴涵（ii）a，而相反的蕴涵关系不成立，这说明 some 是主语上向蕴涵；（ii）a 蕴涵（ii）b，相反的蕴涵关系不成立，这说明 every 是主语下向蕴涵。再看谓语：went home late 是 went home 的子集，则有（iii）b 蕴涵（iii）a，反过来蕴涵关系不成立，这说明 some 是谓语上向蕴涵；同时（iv）b 蕴涵（iv）a，反过来蕴涵关系不成立，这说明 every 也是谓语上向蕴涵。

　（i）a. Some professor went home.

　　 b. Some professor of linguistics went home.

　（ii）a. Every professor went home.

　　 b. Every professor of linguistics went home.

　（iii）a. Some professor went home.

　　 b. Some professor went home late.

　（iv）a. Every professor went home.

　　 b. Every professor went home late.

经被儿童掌握，他们与成人存在差距是因为等级含意加工的复杂性，推导等级含意时需要将包含等级中不同词项的命题进行比较，而涉及对不同命题做比较的计算超出了儿童的认知能力（Reinhart，2004，2006）。

不仅句法语境会影响儿童的表现，话语语境也有一定的作用。Papafragou 和 Musolino（2003）发现，通过训练增加对信息强度的注意，以希腊语为母语的学前儿童探测话语中的等级含意的能力得到提高。在该实验的训练阶段，被试被要求评判一些逻辑语义为真，但语用上不恰当的描述。比如，评判用"这是一只有四条腿的小东西"来描述一只狗是否恰当。如果被试不能把这种描述判断为"不恰当"并纠正测试句，研究者则告知被试"这样说不是很好，这是一只狗"。实验发现，在上述干预之后，儿童对于等级含意的敏感度显著提高。因此，儿童的困难可能在于加工层面，而非知识层面：他们对于交际意图不够敏感，因此无法意识到等级中的语义强项与交际意图相关。Guasti 等（2005）也有类似的发现。这些研究者认为，听话人推导等级含意时，不仅需要具有合作原则和量准则的知识，还需要认识到信息量与当前的交际目的有关，并且说话人完全掌握相关情况。儿童在前人研究中对等级含意的不敏感可能是因为他们没有意识到信息量是关键因素。换言之，他们只是对测试句的真值做判断，而不是对语用合适性做判断。因此，该研究采用真值判断任务来回避这一问题。在该任务中，信息量被作为关键因素凸显出来。例如，故事提供的语境是 5 名士兵要去寻找宝藏，他们可以骑摩托车去，也可以骑马去。但对于到底如何去，他们之间有不同的意见：有一部分士兵想骑摩托车去，因为可以节约时间；但另一部分则想骑马去，因为骑摩托车的话汽油很贵。一番争论之后，所有的士兵都决定骑马去。基于这个故事，被试被要求对测试句 "Some soldiers ride a horse." 做判断。因为这类故事使信息量（some 还是 or）得以突显，在这种情境中，7 岁意大利语儿童完全可以推导测试句的等级含意，将其判断为错误。

3.3.2.2　等级谓词的类型

尽管儿童在理解量化词、模态词、逻辑联结词等方面与成人相比更容易接受其逻辑语义，以往的研究发现他们在理解数词时的表现与成人接近。

关于基数词意义的标准看法是，它是一类等级谓词（Horn，1972；Gazdar，1979；Levinson，1983，2000 等）。也就是说，数词 n 的逻辑语义只有下限（lower bound），相当于"至少 n"。当说话人断言包含数词 n 的命题时，隐含着包含大于 n 的数词的命题不成立。如果说话人说"张三有两个孩子"，逻辑上他表达的是"张三有至少两个孩子"。但这句话同时产生"张三有不多于两个孩子"的上限（upper bound）等级含意，因此得到"张三有正好两个孩子"的解读。如果数词的"正好 n"解读是由下限的语义和上限的等级含意构成的，那么对等级含意不敏感的儿童应该会像把"一些"理解为"一些，甚至所有"一样，把 n 理解为"至少 n"，也就是在张三有三个孩子的情境下，将"张三有两个孩子"判断为正确。然而，现有研究却反复得到了与这一预期相反的结果：以各种语言为母语的儿童在理解数词时，都倾向于将其理解为"正好 n"（Papafragou & Musolino，2003；Musolino，2004；Hurewitz et al.，2006；Barner et al.，2009；Barner & Bachrach，2010；吴庄和谭娟，2009 等）。

Hurewitz 等（2006）在图片选择任务中发现，如果听到的是"The alligator took two of the cookies."，92%的 3～4 岁英语儿童选择鳄鱼拿走了多于两个饼干的图片；如果听到的是"The alligator took some of the cookies."，该年龄段的儿童仅有 29%倾向于选择鳄鱼拿走了部分饼干的图片。这说明 3～4 岁英语儿童把数词理解为"正好 n"，但倾向于对量化词取下限的逻辑语义解读。鉴于图片选择只能说明被试的偏好，而不能反映被试是否接受某一解读，吴庄和谭娟（2009）采用图片验证法比较了 5 岁左右的汉语儿童对数词和量化词的理解。当呈现给被试的图片显示 4 个小孩都在骑马时，被试将"图片里的小朋友有 3 个在骑马"判断为错误，而将"图片里的小朋友有一些在骑马"判断为正确。与之不同，成人把这两个测试句都判断为错误。这说明汉语儿童同样对数词和量化词有不同的理解方式。

对于儿童在理解数词和量化词时表现出的差异，文献中有两种不同的看法。一种看法是上述结果支持数词的逻辑语义，即"正好 n"（Breheny，2008）的观点。由于"正好 n"不是通过等级含意得到的，因此即使在推导等级含意方面有困难的儿童也完全可以得到该解读（Papafragou & Musolino，2003；Hurewitz et al.，2006；吴庄和谭娟，2009；吴庄，2009 等）。Hurewitz

等（2006）认为，数词在语义上被投射为一个专属的计数模块，每一个数词代表的就是一个确切的数量，因此儿童语言发展中并不存在数词和量化词两者合并的阶段。关于数词为何具有类似于等级谓词的一方面，吴庄（2009）认为，这是因为数词是一种序列词（rank order）（Horn，2010）。常见的序列词包括：《教授、副教授、讲师、助教》、《博士研究生、硕士研究生、本科生、中学生、小学生》等。与等级谓词一样，序列词之间存在序列关系，但不同之处在于不同的序列词之间不存在蕴涵关系。"张三是教授"并不蕴涵"张三是副教授"，相反它蕴涵其否命题，即"张三不是副教授"。如果数词是序列词，那么"张三有三个孩子"并不蕴涵"张三有两个孩子"，而是蕴涵"张三不是有两个孩子"。

　　另一种看法则是儿童在理解数词和量化词之间存在差异，是由于加工两类等级谓词的等级含意所造成的认知负担有别。Wynn（1990，1992）研究发现，儿童习得数词的语义是渐进式的，首先他们在 1 岁以内掌握了"一"的语义，然后是"二"和"三"；当他们习得"四"的语义时，就能正确理解数序列中的其他数词。不仅如此，儿童还会依靠已掌握的数词语义来限制新数词的范围。例如，如果儿童已经掌握了"一"，当要求他们从盒子里拿两个苹果时，他们可能会拿两个、三个等，但不会只拿一个。也就是说，他们的数词语义习得遵循"对立原则"（principle of contrast）（Clark，1988，1990）：一个词语只表达一个意义。此外，他们还清楚数词彼此之间在语义上是对立的。Condry 和 Spelke（2008）的研究进一步支持了这一观点。如果儿童被告知某一集合"有八个成员"，那么后续他们会拒绝将该集合描述为"有四个成员"，尽管这些儿童并不清楚"四"和"八"这些数词的具体语义。总之，儿童在习得数词语义时假定：①数词在语义上相互对立；②对立仅限于计数序列中的其他数词；③已知数词的语义限定了未知数词的语义的可能范围。因此，儿童在推测未知数词的语义时需要以下四步（Barner & Bachrach，2010）。

　　第 1 步：计算包含数词 n 的句子 S 的基本语义，n 指称某个不确定的数值。

　　第 2 步：构建一个 S 的选项集 $S^{alt} = \{a_1, a_2, \cdots\cdots, a_n\}$。选项的

成员是用数词等级序列中的其他数词，如"一""二""三"，替代 n 所得到的句子。

第 3 步：将选项集 S^{alt} 缩小为由包含已知数词的句子构成的集合 S^*（已知数词因为语义被儿童掌握，因而对他们来说信息量更充分）。

第 4 步：通过否定 S^* 中的全部选项强化 S 的基本语义。

以儿童习得数词"四"的语义为例，如果他们听到"给爸爸四个苹果"这样的句子，首先他们通过计数序列知道"四"和已经掌握的"一""二"等都是数词，因此指某个数值（第 1 步）。因为"四"是数词，他们用计数序列中的其他数词替代"四"，构建一个选项集 S^{alt} = {给爸爸一个苹果，给爸爸两个苹果，给爸爸三个苹果，给爸爸五个苹果，……}（第 2 步）。"三""五"等其他未掌握的数词因为语义不明不能提供充足信息，被从选项集中移除，得到 S^* = {给爸爸一个苹果，给爸爸两个苹果}（第 3 步）。基于对立原则判断"给爸爸四个苹果"不是"给爸爸一/两个苹果"，但可能是其他不确定的数目。Wynn（1992）勾画的这一过程实际上与等级含意的计算过程基本相似。如果儿童可以用已知数词的语义来限制未知数词的语义，他们也可以用未知数词的语义制约已知数词的语义，即他们可以通过等级含意来得到数词 n 的"正好 n"解读。换言之，儿童在理解数词和量化词时表现的差异并不源于数词和量化词的词汇语义，而是数词等级更容易被激活，相较于量化词更容易被儿童构建选项集（Barner & Bachrach，2010）。

3.3.2.3　测试方法

文献中有关儿童加工等级含意的研究所采取的方法包括基于百科知识的真值测试（如 Noveck，2001；Guasti et al.，2005）、图片验证法（Papafragou & Musolino，2003；吴庄和谭娟，2009）、真值/合适性判断任务（Chierchia et al.，2001；Guasti et al.，2005；Katsos & Bishop，2011；Barner et al.，2011；Skordos & Papafragou，2016）、图片选择任务（Miller et al.，2005；Hurewitz et al.，2006；Horowitz et al.，2018）等。此外，Huang 和 Snedeker（2009a，2009b）还通过眼动实验测试了儿童选择与测试句相匹配的图片的情况，即一

种图片选择任务。综合比较上述研究结果可以发现，测试方法会影响儿童理解等级谓词的方式。

相比于在真值判断任务和图片验证法中，被试在基于百科知识的真值测试中更容易对等级词语进行下限的逻辑语义解读。在 Noveck（2001）的实验中，成人组有 41% 的人没有计算等级含意，这说明该实验的条件不利于触发等级谓词的含意。原因可能是实验任务没有给被试提供具体语境来判断测试句的真实性，相反，被试的判断需要依赖于百科知识。缺乏相关的百科知识或调取百科知识的认知负担都可能导致被试在等级强项成立的语境中给出肯定的判断。例如，如果被试不知道"所有的长颈鹿都有长长的脖子"，而认为只有动物园的长颈鹿才有长脖子，那么他们也会接受"有一些长颈鹿有长长的脖子"。然而，这并不能说明，他们认为"有一些"的意义与"所有"相容。相反，真值判断任务和图片验证法都为被试判断测试句提供了具体、可见的情境，因此被试在做真值判断时的认知负担较轻。以往采用这两种任务的研究（如 Papafragou & Musolino，2003；吴庄和谭娟，2009 等）中成人的表现可以证实这一点：在提供故事情境或图片的情况下，超过 90% 的成人会得到等级弱项的上限含意。

即使是在真值判断任务中，选项的个数也会影响被试对测试句的判断。典型的真值判断任务都是二项选择，被试需要根据故事提供的情境判断测试句为"真"还是"假"，或者"对"还是"错"。例如，研究者、手偶和被试一起观看用玩具显示的故事，在故事中，熊猫先生吃完了全部竹子。手偶对此评论"熊猫先生吃完了一部分竹子"，然后研究者请被试评判手偶的描述是否正确。这一设计的基本假设是，如果被试推导出等级含意，把"一部分"理解为"一部分，但不是全部"，则会认为手偶的话错误；如果他们没有推导出等级含意，即把"一部分"理解为"一部分，甚至全部"，则会认为手偶的话正确。文献中采用这种二项选择的真值判断任务的研究一致发现，直至 7 岁时，儿童将逻辑正确但语用不当的描述判断为错误的比例远低于成人（Papafragou & Musolino，2003；Papafragou & Tantalou，2004；Feeney et al.，2004；Guasti et al.，2005；Pouscoulous et al.，2007；Katsos，2008；Davies & Katsos，2010；Barner et al.，2011；Skordos & Papafagou，2016 等）。Katsos 和 Bishop（2011）

发现，如果采用三项选择的判断任务，儿童对于等级弱项的理解与成人更为接近。三项选择的判断任务与真值判断任务不同之处在于，被试不是简单地判断测试句正确与否，而是在提供的李克特量表（Likert scale）中做出选择。例如，研究者告知被试，手偶最喜欢吃草莓，所以我们用草莓奖励它。如果被试觉得手偶说得非常好，就奖励给它一个最大的草莓；如果说得一般，就给它一个中号的草莓；如果说得不好，则给它一个小草莓。Katsos 和 Bishop（2011）的结果显示，在上述实验条件下，89%的 5～6 岁儿童总是将逻辑为真但语用不当的等级弱项判断为一般，即给中号草莓，这说明他们意识到用等级弱项描述等级强项为真的语境没有满足量准则。

3.4 小 结

从本章的回顾可知，关于儿童何时掌握语法-语用接口知识这一问题，第一语言习得研究还没有得到一致的结论。已知信息和新信息表达机制、焦点小品词的语义和语用表征、等级含意的习得与加工等方面，都存在一些研究支持"早期习得论"，而另一些研究支持"习得迟缓论"的情况。这些争议一方面可以归因于语法-语用接口知识在不同语言中的表征存在差异，另一方面又与研究者采用的具体研究方法相关。因此，需要尽可能规避前人研究方法中可能的局限，采取多元方法进行跨语言的儿童语言习得研究，才能进一步深化对儿童语言中语法-语用接口知识的理解。

第 4 章

汉语儿童语言中的信息表征

表达和判断哪些信息是听、说双方共有的知识，哪些信息是说话人希望听话人获取的新知识，是言语交际得以成功的关键因素之一，也是儿童成为合格的母语者所必须掌握的能力。虽然人类语言都有表征已知信息和新信息的机制，但不同语言之间信息的表征机制各不相同（Féry & Ishihara，2016）。本章我们将分析汉语儿童自发和诱发语言中已知信息和新信息的表征。

4.1 汉语儿童自发语言中的已知信息/新信息表征

本节报告一项针对两名汉语普通话儿童在 2;6 之前的自发语言中表达已知信息和新信息的研究。我们全面分析了样本中儿童自发产出的所有名词性成分，描述它们的形式和句法分布，并根据语境对其指称性质进行具体分析。

4.1.1 语料来源

语料来自香港中文大学李行德（Thomas Hun-tak Lee）教授领导建立的BJCELA①。该语料库的语料为自发性质，即研究者不采用特定手段诱发儿童产出目标词汇或结构，而是只对儿童在日常生活中的语言行为做忠实记录。我们

---

① BJCELA 采用国际儿童口语语料库录写系统的赋码原则，以*号开始的行表明实际说过的话，与句法学*号表示句子不合语法不同。其余符号意义请参见 MacWhinney（2000）。

从库中选取了 2 名儿童 ZTX 和 CY 在 2;0～2;4/2;5 的样本进行分析，取样频率为每月 1 次，每次时长在 1 小时左右。关于语料的具体信息见表 4.1。

表 4.1　自发语料分析的语料信息

儿童代码	ZTX	CY
性别	男	女
样本代码	020029	020013
	020126	020110
	020322	020209
	020405	020320
	020415	020421
	020503	020431
	020517	—
样本数/个	7	6

4.1.2　过程和分析标准

找出儿童产出的全部名词性成分后，第一步先排除儿童对成人语言的模仿和对自己话语的重复。我们对于模仿采取如下定义：如果儿童的话语与前三行成人或其他儿童的话语中的任意一句完全相同，如（1），或是其一个连续的部分，如（2）和（3），则被视为模仿。

（1）*CHI：这是毛毛做的.

　　*ING：真棒！

　　*INH：+ " 这是毛毛和妈妈做的.

　　*CHI：这是毛毛和妈妈做的.

（2）*INH：<给>[//]你要给爷爷表演.

　　*GFM：<毛毛要干什么呀?>[>]

　　*INH：<小力士.小力士.>[<]

　　*CHI：小力士.

（3）*CHI：&pi4gu3.

　　*INH：这保准妞妞姐是起的外号.

　　*CHI：嗷-:.

　　*CHI：<u>起的外号</u>.

但有一种情况例外。当儿童的话语是对成人的问题所做出的有意义的回答时，尽管它可能与前面三行中成人或其他儿童的话语完全重合或者是其中一个连续的部分重合，这种情况不被视为模仿。比如，在（4）中，儿童的回答"大人"是对前一句中成人提出的选择性问题的回应。尽管如此，该话语也不被视为模仿，因为省略是回答此类问题的典型方式。

　　（4）*MOT：毛毛.

　　　　*MOT：毛毛.

　　　　*MOT：你是小[!!]人还是大[!!]人啊?

　　　　*CHI：<u>大人</u>.

如果儿童在对话中说出的一句话与前面三行中自己说出的任意一句话完全相同，则我们将其视为重复，如（5）。此外，对于同一句话中出现两次以上的部分，除第一次出现外，我们也将其视为重复，如（6）。

　　（5）*GMM：<对.>[<]

　　　　*INH：他已经#

　　　　%exp：INH talks to the child's grandparents.

　　　　*CHI：这上的小蝴蝶呢?

　　　　*CHI：<u>这上的小蝴蝶呢?</u>

　　（6）*CHI：这一共+…

　　　　*CHI：这两个红的+…

　　　　*CHI：这是+…

　　　　*CHI：这#<u>这红的是杏</u>.

除模仿以外，儿童在吟唱歌曲、背诵诗歌和复述故事时所使用的名词性成分也不被视为自发产出。在排除上述情况后，我们将儿童自发产出的名词性成分根据其表层形式进行分类。具体的分类系统采用了表 2.3 中除空成分以外的九大类，即专有名词（包括亲属称谓）、代词、指量名成分、外部修饰成分、光杆名词、数量名成分、内部修饰成分、"一_{轻读}"量名成分和量名成分。

接下来对每一个实例的指称性质进行分析，第一步判断其是否属于有指成分。只有充当论元的名词性成分才是有指成分，谓语、定语以及状语都是无指成分。判断名词性成分担任谓语采用如下标准。

在独词句中，有时儿童说出的一个词是对于上文中成人的问题所做的回答。在这种情况下，如果该词可以填入成人问题的论元空位，则被视为论元；反之，如果该词可以填入成人问题的谓语空位，则被视为谓语。比如，（7）中儿童的回答"姥姥"是对前一句中论元位置的"谁"做出的，因而分析为论元；（8）中的"花生"是对前一句中谓语位置的"什么"所做出的回答，因而分析为谓语。

（7）*INH：这是什么呀?

　　*CHI：花生.

　　*INH：谁做的呀?

　　*CHI：姥姥.

（8）*INH：是&fei4shu3?

　　*INH：&yi2.

　　*INH：这是什么呀?

　　*CHI：花生.

如果儿童产出的名词性成分是对上文中成人话语的接续，该名词性成分的性质同样根据其在整个句子中的位置判断。比如，在（9）中，儿童说的"玉米种子"是接续前一句成人说的"播下"，充当其宾语，因此该成分为论元。在（10）中，"家"是儿童对前面几句中"湖北是奶奶……"的接续，属于谓语的一部分。

（9）*AUN：&sang1 羊公公.

　　*CHI：+山羊&dong1&dong1.

　　*AUN：播下+…

　　*CHI：<u>玉米种子</u>.

（10）*AUN：湖北是+…

　　　*CHI：湖北.

　　　*AUN：奶奶+…

　　　*CHI：<u>家</u>.

　　如果儿童使用名词性成分指称他们正在用手指向或用目光凝视的某一个刚刚注意到的物体，除非有证据表示儿童正在对该物体命名，否则该名词性成分被分析为论元。这是因为在这种情况下，儿童注意到的是物体的存在，而不是对其进行评论。

　　在完整句子中，如果普通名词性成分是系动词"是"的补语或者直接充当名词性谓语，则被分析为谓语，如（11）和（12）所示。然而，在充当谓语的名词性成分内部充当论元的名词性成分被视为有指成分，如（13）中的"我"。

（11）*INH：不是.

　　　*INH：杏.

　　　*INH：那+…

　　　*CHI：<这>[/]这两个红的是<u>桃子</u>.

（12）*INH：可以吗?

　　　*INH：好!

　　　*CHI：这边+…

　　　*CHI：这外边<u>阴天</u>了.

（13）*INH：嗷-:.

　　　*INH：是汽车做的.

　　　*INH：那个沙发呢?

　　　*CHI：<u>我做的</u>.

　　名词性修饰语指用来修饰另一个名词的名词性成分，例如，（14）中的"牛奶"修饰"冰棍"，显然它并不指向某个实体，而是描述"冰棍"的性质，因此属于无指成分。相比之下，做状语的名词性成分，如（15）中的"一个人"，指的是谓语动词"回来"的方式，相当于英语中的副词 alone，同样也是无指成分。

（14）*INH：是吗?

　　　*INH：嗯.

　　　*INH：这是什么冰棍啊?

　　　*CHI：是牛奶的冰棍.

（15）*CHI：慢慢走.

　　　*CHI：再慢慢走.

　　　*INH：真的妈妈?

　　　*CHI：妈妈一个人回来.

接下来，我们把有指的名词性成分（即论元成分）根据其指称性质做进一步分类，具体分为定指、不定特指、不定非特指、类指以及量指（quantity-denoting）（Li，1998；李艳惠和陆丙甫，2002）。这些分类的具体定义如下。

如果说话人在使用某一名词性成分时预设听话人能辨识该名词性成分的指称，则该名词性成分为定指成分。这种预设可以基于听、说双方对于现实世界或语境的共享知识，也可以基于上下文语境。相反，如果说话人在使用某一名词性成分时没有上述预设，则该名词性成分为不定指成分（Lee & Wu，2013；吴庄等，2015）。具体来说，在分析儿童语料时，如果要把一个普通名词性成分分析为定指成分，即使该成分指称的个体就在当前的会话语境中，也需要满足以下要求。

第一，该名词性成分必须在当前的会话语境中只有唯一的所指。也就是说，听话人仅凭该名词性成分就能辨识具体的指称实体。比如，在（16）中的会话发生的情境里，有几只猴子，因此"个猴子"为不定指成分。

（16）*INA：背好啦.

　　　*CHI：<嘿嘿>[=! laughing and entering the bedroom].

　　　*GMM：嘿嘿猴子.

　　　*CHI：背个猴子.

第二，该名词性成分的指称实体必须为听、说双方共知。比较（17）和（18）：在（17）中，儿童的回答"早市"对于听话人（此处为调查者）而言是不熟悉的，因此为不定指成分（特指，因为说话人心目中有特定的指称实体）；相反，（18）中的"花园"指儿童家附近的花园，该实体同时为听、说双方所熟知，因此为定指成分。

（17）*INH：快跑吧.

*INH：谁也别告诉啊.

*FAT：你跟宋刚叔叔说今天早上我们去哪买儿的车.

*CHI：<u>早市</u>.

（18）*MOT：就直着走啊?

*MOT：你又让它撞车了?

*INH：毛毛早上你去哪儿玩了?

*CHI：到<u>花园</u>玩.

第三，只有当某一名词性成分完全不给听话人传递任何新信息时，才被视为定指成分。比如，在（19）中，尽管在语境中有一个柜子，听话人或许也知道"柜子"所指称的实体，但该词是新信息的一部分，因此不分析为定指成分。

（19）*CHI：大吉普呢?

*FAT：我问你呢.

*FAT：昨天你给它藏到哪儿去了?

*CHI：藏到<u>柜子</u>了.

第四，定指成分还必须满足其指称实体在听话人当前的意识范围之内这一条件。比如，在会话（20）发生的语境中的确存在一面镜子，但因为镜子并不在听话人的注意力范围内，儿童所说的"镜子"仍然不是定指成分。事实上，即使对于说话人，也很难说"镜子"是指某一面特定的镜子。

（20）*CHI：抱毛毛.

*FAT：我抱芒果.

  *FAT：我不抱毛毛.

  *CHI：抱毛毛照照<u>镜子</u>.

  不定指名词性成分既可能是特指成分，也可能是非特指成分。具体地讲，当说话人使用某一不定指名词性成分时，如果预设该成分指称的实体在论域中真实存在（比如是话语中已经提及的或语境中存在的一组事物中的一个），则该成分为特指成分；反之，则为非特指成分。典型的非特指成分是指称第一次进入话语的实体的名词性成分（Karttunen，1976；Enç，1991）。因此，判断特指性的关键在于说话人使用名词性成分时心目中是否有具体的指称实体。如果某一名词性成分用于指称已经发生的事件中的实体，一般为特指成分；如果某一名词性成分用来指称尚未发生的事件中的事物，除非说话人有具体所指，一般为非特指成分。

  如果儿童使用名词性成分指称的实体在当前语境中不存在，且上文中也没有提及过，但语境预设该实体存在，则该名词性成分仍然是特指成分，如（21）。相反，如果儿童使用名词性成分时并不预设其指称的实体存在，则为非特指成分，如（22）。如果语境中某一名词性成分可能指称的实体不止存在一个，该名词性成分同样为非特指成分，如（23）。

（21）*INH：<快快>[/]块!

  *ING：快开始.

  *ING：快.

  *CHI：<我画>[>]了<u>两节大公共</u>.

（22）*INH：你敢不敢坐爸爸开的车?

  *INH：啊-?

  *INH：敢不敢坐?

  *CHI：我们今天要吃<u>水果</u>了.

（23）*INH：别拿我的.

  *INH：你拿.

  %exp：ING is laughing.

  *CHI：再给你<u>一个</u>吧.

*CHI：我换<u>一个</u>.

如果儿童在假装做某事，其使用的某个名词性成分在语境中并不真实存在指称的实体，该名词性成分为非特指成分，如（24）：

（24）*INA：你打水去吧.

　　　*INA：走吧.

　　　%exp：CHI carries water in a little bucket on her shoulder by a
　　　　　　long stick

　　　*CHI：恩&ji4 个+…

　　　*CHI：不喝&ji4 个水.

如果儿童使用某一名词性成分指一类事物，而非个体，则该名词性成分为类指。比如，儿童说"苹果很好吃"时并非在吃苹果，那么"苹果"为类指成分。然而，如果这句话是说话人在吃苹果时所说，则视听话人能否识别"苹果"的具体所指，判断其为定指成分或不定特指成分。

指称数量而非个体的数量短语都被分析为量指成分，如（25）中的"五个人"。该成分其实是描述卡车的容量。同样，如果数量短语是对"多少"或"几个"等涉量问题的回答，也看作量指成分，如（26）。

（25）*CHI：面包车.

　　　*INH：面包车啊.

　　　*INH：里面能坐几个人啊?

　　　*CHI：卡车里能坐<u>五个人</u>.

（26）*INH：现在有几个芒果呀?

　　　*FAT：那个也拿来.

　　　*INH：啊，毛毛?

　　　*CHI：<u>三个芒果</u>.

最后，我们按照句法位置，即主句主语、从句主语、宾语等将各类指称性质的名词性成分进行进一步分类。

4.1.3 结果与分析

在两名儿童的 13 个样本中，我们总计发现了 3394 例自发性的有指名词性成分。表 4.2 展示了这些名词性成分的形式分布。

表 4.2 ZTX 和 CY 所产出的各类名词性成分形式的数量和占比

名词性成分的形式	ZTX	CY	总计/例	占比/%
代词/例	477	618	1095	32.3
专有名词/例	208	196	404	11.9
指量名成分/例	401	416	817	24.1
外部修饰成分/例	0	0	0	0
数量（名）成分/例	38	29	67	2.0
光杆名词/例	388	490	878	25.9
内部修饰成分/例	0	0	0	0
"一轻读" 量名成分/例	52	35	87	2.6
量名成分/例	12	34	46	1.4
总计	1576	1818	3394	100

专有名词（包括亲属称谓语）约占儿童早期使用的名词性成分总数的 11.9%。在儿童早期使用的各类名词性成分中，比例最大的是代词，共计 1095 例，占总数的 32.3%。儿童在该阶段使用的代词包括第一、第二、第三人称代词，如（27）~（29），反身代词，如（30），以及疑问代词，如（31）。

（27）*INH：哎#小心！

　　　*INH：小心撞车：了！

　　　*INH：撞车：了！

　　　*CHI：我忘了收.

（28）*ING：忘[!]啦！

　　　*INH：叔叔弄+/.

　　　*ING：他弄你脸然后你说什么？

　　　*CHI：你别弄我！

（29）*CHI：生娃娃.

　　　　*GFB：不对.

　　　　*GMB：不对.

　　　　*CHI：<u>他</u>想买这两个 xxx.

（30）*INH：把奶奶的小凳子撞坏了.

　　　　*GFB：你说+ " 我自个儿会骑.

　　　　*INH：怎么办?

　　　　*CHI：<u>我自己</u>会骑.

（31）*GFB：你抬起头来好好看一下那是几?

　　　　*INH：几点啦?

　　　　*GFB：你好好看那是几?

　　　　*CHI：<u>哪个</u>?

代词是儿童语言中最具能产性的形式，这并不令人意外。Piaget（1959）曾指出，对于成人一般使用具体名词性成分指称的事物，儿童在 7;0 前都倾向于使用代名词。同样，Karmiloff-Smith（1980，1981b）、Bamberg（1986）等也发现，儿童很早就习得并大量使用指示性的代词（即指称语境中的事物）。

在儿童早期产出的名词性成分中，光杆名词和指量名成分是另外两类主要的形式，分别占总数的 25.9%和 24.1%。在 878 例光杆名词中，绝大多数（711 例）没有任何修饰成分，如（32）和（33）。

（32）*GMP：后来呢?

　　　　*CHI：走啊，走啊，找了半天没找着.

　　　　*GMP：没找着什么呀?

　　　　*CHI：没找着<u>水果</u>呀.

（33）*MOT：&em?

　　　　*CHI：<我出来了>[/]我出来了.

　　　　*MOT：你出来干啥，&em?

　　　　*CHI：<u>积木</u>在这里.

到 2;4 之后，像（34）～（36）中有形容词、名词或定语从句等修饰的光杆成分才开始出现，但并不多见（167 例，占 19.0%）。不仅如此，相当一部分修饰语与名词中心语的关系相对固化，如（37）中的"地铁车"和（38）中的"大吉普"。儿童可能将其作为一个整体习得。

（34）*INH：还有送气球啊.

　　　　*INH：你喜欢气球，是不是?

　　　　*CHI：嗯.

　　　　*CHI：我喜欢橙色的气球.

（35）*INH：是你打坏的吧?

　　　　*FAT：是不是你刚才弄坏的?

　　　　*FAT：嗯?

　　　　*CHI：你为什么买坏的西瓜呀?

（36）*CHI：嗯.

　　　　*CHI：不会.

　　　　*INH：那你喜欢会拐弯的还是不会拐弯的呀?

　　　　*CHI：喜欢会拐弯的蓝色车.

（37）*CHI：还要换#这个司机车.

　　　　*FAT：换地铁啊.

　　　　*FAT：换司机的车?

　　　　*CHI：换#换地铁车.

（38）*CHI：跟贾豪也出来了.

　　　　*FAT：贾豪也出来了?

　　　　*FAT：他拿的什么玩具呀?

　　　　*CHI：他又拿着大吉普.

指量名成分中，约有一半（408 例）仅有指示词，如（39）。这说明作指示语仍然是早期指示词的主要用法。作为限定词的情况，如（40），在 2;0～2;6 这一阶段不多见。

（39）*CHI：xxx.

  %exp：CHI ran out of the bathroom and went to his bottle on

    a stool.

  *FAT：这就 OK@e 啦?

  *FAT：那是谁的?

  *CHI：<u>这是我的</u>.

（40）*CHI：九十九.

  *CHI：那个小人儿呢?

  *CHI：那个小人儿呢?

  *CHI：<u>穿裙子的那个小人儿呢?</u>

  从表 4.2 还可以看出，在儿童语言习得的早期，如（41）～（43）中的量名、数量（名）和"一_{轻读}"量名等形式都不常见，介于 1.4%～2.6%。

（41）*MOT：&ao 来给我这笔帽扣上.

  *CHI：&em, &er, 笔帽不扣上.

  *CHI：&a 写字&ba.

  *CHI：妈妈画<u>个苹果</u>.

（42）*INM：坐上车了.

  *INM：这不是车吗?

  *INM：是吧?

  *CHI：它有<u>两个眼睛</u>.

（43）*MOT：儿子.

  *MOT：你玩儿积木呢.

  *MOT：你叫妹妹和你一起玩儿好吗-?

  *CHI：<u>盖一个房子</u>.

  下面看各类名词性成分形式与已知信息/新信息的关系，见表 4.3。结果说明，儿童在语言习得早期就对不同形式的名词性成分与已知信息/新信息之间的对应关系比较敏感。专有名词、代词和指量名等形式只用于已知实体，如

（27）～（29），以及（39）和（40）。"一轻读"量名和量名则只用于听话人不能辨识的实体，如（41）～（43）。光杆名词则既用于指已知实体，如（33），也用于指听话人不能辨识的特定实体，如（36）。它还可以用于不定非特指，即不指称任何特定的实体，如（32）。此外，光杆名词还用于类指，如（44）。数量（名）成分既用于定指，如（45），也用于不定特指，如（42），以及不定非特指，如（46）。

表 4.3 各类名词性成分形式的指称性质

指称性质		名词性成分的形式							总计
		代词	专有名词	指量名成分	数量（名）成分	光杆名词	"一轻读"量名成分	量名成分	
定指	频数/例	1095	404	817	12	239	0	0	2567
	百分比/%	100	100	100	17.9	27.2	0	0	
不定特指	频数/例	0	0	0	31	252	60	14	357
	百分比/%	0	0	0	46.3	28.7	69.0	30.4	
不定非特指	频数/例	0	0	0	22	292	27	32	373
	百分比/%	0	0	0	32.8	33.3	31.0	69.6	
类指	频数/例	0	0	0	0	95	0	0	95
	百分比/%	0	0	0	0	10.8	0	0	
量指	频数/例	0	0	0	2	0	0	0	2
	百分比/%	0	0	0	3.0	0	0	0	
总计		1095	404	817	67	878	87	46	3394

（44）*MOT：这是什么呀？

　　*CHI：桃子.

　　*MOT：你怎么知道？

　　*CHI：桃子圆圆的，有毛.

（45）*INV：接着看书吧.

　　　　*INV：这讲什么？

　　　　*INV：刚才睡觉的三个小鸭子都干什么了.

　　　　*CHI：<u>三个小鸭</u>盖了新房.

（46）*MOT：<你看>[>]!

　　　　*FAT：<你想>[<]画什么？

　　　　*MOT：竹子好不好!

　　　　*CHI：画<u>两只竹子</u>吧.

　　最后看各类名词性成分形式的句法分布，见表 4.4。总体上，存在句在儿童语言早期较少出现，与 Min（1994）的发现一致。在不多的一些存在句中，没有发现代词、专有名词和指量名成分等表达已知信息成分做存在动词宾语的情况。这说明，在儿童开始使用存在结构时，他们已经掌握了该结构中存在的定指效应，即存在动词的宾语位置排斥定指成分。充当存在动词宾语的名词性成分有光杆名词、数量（名）、"一_{轻读}"量名和量名等形式，全部为不定指，如（47）～（50）。

表 4.4　各类名词性成分形式的句法分布

句法位置		名词性成分的形式							总计
		代词	专有名词	指量名成分	数量（名）成分	光杆名词	"一_{轻读}"量名成分	量名成分	
主语	频数/例	657	289	443	9	370	0	0	1768
	百分比/%	60.0	71.5	54.2	13.4	42.1	0	0	
存在动词宾语	频数/例	0	0	0	7	15	12	2	36
	百分比/%	0	0	0	10.4	1.7	13.8	4.3	
宾语	频数/例	438	115	374	51	493	75	44	1590
	百分比/%	40.0	28.5	45.8	76.1	56.2	86.2	95.7	
总计		1095	404	817	67	878	87	46	3394

（47）*MOT：你说+ " 你吃吗?

　　　　*MOT：你说+ " 你快出来跟我一起吃吧.

　　　　*MOT：好吗-?

　　　　*CHI：有<u>人</u>吃不着?

（48）*FAT：先把那汽车拿来再说吧.

　　　　*INH：哎呀累坏了.

　　　　*INH：<你累不累>[>]?

　　　　*CHI：还有<u>两个车</u>不见了.

（49）*MOT：还有吗?

　　　　*CHI：没有.

　　　　*MOT：没有了.

　　　　*CHI：有<u>一个桃子</u>在上面.

（50）*INH：啊, 开门了.

　　　　*INH：那你进去吧!

　　　　*CHI：这是+….

　　　　*CHI：有<u>个人</u>在里面.

　　全部语料中没有出现"一_{轻读}"量名和量名充当主语的情况。当数量（名）和光杆名词做主语时，都是指称已知信息，一般指的是上文中提及的实体。

　　本书关于汉语儿童早期语言中所用的名词性成分形式的分析，与前人研究（如 Min, 1994; Lee, 2010 等）的结果基本吻合。除代词以外，儿童在 2;6 之前使用最多的名词性成分形式是光杆名词和指量名，而量名、数量（名）和"一_{轻读}"量名等成分非常少。对此，可能有两种不同的解释。第一种解释认为，这个阶段的儿童还没有习得完整的 DP 结构。句法成熟假说（maturation hypothesis）认为，句法没有连续性（continuity），也就是说儿童的语法知识与成人的语法知识有本质差异。就名词性成分的结构来说，儿童一开始只有 NP 结构，然后才慢慢习得 NP 之上的其他功能性投射，最终建立 DP 结构（Lebeaux, 1988; Radford, 1990; Guilfoyle & Noonan, 1992; Schafer & de

Villiers，2000）。汉语儿童的早期语法中可能没有数词（Numeral，Num）、类别词（Classifier，Cl）和限定词（Determiner，D）等功能投射，只有 NP，因此光杆名词大量出现。第二种解释是，汉语儿童一开始就有完整的 DP 结构，Num、Cl 和 D 等功能范畴也已经存在，但因为他们的交际情境比较简单，一般局限于当时、当地，光杆名词形式已经足以传递信息，因此不需要使用更复杂的形式。也就是说，儿童大量使用光杆名词或指示性的词语是语用表现，这并不能说明他们的语法与成人之间有差异，毕竟光杆名词也是成人语言中的合法形式。我们认为第二种解释的可能性较大，因为虽然数量（名）、量名等形式在儿童语言中不多见，但已经有零星的产出，这说明儿童已经掌握了汉语名词性成分的相关句法知识。更为重要的是，对这一阶段儿童所使用的名词性成分的指称性质所做的分析说明，他们已经掌握了名词性成分形式与已知信息/新信息的映射关系。名词性成分的指称性质主要与 D、Num 和 Cl 等功能范畴有关（Abney，1987；Longobardi，1994；Cheng & Sybesma，1999，2012 等），这说明儿童语法中有完整的 DP 结构。Min（1994）发现，6 岁之前的儿童语言都很少涉及不在此时此地的事物，因此他们可以通过简单的光杆形式或指示词清楚地表达指称实体。

　　自发语料还显示，儿童对句法位置与已知信息/新信息之间的关系有所认识。他们倾向于用主语位置表达确定的、已知的实体，而在存在句中使用表达未知或指称实体不确定的成分，这支持了 Min（1994）的结论。但由于自发语料所涉及的信息主要局限于此时此地的事物，上述结果并不能说明儿童在 2;6之前已经完全掌握了汉语表达已知信息/新信息的句法机制。因此，需要采用其他方法做进一步研究。

4.2　汉语儿童诱发语言中的已知信息/新信息表征

　　追踪研究虽然存在不容易产生观察者悖论、获取真实自然的语料的优点，但本质上是一种被动的观察方式，通过自发语料难以全面了解儿童真实的语言能力。虽然儿童使用某种结构固然可以说明他们具有相应的语言知识，但不使用或很少使用某种结构并不能说明他们缺乏相应的语言知识。某种结构较少出现可能仅仅是因为受儿童交际行为的性质所限制。此外，追踪研究收集语料和转写的时间长，因此无法进行大样本研究。即使是个案，也很难收集年龄跨度大的样本。相比之下，实验法可以弥补上述缺陷。它可以针对研究问题设计具体的情境，并诱发儿童产出语言，能在短时间内收集较大样本的语料。本节的研究问题包括如下三点。

第一，以汉语为母语的儿童何时习得名词性成分的形式与已知信息/新信息的对应关系？

第二，儿童使用的名词性成分的形式与指称实体的数目是否有关联？

第三，儿童何时习得不同句法位置与已知信息/新信息的关系？

4.2.1 被试

被试为 160 名来自广州市某高校附属幼儿园、附属小学以及另外一所省级重点小学的儿童。按年龄分为 3 岁、5 岁、7 岁、9 岁四组，每组中男、女性被试的人数各半。年龄取样的范围主要考虑诱发产出实验任务的难度以及与前人研究相匹配等因素。40 名非语言专业的大学本科生作为对照组参加了实验。所有被试的语言和认知发展均处于正常水平，以普通话为主要语言。被试信息见表 4.5。

表 4.5　被试信息

分组	人数/人	最小年龄	最大年龄	平均年龄
3 岁	40	2;9	3;6	3;2
5 岁	40	4;11	5;5	5;1
7 岁	40	6;10	7;5	6;0
9 岁	40	8;11	9;3	9;1
成人	40	20;4	22;1	21;5

4.2.2 方法和过程

本实验采用了诱导产出法，以看图说话的方式完成。在每一轮测试中，研究者邀请被试观看一组彩色卡通图片，并要求他/她在看完图片后到另一个房间将图片中的故事尽可能详细地讲述给另一个同龄人听。研究者告知被试，听话人在听完故事后需要复述故事内容，由被试来就听话人复述的质量进行评分。被试向听话人讲述故事时，研究者留在现场，但不参与被试和听话人之间的互动。本实验设计考虑了以下几点。

首先，由于以往研究发现在共同看图说话任务中，说话人常预设听话人熟悉故事的内容。因此，即使指称实体被首次提及，对听话人而言也是已知信息（Lee & Wu，2013）。在本实验中，听话人为被试的同龄人，而非研究者，且位于另一个房间，这是为了确保被试做出听话人不能识别图片中的角色这一预设。

其次，本实验要求听话人在听完故事之后复述被试讲述的故事，并由被试评分。这一做法一方面是为了使被试在讲故事时尽可能详细，以方便听话人复述；另一方面是使被试感觉自己是观察者，而非观察对象，以减轻实验研究中常见的观察者悖论，从而使他们的语言行为更加真实、自然。

最后，本实验所使用的图片由研究者自行设计，分为两种类型。第一类图片中每一种实体（如棕熊和兔子）都只有一个，如图 4.1。第二类图片中每一种实体都有多个个体，如图 4.2。除此之外，这两类图片在其他方面基本没有区别。采用多个指称实体的图片不同于以往的研究设计（如 Warden，1976；Hickmann & Liang，1990；Hickmann et al.，1996；Hickmann，2004等）。这一设计的考虑是，以往的研究发现儿童大量使用光杆名词，而很少使用数词等限定词，这可能是因为单个实体不需要用数量（名）形式来指称。每一类都包括 3 组图片，涉及的故事情节基本相同。每一组图片都包含 4 张，彩色印刷在一张 A4 纸上。第一张图首先呈现一类实体（如兔子），第二张图中另一类实体（如棕熊）出现，其余两张图继续表现这两类实体的行为。对于听话人来说，某一类实体新引入故事时为未知事物，而在后续故事中则成为已知事物。各年龄段被试被随机分为人数相同的两组，其中一组讲述实体数目为单数的图片，另一组则讲述实体数目为复数的图片。

图一　　　　　　　　　　图二

图三　　　　　　　　　　图四

图 4.1　第一类图片（单个实体）示例

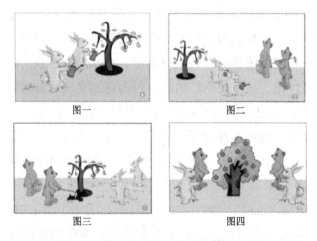

图一　　　　　　　　　　图二

图三　　　　　　　　　　图四

图 4.2　第二类图片（多个实体）示例

　　我们采用了一个 5（年龄）×2（实体数目）的被试间设计进行实验。研究者给予被试充足的时间看图，每人的观察时间限制在 15 分钟以内，整个过程进行录音和录像记录。实验结束后，研究者对被试讲述的故事进行转写和标注。标注的内容主要有：①被试用以指称新的实体（即在话语中首次提及的实体）和已知实体（即在话语中已经被提及的实体）的名词性成分形式，具体的分类参见表 4.3；②各类形式的名词性成分出现的句法位置。需要说明的是，因为每名被试讲述故事的完整程度和丰富程度都不同，为了便于比较，我们在统计被试指称已知实体的名词性成分时，只计算同一实体被首次重新提及时的情况。每一组故事都包含 2 类实体，每名被试讲述 3 个故事，因此，每名被试都有 6 次引入新指称实体和 6 次重新提及已知实体的机会。

4.2.3　结果与分析

4.2.3.1　已知信息/新信息的词汇标记习得

我们对被试用来指称话语中各类实体时使用的名词性成分形式进行了统计。首先，我们考察了不定指实体的情况。表 4.6 和表 4.7 分别呈现的是当指称实体为单个和多个时，各年龄段的被试在向话语中引入新的实体时使用的各类名词性成分形式的频数和百分比。

表 4.6　被试在向话语中引入单个新指称实体时使用的各类名词性成分形式的频数和百分比

名词性成分形式		3 岁组	5 岁组	7 岁组	9 岁组	成人组
光杆名词	频数/例	95	59	55	23	25
	百分比/%	79	49	46	19	21
"一轻读"量名成分	频数/例	20	56	65	97	95
	百分比/%	17	47	54	81	79
指量名成分	频数/例	5	5	0	0	0
	百分比/%	4	4	0	0	0

从表 4.6 可以看出，当指称实体为单个时，3 岁儿童将其引入话语的主要形式是光杆名词，占比为 79%（95/120），而"一轻读"量名成分则很少出现，仅占 17%（20/120）。此外，他们还有 4%（5/120）使用指量名成分指称新实体的错误。被试使用"一轻读"量名成分向话语中引入新指称实体的百分比随着年龄增长，9 岁组的儿童已经与成人没有显著差异，百分比为 81%（97/120）。相应地，光杆名词用于新的指称实体的情况则随着被试年龄的增长明显下降。然而，表 4.7 说明，当同一类指称实体存在多个个体时，各年龄段的被试都更多使用数量（名）成分而不是光杆名词向话语中引入新的指称实体。3 岁组的儿童使用数量（名）成分的百分比达到 55%（66/120），5 岁时升至 73%

（87/120），并在 9 岁前维持这一水平。成人在向话语中引入新的指称实体时，使用数量（名）成分的百分比更是高达 94%。我们以年龄和指称实体的数量为自变量，以被试使用光杆名词引入新的指称实体的频数为因变量进行方差分析。结果表明，年龄和指称实体的数量均存在显著的主效应〔$F_{年龄}$（4195）= 13.6，$p < 0.001$，$F_{指称实体的数量}$（1195）= 15.3，$p < 0.001$〕，且年龄与指称实体的数量之间也存在一定的交互效应〔$F_{年龄*指称实体的数量}$（4195）= 8.96，$p < 0.05$〕。

表 4.7　被试在向话语中引入多个新的指称实体时使用的各类名词性
成分形式的频数和百分比

名词性成分形式		3 岁组	5 岁组	7 岁组	9 岁组	成人组
光杆名词	频数/例	52	33	30	32	7
	百分比/%	43	28	25	27	6
数量（名）成分	频数/例	66	87	90	88	113
	百分比/%	55	73	75	73	94
指量名成分	频数/例	2	0	0	0	0
	百分比/%	2	0	0	0	0

下面来看被试指称话语中已知实体的情况。表 4.8 和表 4.9 分别呈现的是，当指称实体为单个和多个时各年龄段的被试用于回指已知实体的各类名词性成分形式的频数和百分比。

表 4.8　被试重新提及单个已知指称实体时使用的各类名词性成分形式的频数和百分比

名词性成分形式		3 岁组	5 岁组	7 岁组	9 岁组	成人组
光杆名词	频数/例	63	65	82	90	97
	百分比/%	53	54	68	75	81
"一$_{轻读}$"量名成分	频数/例	0	0	0	0	0
	百分比/%	0	0	0	0	0
指量名成分	频数/例	46	34	22	9	4
	百分比/%	38	28	18	8	3
其他形式	频数/例	11	20	16	21	19
	百分比/%	9	17	13	18	16

表 4.8 显示，如果话语中同一类指称实体只有一个，各年龄段的被试重新提及该类指称实体时使用最多的形式都是光杆名词，所占比重也随着被试年龄的增长而增加：3 岁组的儿童使用光杆名词的百分比为 53%（63/120），9 岁组则增长至 75%（90/120），接近成人水平（81%，97/120）。与此相反，被试重新提及单个指称实体时使用指量名成分的百分比则随着年龄增长呈清晰的下降趋势：儿童从 3 岁组的 38%（46/120）降至 9 岁组的 8%（9/120），而成人仅为 3%（4/120）。各组被试都有少量用代词（如"他们"）、专有名词（如"棕熊小胖"）以及空成分重新提及指称实体的情况，所占比重的差异在各年龄组被试之间不明显。值得注意的是，即使 3 岁组的儿童的故事讲述中也完全没有出现在重新提及指称实体时使用"一轻读"量名成分的情况。

表 4.9 被试重新提及多个已知指称实体时使用的各类名词性成分形式的频数和百分比

名词性成分形式		3 岁组	5 岁组	7 岁组	9 岁组	成人组
光杆名词	频数/例	55	52	77	92	90
	百分比/%	46	43	64	77	75
数量（名）成分	频数/例	7	10	10	13	12
	百分比/%	6	8	8	11	10
指量名成分	频数/例	50	42	26	5	11
	百分比/%	42	35	22	4	9
其他形式	频数/例	8	16	7	10	7
	百分比/%	7	13	6	8	6

表 4.9 则表明，如果话语中同一类指称实体有多个，各年龄段的被试在重新提及该类指称实体时使用最多的形式也仍然是光杆名词，且整体上百分比随年龄的增长而增加，从 3 岁组的 46%（55/120）增长至 9 岁组的 77%（92/120），最终达到成人水平（75%，90/120）。与此相反，儿童使用指量名成分重新提及多个指称实体的百分比则随年龄的增长呈现出明显的下降趋势，从 3 岁组的 42%（50/120）降至 9 岁组的 4%（5/120），甚至低于成人（9%，11/120）。不仅如此，各年龄段的被试在重新提及指称实体时，所用的全部指量名成分中，指示词全部为"那"，而没有使用"这"的情况。这说明汉语儿童很早就已经

掌握"那"作为准定指冠词的用法，而且他们能从听话人的视角使用合适的指示词。与指称实体数量为单个时被试都不使用"一_{轻读}"量名成分重新提及的情况不同，各年龄段的被试（包括成人）在指称实体数量为多个时都有使用数量（名）成分重新提及指称实体的情况。这说明数量（名）成分的确在指称性质方面与"一_{轻读}"量名成分存在差异：前者既可以表达已知信息，也可以表达新信息；后者只能表达新信息。这种差异很早就已经被儿童习得。通过以年龄和指称实体的数量为自变量进行方差分析，本研究发现，年龄对于被试使用光杆名词重新提及指称实体的频数具有显著的主效应 $[\, F_{年龄}\,(4195)\,=\,10.0,\ p\,<\,0.001\,]$。指称实体的数量对于被试使用光杆名词重新提及指称实体的频数则没有显著影响，但对于被试使用数量（名）成分重新提及指称实体的频数有非常显著的影响 $[\, F_{指称实体的数量}\,(1195)\,=\,59.2,\ p<0.001\,]$。

　　总而言之，本研究的结果清楚地表明，汉语儿童在学龄期仍倾向于使用光杆名词而不是"一_{轻读}"量名成分或数量（名）成分将新的指称实体引入话语。随着年龄的增长，汉语儿童采用"一_{轻读}"量名成分或数量（名）成分向话语中引入新的指称实体的百分比逐步增加，9 岁时已经基本达到成人水平。光杆名词始终是各年龄段的被试用于指称已知实体的最主要的形式，且整体上百分比随着年龄的增长而增长。相反，指量名成分的百分比则随着被试年龄的增长而降低。上述发现支持了 Hickmann 和 Liang（1990）、Hickmann 等（1996）以及 Hickmann（2004）的实验研究结果，也与 Min（1994）、Chang-Smith（2005）以及 Lee（2010）等多项跟踪调查的结果一致，即光杆名词是汉语儿童早期使用最多的名词性成分形式。

　　然而，我们对实验结果的解读与 Hickmann 等人的看法不同。我们认为，至少在 3 岁以前，汉语儿童就已经习得了各类名词性成分形式所编码的已知信息/新信息。在本研究中，3 岁儿童在向话语中引入新的指称实体时几乎不使用（小于 5%）指量名成分，他们在重新提及上文中已存在的实体时则完全不使用"一_{轻读}"量名成分。这说明，指示词"那"编码已知信息，而"一_{轻读}"编码新信息的知识已经被儿童掌握。当话语中存在多个同类的指称实体时，各年龄段的被试都有少量采用数量（名）成分重新提及指称实体的情况，这说明儿童意识到数量（名）成分的指称性质与"一_{轻读}"量名成分的不同，可以表达已知信息。陈平（1987：90）用以下例子说明数量（名）成分的定指解读：

（51）门一打开，进来一男两女三个青年，都很精神，其中一个女孩子很象英格丽·褒曼。大鸣直起了腰。<u>三个客人</u>嗅嗅鼻子，似乎不习惯这屋子的烟味……

按照 Lee（2010）的分析，定指数量名成分事实上包含一个空限定词 D。在本研究中，被试用于指称话语中已知实体的数量（名）成分都属于上述情况，比如（52）中的例子。

（52）a. 两只小兔子在给一棵小树浇水，这时走过来了两只小熊。看到小熊过来，<u>两只小兔子</u>又走开了……

b. 有两只小兔子栽了一棵小树，他们每天都给小树浇水。这一天他们的朋友——两只小熊过来帮忙松土，<u>两只兔子</u>赶紧拿着水壶去打水……

定指数量名成分在汉语中并不常见，但儿童却很早习得了数量（名）成分可以表达已知信息。这可能是因为允准数量（名）成分定指解读的主要语境是故事讲述（朱晓农，1988），而这在儿童语言活动中是非常重要的形式。

总体上，学龄前的汉语儿童向话语中引入新的指称实体时，使用数量（名）成分的百分比低于成人。这可能是因为汉语中的名词大多为物质名词，计数前需要通过量词进行个体化，而量词的习得对汉语儿童而言有一定的困难（Erbaugh，1982，1992；Min，1994；Lee，2010 等）。这也可能是因为量词的个体化（individuation）功能对儿童而言较为复杂，因而较晚习得（Huang & Lee，2009；Lee，2010）。

本研究的结果不支持关于儿童缺少"非共享假设"（non-shared assumption）等语用概念的观点（Schaeffer & Matthewson，2005）。该观点认为，儿童一开始意识不到说话人和听话人在语境信息上的假设是相互独立的，以为听话人可以同样识别话语中新的指称实体，因此会发生"自我中心错误"（egocentric error），用定指成分来指称新实体。然而，本研究发现，当儿童确信听话人不能识别话语中的指称实体时，比如听话人是不可能事先知道故事的同龄人，而非研究者，并且位于另一房间，看不到图片，汉语儿童在首次提及指称实体时就不会使用指量名成分等形式。这一结果与 Gundel（2009）和 de Cat（2013）的观点相反，即儿童在较早时期就已经习得了表达已知信息/新信息的词汇机制。

本研究还发现，指称实体的数量对被试向话语中引入新的指称实体时使用的名词性成分形式产生影响。总体上，被试在指称实体的数量为单个时比指称实体的数量为多个时使用更多的光杆名词，如（53）：

（53）一天，<u>兔子</u>来到一棵树前面，它发现小树快死了，就给它浇水。这时<u>小熊</u>走了过来……

指称实体的数量为单个时更容易诱发被试使用光杆名词的现象可能有两个原因。第一个原因是光杆名词尽管在"数"方面不确定，既允许单数解读，又允许复数解读，但默认为单数解读。因此，被试不需要使用"一_{轻读}"量名成分。第二个原因可能是说话人由于指称实体的唯一性，将光杆名词作为指称实体的名称。也就是说，这些光杆名词实际上都是专有名词，被试以对实体进行命名的方式将其引入话语。前人研究表明，命名是儿童早期向话题中引入新实体的主要方式（Keenan & Schieffelin，1976）。当语境中同一类实体存在多个个体时，因为该实体不具有唯一性，被试难以直接使用专有名词将它们引入话语，而且数量成为关键信息，因此被试倾向于使用数量（名）形式。总之，指称实体的数量会影响被试对名词性成分形式的选择。与 Hickmann 等（1996）的研究相比，本研究的被试产出数量（名）成分的百分比更高，这是由于实验设计对指称实体的数量进行了操控，提供了使用数量（名）成分的适当条件。

4.2.3.2　已知信息/新信息的句法标记习得

下面分析被试使用的各类名词性成分的句法分布。因为指称实体的数量与句法位置无关，我们在接下来的分析中不再区分指称实体为单个和多个的情况。表 4.10 显示被试向话语中引入新的指称实体时使用各类名词性成分做主语的频数和百分比。

明显可见，向话语中引入新的指称实体时，被试使用光杆名词做主语的百分比整体上随着年龄的增长而下降。在 3 岁组和 5 岁组被试讲述的故事中，出现在主语位置的光杆名词的百分比超过 70%；在 7 岁组和 9 岁组的故事中，仍然有超过 50% 的不定指光杆名词充当主语，而成人则为 40%。与之类似，"一轻读"量名成分或数量（名）成分做主语的百分比呈现相同的趋势：被试的年龄越大，出现在主语位置的"一轻读"量名成分或数量（名）成分就越少。需要注意的是，一开始儿童用于向话语中引入新的指称实体时使用的"一轻读"量名成分或数量（名）成分主要都是充当主语：3 岁组的儿童高达 72%，5 岁组为 61%，9 岁组的儿童仍有 14% 的情况是这样，是成人（7%）的 2 倍。以年龄为自变量、以用于新的指称实体的光杆名词和"一轻读"量名成分或数量（名）成分充当主语的频数为因变量进行的单因素方差分析显示，被试的年龄对于使用光杆名词做主语的频数 $[F_{年龄}(4199) = 26.02, p < 0.001]$，以及对于使用"一轻读"量名成分或数量（名）成分做主语的频数 $[F_{年龄}(4199) = 10.4, p < 0.001]$ 均有非常显著的影响。这一结果说明，首先，在叙述类语篇中，主语位置似乎不仅仅用于表达已知、确定的实体，即使是以汉语为母语的成人，在讲述故事时仍频繁使用光杆名词来引入新的指称实体。其次，汉语儿童对"主语定指限制"不敏感，他们在讲述故事时使用大量的"一轻读"量名成分或数量（名）成分向话语中引入新的指称实体，直至 9 岁时仍远高于成人。

表 4.10　被试向话语中引入新的指称实体时使用各类名词性成分做主语的频数和百分比

名词性成分形式		3 岁组	5 岁组	7 岁组	9 岁组	成人组
光杆名词	频数（总数）/例	112 (147)	65 (92)	45 (85)	30 (55)	13 (32)
	百分比/%	76	71	53	55	41
"一轻读"量名成分/数量（名）成分	频数（总数）/例	62 (86)	87 (143)	51 (155)	26 (185)	14 (198)
	百分比/%	72	61	33	14	7
指量名成分	频数（总数）/例	5 (7)	—	—	—	—
	百分比/%	71	—	—	—	—

再看被试重新提及话语中的已知指称实体时所使用的各类名词性成分做宾语的频数和百分比。表 4.11 显示，各年龄段的被试在讲述故事时都较少使用定指名词性成分充当宾语，这说明宾语位置一般用于传递新信息。3 岁组的被试重新提及话语中的指称实体时使用光杆名词做宾语的百分比仅为 12%，尽管是成人的 3 倍，但总体上较低。同样，3 岁组的被试使用指量名成分做宾语的百分比为 20%，与成人无异。更为重要的是，除了 3 岁组这一个例外，用于已知指称实体的数量（名）成分几乎没有充当宾语的情况。其余名词性成分（主要是代词）做宾语的百分比比上述三类名词性成分略高，但与做主语的相比仍然很少。Scheffe 事后检验表明，被试使用光杆名词做宾语时的百分比，仅 3 岁组与其他组之间有较为显著的差异。

表 4.11 被试重新提及已知指称实体时做宾语的各类名词性成分的频数和百分比

名词性成分形式		3 岁组	5 岁组	7 岁组	9 岁组	成人组
光杆名词	频数（总数）/例	14（118）	9（117）	10（159）	7（182）	7（187）
	百分比/%	12	8	6	4	4
"一轻读"量名成分/数量（名）成分	频数（总数）/例	1（7）	0（10）	0（10）	0（13）	0（12）
	百分比/%	14	0	0	0	0
指量名成分	频数（总数）/例	17（96）	14（96）	10（48）	2（14）	3（15）
	百分比/%	20	18	21	14	20
其他形式	频数（总数）/例	7（19）	11（36）	7（23）	7（31）	7（26）
	百分比/%	37	31	30	23	27

总体来看，汉语儿童在学龄前没有认识到主语、宾语等句法位置分别与已知信息和新信息之间的对应关系。在 3 岁和 5 岁儿童的故事讲述中，不论是在向话语中引入新的指称实体时，还是重新提及指称实体时，各种形式的名词性成分都倾向于出现在主语位置。7 岁儿童开始区分主语和宾的位置，对于已知信息/新信息的表达，他们表现出用主语表达已知、确定的对象，而用宾语表达未知、不确定对象的倾向。

因此，本研究发现，相比于已知信息/新信息表达的词汇机制，儿童较晚习得用句法位置表达已知信息/新信息的机制。儿童一开始倾向于将所有的光杆名词放在主语位置，而不论其指称实体对于听话人而言是否已知。同样，"一轻读"量名成分和数量（名）成分在儿童语言习得的早期也大多充当主语，违反所谓的"主语定指限制"。上述结果说明，Hickmann 等（1996）关于已知信息/新信息表达的词汇机制和句法机制同时被儿童习得的结论在汉语儿童中不适用。尽管 3 岁儿童已经掌握各类名词性成分的形式与已知信息/新信息的对应关系，但对于主语、宾语等句法位置在表达已知信息/新信息方面的区分仍不敏感。

已知信息/新信息表达的句法机制较晚被儿童习得，这一发现印证了接口假说（Slabakova，2011；Sorace，2011），即句法-语用接口知识相比于纯句法知识或句法-语义接口知识更难掌握。一方面，句法-语用接口知识很大程度上取决于思维理论（theory of mind）的发展（de Villiers，2007），而思维理论的发展相比于句法知识要晚一些（Gundel，2011；de Cat，2013）。另一方面，句法-语用接口知识不像纯句法知识一样具有强制性。以汉语的"主语定指限制"为例，主语表达已知、确定的对象只是一种"强烈倾向"（Chao，1968；朱德熙，1982）。这意味着成人在某些情况下也会违反该限制（不定指主语的允准条件见范继淹，1985；Lee，1986；Li，1998 等）。因此，儿童在成人输入中也不可能依靠间接负面证据（indirect negative evidence），即对某类形式从不出现的观察来习得该知识。此外，语体可能对不定指主语的使用产生影响。本研究以及前人的大多数研究都采用看图说话的方式完成，而叙述语篇本身就容易允准数量（名）成分充当主语。李行德和吴庄（2011）在两名汉语儿童的语言输入中发现 6 例用数量（名）成分做主语的情况，无一例外均发生在叙述语篇中。

在本节中，我们通过诱导产出任务考察了汉语儿童对指称和关系两个维度的已知信息/新信息表达机制的习得，并研究了指称实体的数量对被试使用名词性成分的影响。研究发现，就指称维度的已知信息/新信息表达机制而言，汉语儿童一开始就不存在所谓的"自我中心错误"。相反，3 岁左右的儿童就只把"一轻读"量名成分用于对于听话人而言未知的指称实体，而指量名成分仅用于对听话人而言已知指称实体。相比来看，关系维度的已知信息/新信息表达机制的习得较晚。较小的儿童使用的各类形式名词性成分不论在表达新的还是已知指称实体时，都明显倾向于将其置于主语位置，与成人之间表现出明显差别。上述结果说明，尽管汉语儿童较早习得了名词性成分的指称性质，但总体上已知信息/新信息在句法中的实现方式需要儿童花费较长的时间才能习得，从而证实了接口假说（Slabakova，2011；Sorace，2011）。

4.3 小 结

本章报告了两项分别针对汉语儿童自发和诱发语料中不同类型信息的表征所做的研究。通过对儿童自发语言的分析发现，儿童在语言习得早期就已经掌握了名词性成分形式与已知信息/新信息的映射关系。他们倾向于用动词前的位置表达确定的、已知的实体，而用动词后的位置表达未知或不确定的实体。但该阶段的儿童所使用的名词性成分形式非常有限，最为普遍的是光杆名词和指量名成分，其他形式如量名、数量（名）和"一_{轻读}"量名等都非常稀少。对儿童诱发语言的分析同样表明，儿童较早习得名词短语形式与信息类型之间的关系，但他们似乎对句法位置与信息类型之间的关系不太敏感。在用来指称实体的名词短语形式方面，儿童与成人并无根本差别。两种方法在结果上的差异可能是因为自发语言产出受到语言使用情境的限制。总体上，信息类型的句法表征仍然是汉语儿童语言中较为薄弱的部分。

第 5 章

汉语儿童对复杂成分内部结构和信息类型关系的认识

在上一章中，我们考察了汉语儿童对没有修饰语的简单名词性成分与已知信息/新信息之间关系的认识。不论是对自发语料还是诱发语料的分析，我们都没有发现儿童在早期使用带修饰语[①]的复杂名词性成分。根据 2.1.2 节的讨论：修饰语处于数量词之后、名词之前的内部修饰成分，既可以表达新信息，也可以表达已知信息；修饰语位于数量词之前的外部修饰成分则只能表达已知信息。汉语儿童是否掌握了这两种不同词序的复杂名词性成分所涉及的句法知识，以及它们在编码已知信息/新信息方面的差异？本章采用诱导产出法和真值判断任务来考察儿童的语言产出和理解，以期回答这一问题。此外，我们还将比较汉语儿童和以英语为母语的成人二语学习者对汉语已知信息/新信息表达机制的习得，以辨别儿童在习得语法-语用接口时所表现出的困难是因该类知识的性质所决定，还是受到他们尚未发展完善的语言加工能力的限制。

5.1 汉语儿童对复杂名词性成分与已知信息/新信息关系的认识

内部修饰成分与外部修饰成分在表达已知信息/新信息方面的差异，直接

[①] 本书所说的修饰语限于包含"的"的修饰成分，可以是名词（如"蓝色的"）、形容词（如"努力的"）或定语从句（如"戴眼镜的"）。不含"的"的修饰成分（如"蓝"）以及非谓形容词（如"所谓的"）不能出现在外部修饰成分中。虽然表达所有关系的成分（如"张三的"）可以出现在外部修饰成分中，但一般认为它们涉及与其他修饰语不同的功能成分（Zhang, 2015）。

反映在两者的互补分布上。根据"主语定指限制",汉语中的主语一般只允许由指称确定的、已知的事物的名词性成分充当(Chao,1968;朱德熙,1982等)。与此相反,存在动词宾语的情况则表现出定指效应,排斥表达已知信息的名词性成分(Huang,1987)。(1)和(2)中的例子说明,内部修饰成分一般为不定指成分,用于表达新信息;外部修饰成分则为定指成分,用于表达已知信息。

(1)a. ? <u>两个会法语的同学</u>走进了教室。

b. <u>会法语的两个同学</u>走进了教室。

(2)a. 有<u>两个会法语的同学</u>在会场帮忙。

b.*有<u>会法语的两个同学</u>在会场帮忙。

内部修饰成分为不定指成分,所以既允许特指解读,也允许非特指解读。比如,(3)a 既可以解读为"有两位会法语的同学,每一位老师都认识他们"(特指解读),也可以解读为"每一位老师都认识两个可能不同的会法语的同学"(非特指解读)。外部修饰成分为定指成分,只能特指,不允许非特指解读。因此,(3)b 只能理解为"每一位老师认识的会法语的同学是相同的两个"。

(3)a. 每一位老师都认识<u>两位会法语的同学</u>。

b. 每一位老师都认识<u>会法语的两位同学</u>。

内部修饰成分和外部修饰成分的这一差异反映在与排他性焦点小品词"只"的关联上,如(4):

(4)a. 张老师只询问了<u>两个会法语的同学</u>。

b. 张老师只询问了<u>会法语的两个同学</u>。

(4)a 有两种解读:第一,"张老师只询问了[两个]$_F$会法语的同学,而不是一个或三个及以上的会法语的同学"。至于张老师是否还询问了其他人,比如不会法语的同学,与句子的真值无关。这里,"只"关涉的是数量词"两个",整个内部修饰成分表达的是数量,为非特指解读。第二,"张老师只询问了[两个会法语的同学]_F，除此之外没有询问其他同学"。也就是说，"只"关联的是整个名词性成分"两个会法语的同学"。此时，内部修饰成分指称个体，为特指解读。在（4）b 中，"只"只能与整个名词性成分"会法语的两个同学"相关联，而不能限制名词性成分中的数量词"两个"。换句话说，外部修饰成分只能特指，而不能取非特指解读。这一差异反映在（4）中的两个句子在以下情境中的真值不同：张三询问了两个会法语的同学和一个不会法语的同学。在该语境中，（4）a 既可以为真，也可以为假：如果取非特指解读，即"只"与数量词相关，则该句为真；反之，如果取特指解读，则该句为假。但（4）b 只可能为假。

根据 Ming 和 Chen（2010）的研究，内部修饰成分和外部修饰成分在话语功能方面也存在差异。内部修饰成分一般用于具体的、在话语中凸显的实体，其话语功能主要是描述（characterization）；外部修饰成分则用于抽象的、在话语中不够凸显的实体。此外，使用外部修饰成分还有一个要求，即语境中存在一组相同的个体，与外部修饰成分指称的实体仅在修饰语所描述的特征上存在差异。基于以上观察，本研究具体回答以下问题。

第一，当语境满足外部修饰成分出现的要求时，汉语儿童是否能产出外部修饰成分？

第二，儿童使用的内、外部修饰成分是否与已知信息/新信息存在对应关系？

第三，儿童是否能认识到两类复杂名词性成分在与"只"相关联时的差异？

5.1.1　被试

被试为来自广州市某高校附属小学和幼儿园选取的 120 名儿童，按年龄划分为 4 个组，分别是 3 岁、5 岁、7 岁和 9 岁，语言和认知发展处于正常水平。每个年龄组包含 30 名儿童，男女各占一半。对照组由 30 名非语言专业的本科生组成。所有被试均以普通话为主要语言。产出和理解实验之间间隔一星期。

5.1.2　诱发语言中的复杂名词性成分

5.1.2.1　方法和过程

本实验采取诱导产出法，即为被试提供使用复杂名词性成分结构所需的合适情境，诱发被试对该结构的使用。一般来说，内部修饰成分用于向话语中引入新的指称实体（新信息），而外部修饰成分则只能用于听话人熟悉的指称实体（已知信息）。此外，要诱发修饰语的使用，修饰语所描写的性质必须与语境密切相关。鉴于此，本实验使用如图 5.1 所示的图片作为刺激材料。由于"一"在句法语义方面与其他数词有明显差异，由"一"构成的外部修饰成分有许多限制（Sio，2008；Zhang，2015），因此在本实验所使用的图片中，每类实体都有两个个体。

图 5.1　用于诱发内部修饰成分和外部修饰成分的图片示例

实验过程如下：研究者邀请被试参与一个看图说话的游戏，被试的任务是在仔细看图后，到另一个房间将图中发生的事情仔细地讲述给一名同龄人听。因为听话人看不到图片，因此说话人必然会假定故事中的实体在第一次出现时对听话人而言是不可识别的，即为新信息。为了诱发被试使用修饰语，研究者先将两类在修饰语描写的特征上存在差异的实体介绍给被试。以图 5.1 为例，研究者说："你现在要看的是发生在几只小猪之间的事情，你看有两只小猪穿着蓝色的衣服，另外两只小猪穿着红色的衣服，你看完后跟隔壁房间的同学讲讲，这个故事讲了什么呢？"被试讲完故事后，研究者要求听话人复述故事，并请被试对其复述的质量进行评分。这一环节是为了减少观察者悖论，让被试感觉自己是观察者，而非观察对象。每名被试看 3 组图片，耗时约 15 分钟，全程录音和录像。实验完成后，对被试讲述的故事进行了转写和加标分析。

5.1.2.2　结果与分析

我们先看被试在向话语中引入新的指称实体时使用的名词性成分形式，相关结果见表 5.1。研究结果表明，各年龄段的被试在将新的指称实体引入话语时都没有使用外部修饰成分。使用内部修饰成分引入新的指称实体的百分比大体上随被试年龄的增长而提高，从 3 岁组的 32%（58/180）增加到成人的 62%（112/180）。除内部修饰成分外，被试用于新的指称实体的另一种主要形式是没有修饰语的数量（名）成分。该类成分的百分比大体上随被试年龄的增长而递减，3 岁组为 45%（81/180），而 7 岁组和 9 岁组则分别为 26%（47/180）和 28%（50/180），与成人（27%，49/180）没有显著差异。通过以被试的年龄为自变量进行方差分析，发现年龄对被试使用内部修饰成分［$F(4145) = 7.703$，$p < 0.001$］和数量（名）成分［$F(4145) = 5.191$，$p < 0.01$］向话语中引入新的指称实体的百分比均有显著影响。具体来看，3 岁组与 5 岁组儿童之间的差异不显著（$p > 0.05$），但 3 岁组与 7 岁、9 岁组儿童以及成人之间的差异都非常显著［内部修饰成分：$p < 0.01$，数量（名）成分：$p < 0.05$］。5 岁组儿童与 7 岁、9 岁组儿童以及成人之间差异没有达到显著水平（$p > 0.05$）。

表 5.1　被试向话语中引入新的指称实体时使用的名词性成分形式的频数和百分比

名词性成分形式		3 岁组	5 岁组	7 岁组	9 岁组	成人组
外部修饰成分	频数/例	0	0	0	0	0
	百分比/%	0	0	0	0	0
内部修饰成分	频数/例	58	86	110	109	112
	百分比/%	32	48	61	61	62
数量（名）成分	频数/例	81	68	47	50	49
	百分比/%	45	38	26	28	27

名词性成分形式		3岁组	5岁组	7岁组	9岁组	成人组
其他形式	频数/例	41	26	23	21	19
	百分比/%	23	14	13	12	11

对语料进行具体分析后发现，较小的儿童在将第一组指称实体（如图 5.1 中穿红色衣服的小猪）引入话语时较少使用内部修饰成分，而更多地使用没有修饰语的简单的数量（名）成分。内部修饰成分主要用于初次提及第二组指称实体（如图 5.1 中穿蓝色衣服的小猪）。这可能是因为修饰语为限定性成分，只有在需要区别不同的实体时才有必要使用。第一组指称实体被初次提及时，话语中并没有其他同类个体，因此较小的儿童出于"省力"在讲故事时直接使用了没有修饰语的数量（名）成分。以下是儿童所用的实例：

（5）有<u>两只小猪</u>想搬<u>一筐苹果</u>。可是苹果实在太重了，他们搬不动。这时有<u>两只穿蓝色衣服的小猪</u>走了过来。

除内部修饰成分和数量（名）成分以外，各年龄段的被试都有少量使用指量名成分、光杆名词以及专有名词将新的指称实体引入话语的情况，如（6）中各例。

（6）a. <u>两只小猪</u>在抬<u>一筐苹果</u>。但他们力气很小，抬不动。于是他们请了<u>朋友</u>来帮忙。

b. 有<u>两只小猪</u>得到了<u>一篮子苹果</u>，可是他们搬不动，这时<u>那两只穿蓝衣服的小猪</u>过来帮忙了。

c. <u>小猪胖胖和嘟嘟</u>想把<u>一筐苹果</u>抬回去，苹果实在太多了，他们怎么搬也搬不动，这时从远处又走过来<u>两只小猪</u>……

再看被试重新提及话语中已知指称实体时使用的名词性成分形式的频数和百分比，见表 5.2。可以看出，各年龄组的被试在重新提及已知指称实体时均使用了外部修饰成分，这类成分出现的频数随着被试年龄的增长而显著增加。以年龄为自变量的方差分析显示，年龄对于被试选择外部修饰成分来重新提及已知指称实体的百分比存在显著影响 [$F_{(4145)} = 13.864$，$p < 0.001$]。3岁

组的儿童提及已知指称实体时使用外部修饰成分的百分比约为 2%（3/180），显著低于其余各组儿童与成人（与 5 岁组的差异达到 0.01 的显著水平，与其余各组的差异达到 0.001 的显著水平）。其余各组之间不存在显著差异。在各种形式的名词性成分中，被试用来提及已知指称实体的最主要形式是内部修饰成分。年龄对于被试使用内部修饰成分重新提及已知指称实体的百分比存在显著影响 [$F(4145) = 6.101$，$p < 0.001$]。3 岁组的儿童使用内部修饰成分的百分比显著高于其他各组（与其余各组儿童之间的差异均为 0.05 的显著水平，与成人组的差异达到 0.001 的显著水平）。没有修饰语的数量（名）成分很少用于重新提及已知指称实体，但年龄同样对被试使用数量（名）成分重新提及已知指称实体的频数作用显著 [$F(4145) = 3.606$, $p < 0.01$]。被试的年龄越大，越少在重新提及已知指称实体时使用数量（名）成分。除以上各类名词性成分外，被试用于已知指称实体的形式还有指量名成分、专有名词及代词等。

表 5.2　被试重新提及话语中已知指称实体时使用的名词性成分形式的频数和百分比

名词性成分形式		3 岁组	5 岁组	7 岁组	9 岁组	成人组
外部修饰成分	频数/例	3	38	45	50	52
	百分比/%	2	21	25	28	29
内部修饰成分	频数/例	113	84	80	81	70
	百分比/%	63	47	44	45	39
数量（名）成分	频数/例	14	7	2	4	0
	百分比/%	8	4	1	2	0
其他形式	频数/例	50	51	53	45	58
	百分比/%	28	28	29	25	32

总的来说，诱导产出实验说明：首先，在 3 岁时，汉语儿童已经能够产出包含数量词和修饰语的复杂名词性成分，但主要是内部修饰成分，很少使用外部修饰成分。到了 5 岁之后，儿童使用外部修饰成分表达话语中的已知指称实体和使用内部修饰成分表达新的指称实体的情况已经跟成人没有太大差别。不仅如此，儿童一旦开始使用外部修饰成分，就只将其用于已知指称实体，而不用于引入新的指称实体。这说明，复杂名词性成分的句法知识与其指称性质是同时被儿童习得的。然而，我们从上面的结果无法确切了解 5 岁之前的儿童是否掌握

了外部修饰成分的句法结构和指称性质。在一般情况下，语言知识在产出中的表现晚于在理解中的表现，儿童不使用某一句法结构既可能是因为他们没有相关的句法知识，也可能是因为儿童语言交际的性质决定了他们没有使用该结构的机会，还可能是因为该结构涉及复杂的句法操作，对于语言加工造成额外的认知负担，所以儿童更倾向于避免使用。因此，有必要进一步考察儿童的语言理解。

5.1.3　儿童对复杂成分指称性质的理解

5.1.3.1　方法和过程

理解实验采用图片验证法，具体过程为：研究者邀请被试和由研究助理操控的手偶长颈鹿一起看图片，同时听取相关故事。在故事的关键情境中，被试需要判断手偶陈述的测试句是否正确。关键情境的设计基于排他性焦点小品词"只"与两类复杂名词性成分关联时的差异：当"只"后的名词性成分为内部修饰成分时，关联的焦点既可以是整个名词性成分，也可以是内部修饰成分中的数量词；当"只"后的名词性成分为外部修饰成分时，关联的焦点只能是整个名词性成分，不能是其中的数量词。比如，在图 5.2 所呈现的关键情境中，测试句（7）a 既可以为真，又可以为假，而（7）b 则一定为假。

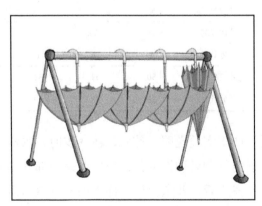

图 5.2　理解实验的关键情境

（7）a. 架子上只有<u>三把撑开的雨伞</u>。

　　　b. 架子上只有<u>撑开的三把雨伞</u>。

　　由于内部修饰成分既能取特指解读，又能取非特指解读，只有在取非特指解读时，包含内部修饰成分的测试句和包含外部修饰成分的测试句在关键情境中的真值才存在差别。因此，实验设计的故事倾向于非特指解读，如（8）。

　　（8）早几天下雨，长颈鹿的好几把伞都淋湿了。今天阳光灿烂，于是长颈鹿把这些伞都挂到架子上晾晒，他一共在架子上挂了五把伞，有四把特别湿，所以长颈鹿把它们撑开来晾晒，另一把不是太湿，所以他没有撑开。可是等到去收伞的时候，长颈鹿看到伞变少了（呈现图 5.2）。长颈鹿你说说看，你看到了什么？［呈现测试句（7）a 或（7）b］。

　　我们预测，如果被试认识到内部修饰成分允许非特指解读，而外部修饰成分只能表达已知信息，即为定指，则在实验的关键情境中，可能会将测试句（7）a 判断为真，而将（7）b 判断为假。实验采取被试内设计（within-subject design），每名被试判断包含内部修饰成分和外部修饰成分的测试句各 3 个，故事和测试句类型的呈现顺序在被试之间以随机方式处理。

　　由于被试对测试句的判断还与他们是否理解排他性焦点小品词"只"的语义有关，我们在实验前进行了前测，以检验被试关于"只"的知识。前测也采用了图片验证法，要求被试在如图 5.3 所示的情境中对测试句（9）作出判断。每名被试有 3 次尝试的机会，只有在这 3 次尝试中都将测试句判断为"不对"的被试才能够参加正式实验。

图 5.3　前测的情境

（9）架子上只有衣服。

5.1.3.2　结果与分析

实验的因变量是被试在关键情境中将测试句判断为"正确"的百分比，结果见表5.3。

表 5.3　被试在关键情境中将测试句判断为"正确"的频数和百分比

名词性成分形式		3岁组	5岁组	7岁组	9岁组	成人组
内部修饰成分	频数/例	80	83	83	82	83
	百分比/%	89	92	92	91	92
外部修饰成分	频数/例	77	6	5	5	0
	百分比/%	86	7	6	6	0

显然，3岁组的儿童并不区分包含内部修饰成分和外部修饰成分的测试句。他们在关键情境中接受两类测试句的百分比均超过 85%（内部修饰成分89%，80/90；外部修饰成分 86%，77/90）。配对样本 t 检验显示，两组数据没有显著差异（$t = 0.512$，$p > 0.05$）。换言之，不论是内部修饰成分，还是外部修饰成分，3岁组的儿童都允许非特指解读。其他年龄段的被试在相同情境中对于两类测试句的判断则完全不同：在关键情境中，对包含内部修饰成分的测试句，接受率均超过 90%；对包含外部修饰成分的测试句，接受率则低于 8%。

配对样本 t 检验显示，5岁组及以上的各组被试在对两类测试句的判断上都表现出显著差异（$p < 0.001$）。以年龄为自变量的方差分析进而说明，年龄对于被试将包含内部修饰成分的测试句判断为"正确"的百分比并没有显著影响 [$F(4145) = 0.569$，$p > 0.05$]，但对于被试将包含外部修饰成分的测试句判断为"正确"的百分比有显著影响 [$F(4145) = 70.586$，$p < 0.001$]。3岁组的儿童在关键情境中将包含外部修饰成分的测试句判断为"正确"的百分比显著高于其他组的儿童以及成人（$p < 0.001$）。然而，5岁组及更大的儿童与成人之间已没有明显差异。以上结果表明，5岁之前的汉语儿童尚未掌握复杂名词性成分中修饰语的位置与已知信息/新信息之间的关系。

　　本研究表明，汉语儿童在 3 岁左右就能在讲述故事时使用包含数量词和修饰语的复杂名词性成分，但主要为修饰语位于数量词和名词之间的内部修饰成分，修饰语位于数量词之前的外部修饰成分非常少。这与 Min（1994）的研究结果基本一致。该研究发现，汉语儿童在 3 岁左右的自发语言中已经开始产出内部修饰成分，其中大多为省略名词的形式，如"我再给你找一个我会讲的（故事）"。该研究也没有发现儿童在早期使用外部修饰成分的情况。

　　数量（名）成分和内部修饰成分是儿童早期用来将新的指称实体引入话语的主要形式，这与 Hickmann 和 Liang（1990）、Hickmann 等（1996）、Hickmann（2004）以及 Min（1994）的发现不一致。在上述研究中，儿童用于新的指称实体的名词性成分形式主要是光杆名词，而数量（名）成分极少。这可能是因为 Min（1994）分析的是自发语料，在日常交际中，儿童面对的情境中通常涉及单个实体的情况较多。在 Hickmann 等人的实验中，用作刺激材料的图片中指称实体的数量通常是单个的，没有满足数量（名）成分出现的条件，因为光杆名词一样可以取单数解读。第 4 章中的诱导产出实验已经说明，当指称实体的数量为多个时，3 岁儿童同样可以产出数量（名）成分。

　　我们还发现，3 岁儿童还没有习得外部修饰成分，允许其取非特指解读。在 5 岁之后，汉语儿童不仅开始较多使用外部修饰成分，而且这些成分只被他们用于话语中的已知指称实体。儿童同时也认识到，外部修饰成分内部的数量词不能成为"只"关联的焦点。这说明，复杂名词性成分中修饰语的位置作为汉语表达指称维度的已知信息/新信息的机制到 5 岁时才被儿童掌握。本研究也表明，内部修饰成分也是汉语中指称已知实体的主要形式，在叙述语篇中，用内部修饰成分指称已知实体的百分比甚至高于指量名成分。这印证了范继淹（1985）的观察，即修饰语能提高名词性成分指称实体的可识别度。

　　为什么复杂名词性成分的句法结构和指称性质较晚才被儿童习得？这可能与外部修饰成分的句法推导机制相关。根据 Zhang（2015）的分析，外部修饰成分是功能范畴焦点的最大投射焦点短语（focus phrase，FP），以 DP 为补足语（complement）。从习得的角度而言，这意味着儿童要在掌握外部修饰成分之前，必须已经习得汉语的 DP 结构。但现有研究发现，早期的句法中可能缺乏完整的 DP 结构，而功能范畴 D 的习得较晚（Lee，2010）。因此，包含

DP 结构的外部修饰成分就更难被习得。此外，在外部修饰成分中，修饰语处于 FP 的标志语（specifier）位置，比指示词的位置更高。但修饰语并非在 Spec FP 位置的基础上生成，而是由内部修饰成分通过内部移位派生的。换言之，修饰语在外部修饰成分中经历了从数量词和名词性成分之间到 FP 的标志语位置的提升。Zhang（2015）等认为，外部修饰成分缺乏非特指解读，且修饰语的种类有一定的限制条件，这也与上述移位有关。"推导复杂性假说"（derivational complexity hypothesis）认为，句法推导越简单的结构越早被儿童习得（Thornton，1990；Jakubowicz，2011）。与单纯由合并生成的结构相比，涉及移位的句法结构对于儿童而言更难。在外部修饰成分中，修饰语经历了名词性成分的内部移位，因此推导更复杂，其习得显著晚于不涉及这种移位的内部修饰成分。根据前人的研究结果，较小的儿童更多采用词汇机制表达已知信息/新信息，比如在表达新信息时更多使用"一_{轻读}"量名成分，而在表达已知信息时更多使用指量名成分；他们对于表达已知信息/新信息的句法机制一开始并不敏感（Min，1994；Hickmann，2004；Lee & Wu，2013 等）。此外，在复杂名词性成分中，修饰语的位置在表达已知信息/新信息方面也没有跨语言的普遍性，这被认为是汉语的个性特点。根据语言习得理论，属于具体语言个性的知识通常较晚被儿童习得，相较于属于语言共性的知识而言（Crain et al.，2010）。

复杂名词性成分表达已知信息/新信息的机制较晚被儿童习得还可能与语言输入有关。汉语有多种方式表达已知信息/新信息，外部修饰成分并不是唯一的，甚至不是主要的表达已知信息的方式。外部修饰成分作为一种有标记的短语形式，其修饰语受到诸多句法语义限制（Zhang，2015），因此在日常话语中出现的频率并不高。本研究发现，即使在成人的叙述语篇中，外部修饰成分也只占全部定指名词性成分的不到 30%。本实验涉及的语境已经尽可能满足外部修饰成分出现的条件，因此，外部修饰成分在自发语料中出现的频率应该会更低。Lee 和 Wu（2013）对两名儿童早期接触的语言输入进行研究后发现，这两名儿童在早期几乎接触不到外部修饰成分。因此，儿童早期可能因为缺乏有效的负面证据，甚至缺乏正面证据，而难以习得外部修饰成分的句法结构与已知信息/新信息之间的关系。

5.2　儿童与成人二语学习者的比较

通过分析儿童自发产出语言和诱发产出语言中使用的名词性成分的形式和句法分布，并考察他们的语言理解，我们已经证实了汉语中与指称维度的已知信息/新信息有关的知识。例如，使用"一_{轻读}"来表达新信息，使用指示词"那"来表达已知信息，而数量（名）成分和光杆名词既可以表达已知信息，又可以表达新信息，较早被儿童习得。相反，对于与关系维度的已知信息/新信息有关的知识，如主语表达已知信息，宾语表达新信息，修饰成分移位后只能表达已知信息等，儿童掌握较晚。总体上，这说明句法-语用接口知识是语言习得的难点，并支持了"接口假说"。然而，与句法操作有关的已知信息/新信息表达机制之所以较晚被儿童习得，也有可能是因为这是语言习得的逻辑途径，而与这类知识的性质无关。词语是句法的构件，儿童语言习得本身就需要经历单词句、双词句、电报句、完整句等阶段，因此，他们先掌握词语及其指称性质，然后习得句法知识及其与已知信息/新信息的映射关系，这只是儿童语言由简单到复杂的自然过程。此外，儿童受到认知发展水平的局限，早期难以处理复杂的句法操作。因此，定指性表达的句法机制超出了他们的认知能力。文献中也的确有把儿童在信息结构方面的困难归因于语用因素（如 Schaeffer，2000）或认知水平限制（如 de Cat，2009）的观点。因此，在本节，我们考察以英语为母语的成人二语学习者对汉语已知信息/新信息表达机制的习得。与汉语不同，在英语的常规句式 SVO 中，主语与已知信息、宾语与新信息之间没有严格的对应关系，因此，习得这方面知识时没有正迁移。成人的一般认知能力和元语言意识也远胜于儿童。因此，如果英语母语者在习得汉语时同样在已知信息/新信息表达的句法机制方面遇到困难，就说明造成困难的原因是该类知识涉及不同模块的接口这一特性。因此，本节的研究问题如下。

第一，英语母语者是否能习得汉语表达已知信息/新信息的机制？

第二，他们在习得指称和关系两种维度的已知信息/新信息表达机制上是否存在差异？

和汉语一样，英语中的专有名词和代词用于表达已知信息。英语中由普通名词构成的名词性成分，其定指和不定指主要与限定词相关。冠词 the、指示词 this（these）/that（those）等为定指限定词，而冠词 a(n)、零冠词、数词以及存在量化词 some 等为不定指限定词。汉语除没有冠词外，在这些限定词与已知信息/新信息的对应关系上与英语没有太大差异。不同的是，汉语中的名词都能以光杆形式出现，而且光杆名词允许定指、不定特指、不定非特指以及类指。英语虽然允许物质名词和可数名词的复数以光杆形式出现，但仅允许不定指和类指解读。此外，英语中的定指成分和不定指成分都可以充当主语。

关于二语学习者对汉语已知信息/新信息表达机制的习得，有一些文献从篇章照应的视角进行了研究。曹秀玲（2000）考察了以韩语为母语的中级和高级汉语学习者的书面语言，并发现韩语母语者在用"一"量名成分回指话语中的已知实体或用代词、指量名成分等将新的指称实体引入话语时存在偏误。高玮（2014）的研究则发现，留学生（其研究对象主要为韩国学生）的汉语作文中较少使用数量（名）成分引入新的指称实体，不论指称实体在语篇中的凸显程度如何，他们在初次提及时都更多使用光杆名词。陈晨（2005）、徐开妍和肖奚强（2008）等调查了留学生的汉语作文中用来回指上文中已知实体的照应成分，发现相比于汉语母语者，留学生更倾向于用代词或空成分回指已知实体，很少使用其他形式。因此，上述研究表明，二语学习者在习得汉语的已知信息/新信息表达机制方面有一定困难。然而，现有研究基本只考察了二语学习者的书面语言，没有调查口语中的情况。不仅如此，他们的研究方法基本属于定性的偏误分析，较少有严格意义上的定量研究。现有研究也基本针对韩语母语者，对英语母语者习得汉语已知信息/新信息表达机制的关注相对不足。此外，现有研究基本只考察了二语学习者使用的名词性成分的形式，没有涉及他们对句法位置与已知信息/新信息之间关系的认识。因此，有必要以定量方法进一步研究英语母语者在习得汉语已知信息/新信息表达方面的情况。

5.2.1 被试

被试为在广州市某高校注册的 34 名留学生，其中 21 人为男性，13 人为女性。被试的选择遵循以下标准：①来自以英语为第一语言的国家或地区（如加拿大的英语区），且以英语为母语；②不是华人移民的第二代，汉语不是被试的继承语言；③在华学习汉语 3 年以上，或者通过汉语水平考试（HSK）六级，达到中级及以上的语言水平，能完成实验任务。对照组为 30 名汉语母语者。

5.2.2   方法和过程

所有被试需完成诱导产出和语法判断两项实验任务，分别针对语言产出和理解。诱导产出任务的刺激材料为图片。被试的任务是尽可能详细地讲述图片中呈现的故事。被试看完图片后，研究者会收走图片，然后听话人（由被试的一名同学担任）走进房间听被试讲述故事。因为听话人没有机会看到图片，因此被试完全可以假定听话人事先不清楚故事的内容，也不能识别故事中的各个指称实体。每名被试看 3 组图片，以其中一组（如图 5.4）为例，图中一共有 4 个事物：猴子、鸭子、香蕉和河流。这些事物首次进入话语时，并非说话人和听话人的共享知识的一部分，因此为新信息，需要使用不定指成分来表达。它们在故事中被重新提及时，已经可以被听话人识别，属于已知信息，因此应该用定指成分来表达。

图 5.4   诱导产出任务使用的刺激材料示例

参加完诱导产出实验后，被试接下来需要完成一项问卷调查，内容为语法判断。问卷共包括20类测试句，共60个题项，每类测试句3题（表5.4）。在所有测试句中，有10类测试句（A类测试句）的可接受程度高，而另外10类测试句（B类测试句）的可接受程度较低。在问卷中，各类测试句的顺序随机处理。被试的任务是就测试句的可接受程度在从"完全可以接受"到"完全不能接受"的李克特量表中评分。

表 5.4 语法判断任务使用的刺激材料示例

代码	类型	例句	可接受程度
1A	代词，主语	你认识苏杭ᵢ吗？他ᵢ在门口等你。	高
1B	代词，存在动词宾语	你认识苏杭ᵢ吗？有他ᵢ在门口等你。	低
2A	专有名词，主语	苏杭在楼下等你。	高
2B	专有名词，存在动词宾语	有苏杭在楼下等你。	低
3A	指量名成分，主语	刚刚我们见过的那个人在门口等你。	高
3B	指量名成分，存在动词宾语	有刚刚我们见过的那个人在门口等你。	低
4A	空成分，主语	苏杭ᵢ提着一篮水果，Proᵢ在楼下等你。	高
4B	空成分，存在动词宾语	苏杭ᵢ提着一篮水果，有 Proᵢ在楼下等你。	低
5A	定指光杆名词，主语	苏杭ᵢ说要来找你，现在人ᵢ已经到了。	高
5B	定指光杆名词，存在动词宾语	苏杭ᵢ说要来找你，现在有人ᵢ已经到了。	低
6A	定指数量名成分，主语	[苏杭和孙鹏]ᵢ说要来找你，现在[两个人]ᵢ已经到了。	高
6B	定指数量名成分，存在动词宾语	[苏杭和孙鹏]ᵢ说要来找你，现在有[两个人]ᵢ已经到了。	低
7A	不定指光杆名词，主语	人在门口等你。	低
7B	不定指光杆名词，存在动词宾语	有人在门口等你。	高
8A	不定指数量名成分，主语	两个人在门口等你。	低
8B	不定指数量名成分，存在动词宾语	有两个人在门口等你。	高
9A	"一轻读"量名成分，主语	一个人在门口等你。	低
9B	"一轻读"量名成分，存在动词宾语	有一个人在门口等你。	高
10A	量名成分，主语	个人在门口等你。	低
10B	量名成分，存在动词宾语	有个人在门口等你。	高

5.2.3　结果与分析

5.2.3.1　二语学习者口语中的已知信息/新信息表达

被试讲述的故事由研究者转写并标注所有用于新的指称实体和已知指称实体的名词性成分，然后研究者分析这些成分的词汇形式和它们所出现的句法位置。每名被试看 3 组图片，每组包含 4 个事物。这些事物作为新的指称实体被引入话语时，对于听话人而言是新信息，而在后续的话语中，它们成为已知信息，对听话人而言是已知的。需要说明的是，每个事物在故事中被重新提及都不止一次，但因为被试讲述故事的完整度个体差异较大，因此重新提及各个事物的次数也不完全相同。鉴于此，为了便于比较，我们只统计各事物被首次重新提及时被试使用的名词性成分。因此，本研究实际上涉及新的指称实体和已知指称实体各 12 个。

首先，我们来看被试向话语中引入新的指称实体时使用的各类名词性成分形式的频数和百分比（表 5.5）。可以看出，汉语母语者使用最多的形式是量名成分，占 41%（146/360），其次是光杆名词，占 38%（136/360），最后是"一_{轻读}"量名成分，占 22%（78/360）。值得注意的是，他们完全没有使用代词、指量名成分和空成分来向话语中引入新的指称实体。汉语母语者使用的各类不定指名词性成分的实例见（10）：

（10）a. 有只<u>猴子</u>在捞<u>河</u>里漂着的<u>香蕉</u>，这时，<u>一只鸭子</u>走过来劝阻他……

b. <u>小猴子</u>在河里发现了<u>一串香蕉</u>，于是趴在岸边去抓香蕉，结果一不小心掉进了河里。在一旁看着的<u>小鸭子</u>赶忙跳下去救他……

c. 有一天，有只<u>小猴子</u>在捞<u>香蕉</u>的时候失足掉进了<u>河</u>里，幸好有<u>只鸭子</u>在河边看见了，把他救了上来。

表 5.5　被试向话语中引入新的指称实体时使用的各类名词性成分形式的频数和百分比

名词性成分形式		汉语母语者（n = 30）	二语学习者（n = 34）
量名成分	频数（总数）/例	146（360）	37（408）
	百分比/%	41	9

名词性成分形式		汉语母语者（$n = 30$）	二语学习者（$n = 34$）
光杆名词	频数（总数）/例	136（360）	82（408）
	百分比/%	38	20
"一_{轻读}"量名成分	频数（总数）/例	78（360）	289（408）
	百分比/%	22	71

对汉语母语者使用的不定指成分做进一步分析发现，他们在向话语中引入新的指称实体时，92%的"一轻读"量名成分和量名成分都是指称有生命的、在话语中凸显度高的且主题比较重要的事物（孙朝奋，1994），如图 5.4 中的小猴子和小鸭子。97%的光杆名词则用来指称无生命的、在话语中凸显度较低、作为背景信息的事物，如图 5.4 中的河流和香蕉。

二语学习者在向话语中引入新的指称实体时，使用最多的形式为"一轻读"量名成分，占 71%（289/408），其次是光杆名词，占 20%（82/408）。量名成分的使用较少，占 9%（37/408）。曼-惠特尼检验（Mann-Whitney test）显示，汉语母语者和二语学习者在上述三类名词性成分的频数上都存在显著差异（$Z_{量名成分} = 2.871$，$p < 0.001$；$Z_{光杆名词} = 1.525$，$p < 0.01$；$Z_{"一轻读"量名成分} = 3.744$，$p < 0.001$）。和汉语母语者一样，二语学习者也没有使用任何代词、指量名成分和空成分向话语中引入新的指称实体。二语学习者使用的不定指名词性成分的实例见（11）。

（11）a. 河流里有一些香蕉。有一只猴子想抓住香蕉，结果掉进了水里面。一只小鸭子赶紧跑过来救他……

b. 猴子在捡香蕉，鸭子在旁边看着……

c. 一只猴子捞香蕉的时候掉进了河里，有只鸭子看见了……

再看各类不定指名词性成分做句子主语的频数和百分比（表 5.6）。总体上，汉语母语者极少使用不定指名词性成分做主语，做主语的不定指名词性成分仅占全部不定指成分总数的 8%（27/360）。其中，量名成分完全没有出现在主语位置。做主语的不定指光杆名词占全部不定指光杆名词的 11%

（15/136），而做主语的"一$_{轻读}$"量名成分占全部"一$_{轻读}$"量名成分的 15%（12/78）。尽管二语学习者也没有出现使用量名成分做主语的偏误，但他们用来做主语的不定指光杆名词占该类别总数的 37%（30/82），与汉语母语者之间存在显著差异（$Z = 2.697$，$p < 0.001$）。二语学习者用作主语的"一$_{轻读}$"量名成分更多，占该类别总数的 43%（123/289），同样与汉语母语者之间存在显著差异（$Z = 4.520$，$p < 0.001$）。

表 5.6　各类不定指名词性成分做主语的频数和百分比

名词性成分形式		汉语母语者（$n = 30$）	二语学习者（$n = 34$）
量名成分	频数（总数）/例	0（146）	0（37）
	百分比/%	0	0
光杆名词	频数（总数）/例	15（136）	30（82）
	百分比/%	11	37
"一$_{轻读}$"量名成分	频数（总数）/例	12（78）	123（289）
	百分比/%	15	43
总计	频数（总数）/例	27（360）	153（408）
	百分比/%	8	38

下面来看被试在重新提及已知指称实体时使用的名词性成分形式的频数和百分比（表 5.7）。汉语母语者使用最多的形式为光杆名词，占 40%（143/360），其次是代词和指量名成分，分别占 27%（97/360）和 20%（73/360）。此外，还有少量的空成分，占 13%（47/360）。汉语母语者没有使用"一$_{轻读}$"量名成分表达已知指称实体的情况。他们所用的各类名词性成分的实例见（12）。

表 5.7　被试在重新提及已知指称实体时使用的名词性成分形式的频数和百分比

名词性成分形式		汉语母语者（$n = 30$）	二语学习者（$n = 34$）
代词	频数/例	97	124
	百分比/%	27	30
指量名成分	频数/例	73	164
	百分比/%	20	40

续表

名词性成分形式		汉语母语者（$n=30$）	二语学习者（$n=34$）
空成分	频数/例	47	14
	百分比/%	13	3
光杆名词	频数/例	143	48
	百分比/%	40	12
"一轻读"量名成分	频数/例	0	58
	百分比/%	0	14

（12）a. ……小鸭子看见小猴子掉进了水里，赶忙跳下去救
他……

b. ……在河岸上玩耍的那只小鸭子赶忙下去营救 e ……

c. ……他刚要伸手去捞香蕉，就一不小心掉进了河里，好
在小鸭子会游泳……

　　二语学习者用于回指已知指称实体最多的名词性成分形式是指量名成分，占 40%（164/408），其次是代词，占 30%（124/408）。其余的是"一轻读"量名成分和光杆名词，分别占 14%（58/408）和 12%（48/408）。空成分的使用最少，仅占 3%（14/408）。除代词（$Z_{代词} = 1.202$，$p > 0.05$）外，二语学习者与汉语母语者在其他各类定指名词性成分的频数上均存在显著差异（$Z_{指量名成分} = 3.443$，$p < 0.001$；$Z_{"一轻读"量名成分} = 2.103$，$p < 0.001$；$Z_{光杆名词} = 3.715$，$p < 0.001$；$Z_{空成分} = 1.988$，$p < 0.001$）。二语学习者使用的各类定指名词性成分的实例见（13）。

（13）a. ……那只鸭子赶快游到河里去救那只猴子……

b. 有一只猴子正在找东西吃，不小心他掉进了一条河
里……

c. 一个猴子抓香蕉，一个鸭看着他。结果一个猴子掉进了
河里，一个鸭去救他……

d. 有个猴子在捞水里面的香蕉，不小心 e 掉进了水里面……

再看各类定指名词性成分做主语的频数和百分比（表 5.8）。汉语母语者的全部定指名词性成分中做主语的占 63%（226/360）。其中，做主语的代词、指量名成分、空成分和光杆名词分别占各自类别总数的 66%（64/97）、63%（46/73）、72%（34/47）和 57%（82/143）。二语学习者的全部定指名词性成分中做主语的占 59%（240/408）。其中，做主语的代词和指量名成分分别占各自类别总数的 62%（77/124）和 64%（105/164），与汉语母语者没有显著差异（$Z_{代词}$ = 0.891，$p > 0.05$；$Z_{指量名成分}$ = 1.724，$p > 0.05$）。做主语的空成分、光杆名词以及"一$_{轻读}$"量名成分分别占各自类别总数的 100%（14/14）、40%（19/48）和 43%（25/58），与汉语母语者之间均存在显著或非常显著差异（$Z_{空成分}$ = 2.637，$p < 0.001$；$Z_{光杆名词}$ = 2.425，$p < 0.001$；$Z_{"一_{轻读}"量名成分}$ = 1.996，$p < 0.01$）。

表 5.8　各类定指名词性成分做主语的频数和百分比

名词性成分形式		汉语母语者（$n = 30$）	二语学习者（$n = 34$）
代词	频数（总数）/例	64（97）	77（124）
	百分比/%	66	62
指量名成分	频数（总数）/例	46（73）	105（164）
	百分比/%	63	64
空成分	频数（总数）/例	34（47）	14（14）
	百分比/%	72	100
光杆名词	频数（总数）/例	82（143）	19（48）
	百分比/%	57	40
"一$_{轻读}$"量名成分	频数（总数）/例	—	25（58）
	百分比/%	—	43
总计	频数（总数）/例	226（360）	240（408）
	百分比/%	63	59

5.2.3.2　被试对各类测试句的判断

在语法判断任务中，被试将测试句评定为"完全不能接受"计 1 分，"基本可以接受"计 2 分，以此类推，评定为"完全可以接受"得 5 分。我们计算各类测试句被试的平均分和标准差，然后用威尔科克森检验（Wilcoxon test）比较二语学习者与汉语母语者之间是否存在统计学意义上的差异，结果见表 5.9。

表 5.9　被试判断的各类测试句的可接受程度

代码	类型	汉语母语者		二语学习者	
		平均分	标准差	平均分	标准差
1A	代词，主语	5.00	0.00	5.00	0.00
1B	代词，存在动词宾语	1.03	0.10	1.02	0.10
2A	专有名词，主语	5.00	0.00	5.00	0.00
2B	专有名词，存在动词宾语	1.07	0.14	1.06	0.15
3A	指量名成分，主语	5.00	0.00	5.00	0.00
3B	指量名成分，存在动词宾语	1.09	0.17	1.09	0.22
4A	空成分，主语	5.00	0.00	1.80**	1.08
4B	空成分，存在动词宾语	1.12	0.22	1.09	0.19
5A	定指光杆名词，主语	4.47	0.62	3.37**	1.60
5B	定指光杆名词，存在动词宾语	1.24	0.24	1.16	0.77
6A	定指数量名成分，主语	4.89	0.20	3.40**	1.07
6B	定指数量名成分，存在动词宾语	1.14	0.35	1.15	0.32
7A	不定指光杆名词，主语	4.89	0.25	3.81**	1.11
7B	不定指光杆名词，存在动词宾语	1.09	0.14	1.04	0.31
8A	不定指数量名成分，主语	4.90	0.16	4.83	0.29
8B	不定指数量名成分，存在动词宾语	2.43	0.77	4.57**	2.35
9A	"一轻读"量名成分，主语	4.78	0.32	4.89	0.27
9B	"一轻读"量名成分，存在动词宾语	2.18	0.86	4.71**	0.88
10A	量名成分，主语	5.00	0.00	2.80**	1.29
10B	量名成分，存在动词宾语	1.00	0.00	1.00	0.00

注：**表示威尔科克森检验显示二语学习者与汉语母语者的差异非常显著（$p < 0.001$）。

　　测试结果说明，二语学习者对包含代词、专有名词和指量名成分的测试句的判断，与汉语母语者之间没有差异。但是他们对包含光杆名词、空成分以及量名成分的测试句的判断，与汉语母语者之间则有显著差异。虽然二语学习者和汉语母语者一致认为当定指光杆名词或空成分做存在动词的宾语时，以及不定指光杆名词或量名成分做主语时，句子的接受程度很低，但他们对定指光杆名词或空成分做主语，以及不定指光杆名词或量名成分做宾语的测试句的接受程度明显低于汉语母语者，而且被试间的个体差异（标准差）也比汉语母语者的更大。对于包含空成分和量名成分的测试句，二语学习者的接受程度都非常低（平均分小于 2），而不论这些成分出现在什么句法位置。此外，二语学习者对于定指数量名成分做主语的测试句的接受程度也显著低于汉语母语者，个体差异也更大；然而，他们对于不定指数量名成分和"一_{轻读}"量名成分做主语的测试句的接受程度则显著高于汉语母语者。

本研究发现，二语学习者只掌握了一部分名词性成分形式与已知信息/新信息之间的对应关系。在他们讲述的故事中，代词和指量名成分仅被用于已知指称实体，而从不用于向话语中引入新的指称实体，这说明二语学习者已经认识到代词和指量名成分只能用于定指，以表达已知信息。然而，二语学习者在表达已知指称实体时，除了使用代词、指量名成分等形式外，还使用了汉语母语者没有使用的"一_{轻读}"量名成分，这说明他们没有习得"一_{轻读}"量名成分为不定指、只能表达新信息的知识。这可能是因为在该阶段二语学习者还没有掌握"一"和其他数词在指称性质上的区别。在汉语中，数量（名）成分既可以定指，也可以不定指。因此，二语学习者可能误认为"一_{轻读}"量名成分同样可以定指。此外，二语学习者在使用各类名词性成分形式的频数上与汉语母语者之间也有一定差异。汉语母语者在向话语中引入新的指称实体时，特别是在提及那些无生命的、话题凸显程度不高的事物时，以及在提及已知指称实体时，都较多地使用了光杆名词；二语学习者在将新的指称实体引入话语时主要采用的是"一_{轻读}"量名成分，在提及已知指称实体时则更多地使用指量名成分和代词。他们较少使用光杆名词、空成分和量名成分。在语法判断中，二语学习者对于包含代词、专有名词和指量名成分的测试句的接受程度基本与汉语母语者相同；对于包含光杆名词、空成分和量名成分的测试句，即使合乎语法，接受程度都明显低于汉语母语者。相比于汉语母语者，二语学习者对定指数量名成分做主语的测试句的接受程度也明显更低，但他们对不定指数量名成分和"一_{轻读}"量名成分做主语的测试句的接受程度则高于汉语母语者。

二语学习者较少使用空成分指称已知指称实体，这与曹秀玲（2000）以及徐开妍和肖奚强（2008）的研究结果一致。但与徐开妍和肖奚强（2008）的发现不同的是，本研究中的二语学习者并没有大量使用代词来表达已知指称实体，而是更多地使用指量名成分。在表达新的指称实体时，二语学习者与汉语母语者相比更倾向于使用更多的"一轻读"量名成分。不仅如此，他们还把"一轻读"量名成分用于已知指称实体。这一发现与陈晨（2005）的研究结果基本一致，而与高玮（2014）的研究结果不同。高玮（2014）发现，留学生即使在指称主题凸显度较高的事物时也很少使用数量词，而是更多地使用光杆名词。本研究中的二语学习者不仅在指称主题凸显度较高的事物时使用大量的"一轻读"量名成分，在指称作为背景、话题性弱的事物时，他们也倾向于使用"一轻读"量名成分。在后一种情境下，汉语母语者则一般使用光杆名词。这种差异可能是因为高玮（2014）以韩国学生为主要研究对象，而在韩语中，名词性成分同样能以光杆形式出现。本研究的被试为英语母语者，英语不允许单数可数名词以光杆的形式出现。

研究还发现，汉语表达已知信息/新信息的句法手段，特别是主语定指限制，对以英语为母语的学习者而言同样较难。他们在讲述故事时，许多表达新的指称实体的不定指名词性成分出现在句子的主语位置，与汉语母语者的表现存在显著差异。在语法判断中，二语学习者对于"一轻读"量名成分和不定指数量名成分做主语的测试句的接受程度也明显高于汉语母语者。作为成人，二语学习者的认知水平较高，二语习得也不像母语习得一样经历明显的独词句、双词句、电报句等阶段。因此，二语学习者和儿童母语者都在习得已知信息/新信息表达的句法机制时表现出困难，这说明这些知识的接口性质难以习得。接口假说认为，属于纯句法知识和内部接口（如句法-语义接口）的知识能较早被母语者习得，二语学习者也可以达到近似母语者的水平。然而，在外部接口（如句法-语用接口）方面，母语者较晚习得，而二语学习者也可能永久存在缺陷（White，2009；Sorace，2011）。近年来有关以汉语为母语的学习者使用英语冠词的研究（如 Ionin，2003；常辉和赵勇，2014；邵士洋和吴庄，2017 等）表明，即使高水平的中国学生在学习英语冠词的定指和不定指特征时也有相当大的困难。句法-语用接口知识之所以难以习得，是因为涉及语法和语用两大模块之间的互动（Sorace，2011）。已知信息/新信息的表达一方面需要说话人对交际双方共有的知识做出准确判断，另一方面又要通过词汇和句法机制对未知和已知信息进行编码，需要整合不同模块的信息，因此是语言习得的难点。

5.3　小　　结

本章考察了汉语儿童对内部修饰成分和外部修饰成分在指称特征方面差异的认识。研究发现，尽管汉语儿童在 3 岁左右就能在讲述故事时使用包含数量词和修饰语的复杂名词性成分，但他们此时还没有习得外部修饰成分不允许非特指解读这一知识。复杂名词性成分中修饰语的位置作为汉语表达指称维度的已知信息/新信息的机制到 5 岁时才被儿童掌握，这可能是由于复杂名词性成分句法推导的复杂性以及语言输入的双重影响。本章对以英语为母语的二语学习者的研究表明，中级和高级的二语学习者也只掌握了一部分名词性成分形式与已知信息/新信息之间的对应关系。这说明语法-语用接口的复杂性，而非认知水平的局限，是造成信息的句法表征机制习得较迟缓的主要原因。

第 6 章

汉语排他性焦点小品词的习得

焦点是指句子中提供新信息、不可推导信息或对比信息的部分。自然表达焦点的方式有很多，如重音、分裂句等特殊句式以及焦点小品词。本章考察汉语儿童对排他性焦点小品词的习得。前人研究表明，儿童在理解排他性焦点小品词位于主语之前的句子时，倾向于把焦点小品词与句子的谓语而不是主语相关联。也就是说，他们倾向于把"只有小兔子吃了苹果"的句子理解为"小兔子只吃了苹果"。不仅如此，他们还倾向于把"只"位于动词短语前的句子理解为与整个动词短语相关联，而不是仅与宾语相关联。也就是说，他们更倾向于把"小兔子只吃了苹果"理解为"小兔子只吃了苹果，没有做其他的事情"，而不是像成人一样倾向于理解为"小兔子只吃了苹果，没有吃别的东西（但可能做了其他的事情）"。儿童在理解排他性焦点小品词时与成人不同的表现在前人的研究中已经得到反复证实（Yang，1999；杨小璐，2002；Zhou & Crain，2010 等），在这里我们不再讨论。本章主要考察前人研究中存在争议的问题，即"是"的排他性，以及前人尚未探讨过的问题，如"只"与双宾/与格结构中成分的关联的问题。

6.1 "是"的焦点解读与确认解读

关于"是"是否属于排他性焦点小品词，理论语言学文献中有不同的观点。Teng（1979）最早将其视作焦点标记（focus marker），认为其作用是

标记焦点的位置。持类似观点的还有 Huang（1982）、Cheng（1983）、Chiu
（1993）、Shi（1994）、Lee（2005）以及 Huang 等（2009）。然而，黄正德
（1988）则把"是"分析为助动词，把"是……的"看作汉语中的准分裂结
构。在第一语言习得研究中，Zhou 和 Crain（2010）接受了前一种观点，
将"是"作为汉语中相当于"只"的排他性焦点小品词。该研究发现，儿
童对于两者的理解并无不同。然而，Yang 和 Liu（2017）、Liu 和 Yang
（2017）则采取了后一种观点，认为"是"的排他性与"只"的排他性本质
不同，前者的排他性不是关键信息（non-at-issue），不是针对当下讨论的问
题而言的，而后者的排他性是关键信息（at-issue）。对于"只"的排他性可
以直接给出肯定和否定，如（1）所示，而对于"是"的排他性则不可以，
如（2）所示。

（1）A：只有张三迟到了。

　　B：不对，李四也迟到了。

　　B：#对，但是李四也迟到了。

（2）A：是张三迟到的。

　　B：对，但李四也迟到了。

　　B：? 不对，李四也迟到的。

Yang 和 Liu（2017）、Liu 和 Yang（2017）的研究发现，不管是儿童还是
成人，对于"只"的排他性要求都比"是……的"要高。比如，在张三和李
四都迟到了的情况下，儿童和成人都完全拒绝（1）A，但有一部分人接受
（2）A。因此，研究者认为，"是……的"的排他性不是断言或真值条件的一
部分，而是句子的预设。在预设没有得到满足的情况下，句子只是不恰当，
而并非为假，因此一部分人仍然可以接受。换言之，"只"和"是"的性质
并不相同。

我们认为，Yang 和 Liu（2017）、Liu 和 Yang（2017）的结果与 Zhou 和
Crain（2010）不同，还存在另一种可能的原因："是"仍然是一个排他性焦点
小品词，但同时它还有另一个用法与排他性无关（下文称为"确认解读"）。成

人和儿童不坚持对包含"是"的句子作排他性解读是因为他们采用了"是"的"确认解读"。请看（3）中的句子①：

（3）兔子是吃了萝卜。
　　a. 兔子的确吃了萝卜。
　　b. 兔子吃的是萝卜，不是别的东西。

（3）既可以理解为（3）a，其中"是"表达对"兔子吃了萝卜"这一命题的确认（assertion）（确认解读）；也可以理解为（3）b，即"是"作为排他性焦点小品词的用法（焦点解读）。确认解读和焦点解读的主要区别在于后者具有排他性，而前者不具有（Shyu，2014）。如果事实上除了萝卜，兔子还吃了香蕉，那么（3）在取确认解读时为真，而在取焦点解读时为假。因此，如果成人和儿童对（3）取确认解读，那么他们的表现就会和 Yang 和 Liu（2017）、Liu 和 Yang（2017）所报道的一致。因此，我们需要考察儿童和成人是否能区分"是"的确认解读和焦点解读。

本研究的第二个动因涉及"是"的两种解读之间的关系。在语言习得过程中，当一个句子允许两种语义解读，且这两种解读之间存在单向的蕴涵关系时，儿童就面临语义的可学性难题（Crain & Thornton，1998）。（3）的焦点解读单向地蕴涵确认解读：如果（3）b 为真，那么（3）a 也为真；反之则不然，（3）a 为真，并不保证（3）b 一定为真。换言之，（3）b 和（3）a 两种解读的真值条件构成子集-母集（subset-superset）关系。当儿童听到（3）时，如果先假定其只有确认解读（母集），那么在缺乏负面证据②的情况下，他们不可能通过语言输入掌握（3）的焦点解读（子集）。所有让焦点解读成立的情境都

---

① 黄正德（1988）指出，分裂句中的"是"通常与"的"共现，称为"是……的"结构。文献中对"是……的"有许多讨论，如 Xu（2004）、Cheng（2008）等。文献中一般并不区分"是……的"结构和只有"是"的结构，但 Paul 和 Whitman（2008）指出，这两种结构本质上并不相同。因此，本研究暂不涉及对"是……的"结构的讨论。

② 负面证据是指语言输入中说明某种结构不符合语法或某种解读不成立的信息。一般认为，在语言习得过程中儿童并不能得到系统、有效的负面证据（Lust，2006）。正面证据则是指语言输入中实际出现的语言结构或某种结构的语义解读。

能使确认解读成立，因此儿童无法意识到成人使用（3）时表达的究竟是焦点解读还是确认解读。这一问题在文献中被称为"语义子集难题"（semantic subset problem）（Crain et al.，1994）。为了解决这一问题，Crain 及其合作者（Crain et al.，1994；Crain & Thornton，1998；Notley et al.，2012；Notley et al.，2016）提出，人类的语言习得机制中存在语义子集原则[①]，引导儿童首先把同时允许子集解读和母集解读的歧义句假定为只有子集解读，然后通过输入中的正面证据来学习其母集解读。比如，儿童听到（3）时，首先假定其焦点解读，即表达"兔子吃的是萝卜，不是别的东西"，在后续的语言学习中，他们听到成人在"兔子的确吃了萝卜，但还吃了别的东西"的情境中也使用（3），就会认识到该句还允许确认解读。近年的语言习得研究表明，语义子集原则对儿童在焦点、量词辖域等方面的表现有较强的解释力（Gualmini，2004；Gualmini & Crain，2005；Musolino & Lidz，2006；Notley et al.，2012；Notley et al.，2016）。然而，文献中对于语义子集原则也有一些质疑。理论上，儿童需要首先意识到，某一个句子存在歧义，并且不同意义之间存在单向蕴涵关系时，才能应用语义子集原则。也就是说，儿童对该原则的使用需要依赖他们尚未掌握的知识（Musolino，2006）。对于语义子集原则更大的挑战来自那些与其预测不一致的事实：在很多情况下，儿童在习得具有语义子集问题的句子时，首先掌握的并非子集解读，反而是母集解读（Musolino，1998；Hulsey et al.，2004；Gualmini et al.，2008 等，也见韩巍峰，2016 的综述）。因此，对于儿童究竟是否面临语义子集难题，以及在习得具有子集-母集关系的语义解读时是否表现出子集优先等问题，仍值得做进一步的探究。更为重要的是，如果儿童在语义习得中表现出子集优先，是否实际上反映的是他们的句法知识与成人语法之间的差异？这些问题亟须回答。因此，本研究具体探讨以下问题。

[①] 由于语义子集原则被认为过于强大而对语言习得的预测不够准确，Notely 等（2012）和 Notely 等（2016）提出了一个比语义子集原则稍弱的"语义子集准则"（semantic subset maxim），并指出儿童在子集解读和母集解读中会优先考虑子集解读，但并非完全排除母集解读。因此，儿童倾向于采用子集解读作为一种学习策略，而不是语言习得的机制。

第一，"是"的焦点意义是否具有强排他性？

第二，汉语儿童能否区分"是"的确认意义和焦点意义？

6.1.1 "是"的句法和语义

作为汉语中的高频词，"是"一直是语法学界研究的焦点。已有研究基本关注"是"在两种结构中的用法：判断句和分裂句。在判断句中，"是"作为系词的用法如（4）中的例句所示。本研究暂不涉及对判断句的讨论，我们关心的是"是"在分裂句中的用法，如（5）：

（4）a. 张三是我的老师。

  b. 张三是老师。

（5）a. 是兔子吃了萝卜。

  b. 兔子是吃了萝卜。

Teng（1979）把（5）中各句子中的"是"看作焦点标记，位于焦点之前，使句子转变为分裂句。但这种分析的问题是：第一，忽略了"是"本身的动词性质，如它可以被否定，见（6），也可以通过"V 不 V"提问，见（7）；第二，不能解释为什么当宾语作为焦点时，"是"不能插在焦点之前，见（8）。

（6）a. 不是兔子吃了萝卜。

  b. 兔子不是吃了萝卜。

（7）a. 是不是兔子吃了萝卜？

  b. 兔子是不是吃了萝卜？

（8）*兔子吃了是萝卜。

对此，黄正德（1988）提出，"是"应该被分析为一个可以允许主语提升的助动词，以整个句子作为补足语，但标志语位置为空。也就是说，（3）的深层结构可表示为（9）：

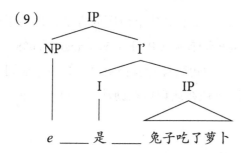

（9）

e ____ 是 ____ 兔子吃了萝卜

这种分析既尊重了"是"固有的动词属性，又很好地解释了其分布：如果"兔子"未从较低的 IP 提升至较高的 IP 的标志语位置，则得到（5）a；如果发生主语提升，则得到（5）b（＝（3））。但上述分析的问题在于不能解释（3）的歧义。黄正德（1988）注意到（3）的语义与英语中的（10）相当，他试图以此说明把"是"分析为助动词是正确的。但问题在于（3）仅在确认解读上与（10）相当，而就其焦点解读而言，英语中与（3）相当的是分裂句（11）a 或准分裂句（11）b。

（10）The rabbit did eat an apple.

（11）a. It was an apple that the rabbit ate.

b. What the rabbit ate was an apple.

我们认为（3）的两种解读不能做统一的分析。首先，如上文所述，从真值条件来看，（3）的确认解读和焦点解读并不相同。设想在兔子既吃了萝卜又吃了香蕉的情境中，如果取确认解读，（3）为真；如果取焦点解读，（3）为假。也就是说，只有焦点解读具有排他性，在语义上更强，蕴涵确认解读。

（3）的歧义也可以通过否定句来表现。如果是对确认解读的否定，用"没"，如（12）a，"是"不能保留；如果是对焦点解读的否定，则用"不"，如（12）b，"是"保留。

（12）a. 兔子（并）没有吃萝卜。

b. 兔子不是吃了萝卜（，而是吃了香蕉）。

如果用"V 不 V"提问，如（7）b，句子只有确认解读。也就是说，只要兔子吃了萝卜，无论它是否还吃了别的东西，对（7）b 的回答都是肯定的。

已有研究表明，确认解读中的"是"表示对整个命题的肯定，作用于整个句子；焦点解读中的"是"仅与动词短语有关（Paul & Whitman，2008；Shyu，2014）。依此，确认解读中的"是"的句法位置应该更高。这一直觉可以得到以下语言事实的支持，即当"是"出现在认识情态助动词"可能"的前面或后面时，其语义解读是不同的。

（13）a. 兔子是可能吃了萝卜。

b. 兔子可能是吃了萝卜。

黄正德（1988）注意到"是"与"可能"共现，但他没有注意到的是（13）a 仅允许确认解读，即对"兔子可能吃了萝卜"的可能性作确认；（13）b 则只允许焦点解读，即推测兔子吃的是萝卜，而不是别的东西①。这说明，确认解读的"是"高于认识情态助动词"可能"所处的句法位置，而焦点解读的"是"则低于"可能"所处的句法位置。此外，取确认解读的"是"字句允准其确认命题移位到句首，形成"是……的"结构的分裂句，如（14）a；但取焦点解读的"是"字句则只能派生"的……是"结构的准分裂句，如（14）b。

（14）a. 兔子吃了萝卜是可能的。

b. 兔子可能吃了的是萝卜。

进一步观察发现，当句子中有"可能"一词时，两个"是"还可以共现，如（15）。在这种情境下，说话人用（15）表达"兔子的确可能吃的是萝卜，而不是其他东西"。依此，我们认为表确认和焦点的动词"是"位于不同的句法位置，具有不同的语义辖域，分别标注为确认解读和焦点解读。我们赞同黄正德（1988）关于"是"助动词属性的观点，认为助动词是"辅助性的动词"②。（15）的句法结构如（16）所示。

（15）兔子是可能是吃了萝卜。

---

① 在（13）b 中，"是"不能表示确认可以从语义上解释，如果"是"是对"兔子吃了萝卜"的肯定，那么表示"不完全肯定"的"可能"在语义上就与之相冲突。

② 最早提出助动词是"辅助性的动词"的是吕叔湘（1979）。

（16）

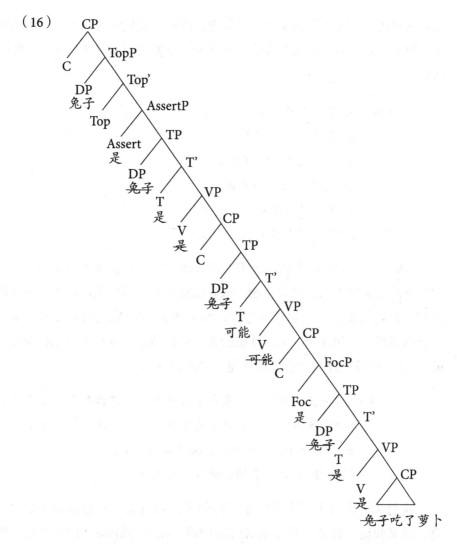

在（15）中，情态词可以作为"是"语义类型的标记，出现在情态词之前的"是"取确认解读，出现在情态词之后的"是"取焦点解读。确认解读的"是"出现在正反问句时还可以带上焦点解读的"是"字句做补足语，如（17）：

（17）a. 是不是是兔子吃了萝卜？

b. 兔子是不是是吃了萝卜？

（17）a 表达的是对焦点"兔子"吃了萝卜的事件的确认提问，而（17）b

则表达对焦点"萝卜"被兔子吃了的确认提问。我们认为,焦点解读和确认解读的两个"是"和"可能"都是提升动词,依此可以解释(18)中几种句式之间的派生关系。

(18) a. 是兔子吃了萝卜。

　　 b. 兔子是吃了萝卜。

　　 c. 可能兔子是吃了萝卜。

　　 d. 兔子可能是吃了萝卜。

　　 e. 兔子是可能是吃了萝卜。

　　 f. *是兔子可能是吃了萝卜。

(18) a~(18) e 表明两个不同解读的"是"先后进入句法的合并操作,并将补足语子句主语提升为话题。取确认解读的"是"强制要求子句主语提升到句首充当话题,否则句子不合法,如(18)f;但取焦点解读的"是"则不需要强制提升子句主语。值得注意的是,认识情态助动词可以直接带焦点解读的"是",而道义和动力情态词不能,如(19):

(19) a. *兔子不应该是吃农户家的萝卜。("应该"表道义情态)

　　 b. *兔子不肯是吃农户家的萝卜。("肯"表动力情态)

　　 c. 兔子可能/应该是吃了农户家的萝卜。

　　 ("可能/应该"表推测的认识情态)

我们认为这与不同类型情态词的句法限制有关。根据胡波(2015)的研究,道义和动力情态词带非定式时态短语(tense phrase,TP)子句,因此不允准标句词短语(complementizer phrase,CP)投射的"是"字句;认识情态助动词"可能、应该"则带定式 CP 子句,所以允准焦点解读的"是"子句。

"是"的两种解读在音系上也有所反映。如果取确认解读,重音应该在"是"上,如(20)a;取焦点解读时,重音应该在焦点成分"萝卜"上,如(20)b。

(20) a. 兔子是吃了萝卜。

　　 b. 兔子是吃了萝卜。

综上，（3）的歧义在句法上表现为"是"不同的句法投射。取确认解读的
"是"句法位置较高，位于认知情态助动词之上；取焦点解读的"是"位于认
知情态助动词之下，但高于句子的 TP 投射。因此，TP 中的所有句法成分都
在焦点"是"的语义辖域之内，可以被焦点化。两者的差异见（21）和（22）
中的树形图。

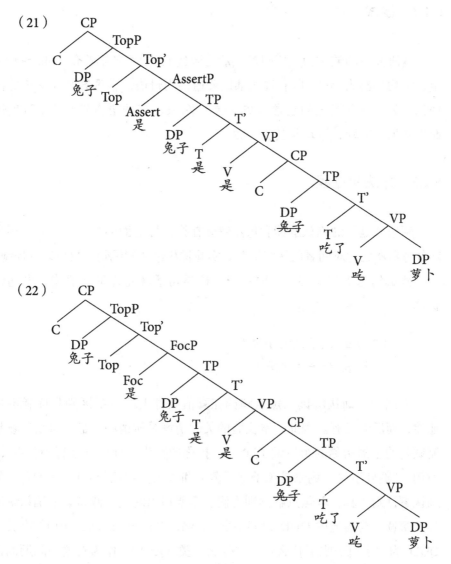

（21）

（22）

从语言加工的角度来看，如果听话人对（3）取确认解读，那么他实际上

把该句分析为（21）中的结构；如果取焦点解读，则将其分析为（22）中的结构。儿童语法中是否一开始就具有成人语法中的全部功能投射目前还是一个有争议的课题。接下来我们将通过实验考察（3）的两种结构对于汉语儿童而言是否都是可及的。

6.1.2　被试

本研究中的被试为从广州市某幼儿园选取的 56 名年龄介于 4;2～4;11 的儿童，平均年龄为 4;7。所有被试都以普通话为母语。根据教师和家长的报告，他们均处于该年龄段的正常认知发展水平。60 名非语言专业的本科生作为对照组参加了实验，平均年龄为 19;7。

6.1.3　方法和过程

利用"是"的确认解读和焦点解读在排他性方面的差异，我们采用真值判断任务考察儿童对两者的认知情况。实验材料包括测试句、故事以及控制句。

测试句为类似（23）a 的句子。这类句子既允许确认解读，也允许焦点解读。

（23）a. 兔子是吃了萝卜。

　　　 b. 兔子吃了萝卜。

测试句的确认解读和焦点解读在真值条件上的主要区别是前者不具有排他性，而后者具有。因此，本实验的关键情境是所谓的"额外事物"场景，即测试句的主语指称的个体做了除 VP 指称的行为之外的其他行为。以（23）a 为例，"额外事物"场景是兔子吃了萝卜和香蕉。在该场景中，（23）a 如果取确认解读则为真，取焦点解读则为假。需要指出的是，测试句取确认解读还是焦点解读，与语境中 QUD（Roberts，1996；Simons et al.，2010）有关。如果QUD 为"小兔子吃了什么？"（"什么"类 QUD），作为对这一问题的回答，成人应该更容易在上述"额外事物"场景中将（23）a 判断为"假"［即得到

（23）a 的焦点解读〕。或者说，"什么"类 QUD 更容易触发排他性。相反，如果 QUD 为"小兔子有没有吃萝卜？"（"是否"类 QUD），则成人在"额外事物"场景中也会把（23）a 判断为正确（即得到确认解读）。利用这一点，本研究为测试句的焦点解读和确认解读分别设计了两类故事（以下称为 A 类和 B 类）。（24）和（25）中的故事分别是为（23）a 的焦点解读和确认解读提供的情境。

（24）兔子因为早上劳动很辛苦，非常饿，所以早早来到餐厅吃饭。餐厅供应了许多种水果蔬菜，有萝卜、香蕉等。兔子首先吃了他最喜爱的萝卜，可是还没有吃饱，因此又吃了一根香蕉。吃完萝卜和香蕉之后，他觉得非常满足，开心极了。他离开餐厅的时候，碰到小熊和小猪走进来，他们看到兔子那么高兴，就在想兔子一定是吃了非常好吃的东西。小熊说："兔子肯定吃了萝卜，大家都知道他最喜欢萝卜了。"小猪说："香蕉更加美味，他一定是吃了香蕉。"小熊说："兔子怎么会吃香蕉？他肯定吃的萝卜。"小猪说："你看，地上还有香蕉皮呢，兔子肯定吃了香蕉。"于是他们问长颈鹿（由助理操控的手偶）："你说说，兔子到底吃了什么呢？"这时，长颈鹿回答测试句（23）a 或控制句（23）b。

（25）兔子因为早上劳动很辛苦，非常饿，所以早早来到餐厅吃饭。餐厅供应了许多种水果蔬菜，有萝卜、香蕉等。兔子首先吃了他最喜爱的萝卜，可是还没有吃饱，因此又吃了一根香蕉。吃完萝卜和香蕉之后，他觉得非常满足，开心极了。他离开餐厅之后，小熊和小猪也来吃饭，小猪想吃萝卜。可是餐厅已经没有萝卜了。小猪很沮丧，说："兔子肯定把萝卜吃掉了，大家都知道他最喜欢萝卜了。"小熊说："你看，地上有香蕉皮，兔子应该吃了香蕉，也许餐厅今天没有供应萝卜。"小猪说："餐厅每天都有萝卜，萝卜肯定是被兔子吃了。"小熊说："兔子怎么可能吃那么多，他一般只吃一种食物，吃了香蕉就不会吃萝卜了。"于是他们问长颈鹿："你说说，兔子到底有没有吃萝卜啊？"这时，长颈鹿回答测试句（23）a 或控制句（23）b。

故事结束后，研究者问被试长颈鹿说得是否正确。如果被试在故事（24）的情境中对（23）a 取焦点解读，而在（25）的情境中对（23）a 取确认解读，则会在前一情境中回答"不对"，而在后一情境中回答"对"；如果被试在两种情境中都对（23）a 取焦点解读，则都会回答"不对"；反之，如果都取确认解读，则都会回答"对"①。

为了平衡实验设计的期望答案中"对"和"不对"的数量，实验设计还包括 C 类和 D 类故事。仍以（23）a 为例，C 类故事的 QUD 与（24）一致，也是"小兔子吃了什么"，但故事提供的事实是小兔子只吃了萝卜。在该情境下，不管被试对（23）a 取确认解读还是焦点解读，都应将其判断为"对"。D 类故事的 QUD 与（25）一致，为"小兔子有没有吃萝卜"，但故事提供的事实是小兔子没有吃萝卜，只吃了香蕉。在该情境下，不管被试对（23）a 取何种解读，都应将其判断为"不对"。

需要说明的是，上述设计的假设是被试对 QUD 有足够的敏感性。如果被试对 QUD 不敏感，即使他们得到了测试句的确认解读，也可能基于合作原则的量准则拒绝测试句。量准则要求"（根据对话的实时目的）按需要的信息量做出自己的适当贡献"（Grice，1975：45）。简单来说，在 B 类故事中，即使被试认为逻辑上（23）a 是正确的，但由于没有注意交际中所讨论的问题是"小兔子有没有吃萝卜"，被试因为（23）a 没有穷尽列举兔子吃的东西将其判断为"不对"。换句话说，被试可能因为忽略相关准则，而过于坚持量准则。为了排除这一因素，实验设计中加入了一组控制句，见（23）b。控制句与测试句的唯一区别是前者没有"是"。如果被试基于量准则在（24）和（25）的场景中将（23）a 判断为"不对"，那么他们应该在相同的故事中也拒绝（23）b；相反，如果他们因为"是"的焦点解读在（24）和（25）的场景中将（23）a 判断为"不对"，即基于"是"诱发的排他性，那么在（24）和（25）的场景中他们会将（23）b 判断为正确，因为（23）b 不包含"是"。

为了避免不同类型的 QUD 互相干扰，我们采取了被试间设计，即儿童组

---

① 逻辑上还有第 4 种可能，即被试在（24）的情境中把（23）a 判断为"对"，而在（25）的情境中将其判断为"不对"。但这种表现只能说明被试没有专注于实验任务。

和成人组中一半的被试听 A 类和 C 类故事，另一半的被试则听 B 类和 D 类故事。表 6.1 为实验设计小结。

表 6.1　实验设计小结

项目	情境类型			
	A 类	B 类	C 类	D 类
图示				
QUD 类型	什么	是否	什么	是否
目标解读	焦点解读	确认解读	焦点解读	确认解读
预期成人对测试句的判断	不对	对	对	不对
预期成人对控制句的判断	对/不对	对	对	不对

被试逐个参加实验。被试与由研究助理操控的手偶长颈鹿一起听故事，故事由研究者通过玩具演示，事先录制成视频，以保证每一名被试听到的故事完全相同。被试被告知当故事结束时，故事里的小动物们会问长颈鹿一个问题，长颈鹿会尽力回答（即呈现测试句，通过扬声器播放事先录制的音频）。但因为长颈鹿不够聪明，所以有时候回答正确，有时候也会犯错。因此，需要请被试告诉长颈鹿它的回答正确还是错误，如果回答得不对，还要告诉它为什么不对。这一设计一方面可以直观地反映被试关于测试句的语义知识，并从他们的解释中确定他们作出判断的理由；另一方面，通过让被试认为自己在评判长颈鹿的表现，最大程度地避免了观察者悖论。每名被试判断 4 个测试句和 4 个控制句，分别匹配 2 个故事（A 类和 C 类或 B 类和 D 类），共 16 个故事，共耗时约 30 分钟，分两次完成，中间间隔 10 分钟。

6.1.4 结果与分析

我们统计了具有一致性表现的被试人数（即个体数据）。具体地讲，在同一个实验条件下，如果被试在 4 次尝试（即 4 个测试句/控制句）中有 3 次以上给出了相同的判断，那么他在该实验条件下的表现具有一致性。

先看测试句的情况（表 6.2）。成人和儿童在 C 类和 D 类故事中对测试句的判断完全一致。他们都在 C 类故事中无一例外地接受了测试句，而在 D 类故事中拒绝了测试句。以（23）a 为例，C 类故事提供的场景是小兔子只吃了萝卜，这一场景与确认解读和焦点解读都相符；D 类故事提供的场景是小兔子只吃了香蕉，与确认解读和焦点解读都不相符。成人和儿童在这两个实验条件下的表现只能说明实验任务的可行性，即他们根据故事内容对测试句进行判断，并不能说明他们究竟针对测试句的哪种解读做判断。成人和儿童在 A 类故事中对测试句的判断没有显著差异，当 QUD 为"什么"时，仅有少数成人（13%，4/30）和儿童（4%，1/28）在"额外事物"场景中接受测试句，比如在兔子吃了萝卜和香蕉的情况下将（23）a 判断为真。这说明，在该实验条件下，成人和儿童都可以得到（23）a 表达排他性的焦点解读。然而，在 B 类故事中，成人和儿童的表现就有明显差异。当 QUD 为"是否"时，所有成人一致地在"额外事物"场景中将测试句判断为真，而有 11%（3/28）的儿童有类似表现。比如，在"兔子吃了萝卜和香蕉"的情况下，如果 QUD 是"小兔子有没有吃萝卜"，只有成人倾向于将（23）a 判断为真，而儿童则倾向于将其判断为假。这说明，成人能得到测试句的确认解读，而儿童不能。

表 6.2　在各情境中一致接受测试句的被试人数和百分比

情境类型		成人（n = 30）	儿童（n = 28）
A	人数/人	4	1
	百分比/%	13	4
B	人数/人	30	3
	百分比/%	100	11
C	人数/人	30	28
	百分比/%	100	100

情境类型		成人（n = 30）	儿童（n = 28）
D	人数/人	0	0
	百分比/%	0	0

　　再看控制句的情况（表 6.3）。在 C 类和 D 类故事中，成人和儿童对于控制句的判断完全一致。他们在 C 类故事中接受了控制句，而在 D 类故事中全部拒绝了控制句。在 A 类故事中，成人接受控制句的比例为 40%（12/30），略高于他们在相同情境中接受测试句的比例。儿童在 A 类故事中接受控制句的比例为 68%（19/28），与他们在相同情境中对测试句的判断存在显著差异。在 B 类故事中，所有成人都一致接受了控制句，与他们判断测试句的表现相同。儿童在该条件下的表现与成人类似，高达 93%（26/28）的人接受了控制句，与他们在相同情境下对测试句的判断存在显著差异。

表 6.3　在各情境中一致接受控制句的被试人数和百分比

情境类型		成人（n = 30）	儿童（n = 28）
A	人数/人	12	19
	百分比/%	40	68
B	人数/人	30	26
	百分比/%	100	93
C	人数/人	30	28
	百分比/%	100	100
D	人数/人	0	0
	百分比/%	0	0

　　本研究的第一个目的是考察"是"取焦点解读时是否具有强排他性。在 3.2 节的文献回顾中，我们提到尽管 Zhou 和 Crain（2010）报道称汉语的成人和儿童对"是"的排他性十分敏感，将其视为类似于"只"，但 Yang 和 Liu（2017）、Liu 和 Yang（2017）却发现儿童甚至成人对于"是"的排他性要求并不严格。因此，他们认为，"只"的排他性是属于断言层面的，影响句子的真

值条件，在"额外事物"场景中，有"只"的句子为假；"是"的排他性属于语用层面的预设，只跟句子的合适性条件有关。我们的研究表明，在 Yang 和 Liu（2017）、Liu 和 Yang（2017）的实验中，成人和儿童之所以在"额外事物"场景中仍然接受包含"是"的句子，可能是因为他们得到了"是"的确认解读。在本研究中，我们操控了语境中的 QUD，分别凸显了测试句的焦点解读和确认解读，并发现在"是"的焦点解读语境中成人对排他性十分敏感，这说明"是"作为焦点小品词具有强排他性。但与 Yang 和 Liu（2017）、Liu 和 Yang（2017）的结果相反，在本研究中，儿童不论 QUD 如何，都对"是"的排他性十分敏感。这种差异可能是因为本研究中的测试句只涉及"是"，而 Yang 和 Liu（2017）、Liu 和 Yang（2017）的研究采用了"是……的"结构，两者存在区别（Paul & Whitman，2008）。

本研究的另一个目的是考察汉语儿童在面临语义子集难题时的表现，进而分析他们在句法语义知识方面与成人的差异。实验结果表明，当一个句子存在两种语义解读，且这两种解读在真值条件上形成子集-母集关系时，儿童首先习得的是该句子的子集解读。就（3）中的"是"字句而言，焦点解读的排他性使该解读强于确认解读：所有使（3）的焦点解读为真的情境都能使其确认解读为真，反之则不然。也就是说，焦点解读蕴涵确认解读。基于语义子集原则的预测，在这种情况下，儿童会首先习得"是"的焦点解读（子集）。实验中的儿童在关键情境对测试句的判断支持了这一预测。在小兔子吃了萝卜和香蕉的情境中，成人对测试句的判断与 QUD 有关：当 QUD 为"是否"类问题时，语境偏向于（3）的确认解读，此时成人毫无例外地接受（3）；当 QUD 为"什么"类问题时，语境偏向于（3）的焦点解读，此时成人倾向于将其判断为假。儿童则不然，无论 QUD 是"什么"类问题，还是"是否"类问题，他们都倾向于将（3）判断为假。这说明，成人能得到"是"的确认解读和焦点解读，而儿童仅能得到"是"的焦点解读，认为"是"一定具有排他性。

儿童的表现是否说明他们仅仅是对 QUD 不敏感，而并非没有习得"是"的确认解读呢？从逻辑上看有这种可能，也就是说，儿童可能已经掌握了"是"的确认解读，即"是"不一定有排他性。因为儿童没有掌握合作原则中的相关准则，即"要有关联"（Grice，1975），而过于强调量准则。即不论

QUD 是什么，儿童都认为语用上说话人应该提供尽可能充分的信息。比如，如果兔子事实上吃了萝卜和香蕉，即使 QUD 是"兔子有没有吃萝卜"，儿童都认为说话人应该穷尽地罗列兔子吃了的所有东西，因此认为（3）不对。成人则因为掌握了相关准则，清楚兔子有没有吃香蕉与交谈目的（QUD）无关，因此接受（3）。然而，儿童对于控制句的判断却排除了这种可能性。在"额外事物"场景中，当 QUD 为"是否"类问题时（B 类故事），儿童和成人都明显倾向于接受控制句；当 QUD 为"什么"类问题时（A 类故事），儿童和成人接受控制句的比例都显著较低。这说明儿童对 QUD 表现出敏感性，他们在关键情境（B 类故事）中拒绝测试句是基于"是"的焦点解读。有趣的是，在"额外事物"场景中，当 QUD 为"什么"类问题时（A 类故事），即使对于没有"是"的控制句，也有 60%的成人将其判断为"不对"，而做同样判断的儿童仅为 32%。这说明，儿童不仅不会过于严苛地遵循量准则（即忽视关系准则），反而相比于成人表现出对量准则的不敏感，这与文献中对于"量隐含"（quantity implicature）儿童习得研究的结果相一致。5 岁以前的儿童在理解等级词项时，会倾向于接受其逻辑语义，而忽视其等级含意（Noveck，2001；吴庄和谭娟，2009 等）。

结合儿童在关键情境中对测试句和控制句的判断，我们认为儿童在习得"是"的语义时的确存在子集优先的表现，也就是说，"是"的焦点语义先于其确认语义为儿童所习得。儿童先假设"是"一定有排他性要求，然后他们慢慢发现在成人语言中"是"也被用于不具有排他性的情境，从而认识到类似于（3）这一句子所具有的歧义。本实验的结果同时也支持 Zhou 和 Crain（2010）关于儿童倾向于将"是"与动词短语相关联的结论。儿童不仅像 Zhou 和 Crain（2010）观察到的那样将与主语关联的"是"理解为与动词短语相关联，而且还把与整个句子关联的"是"（确认解读）也理解为与动词短语相关联。汉语儿童在习得"是"的两种解读时表现出的子集优先倾向与文献中关于儿童对量词辖域和焦点结构习得的研究结果一致。比如，英语和汉语儿童在理解全称量词和否定词的辖域关系时，都倾向于把"The strong guy didn't put every elephant on the table."或"不是每个女孩都穿裙子。"解读为语义更强的 every > not，而成人对这些句子的理解只有 not > every（Musolino & Lidz，

2006）。再如，英语儿童在理解"The dinosaur is only painting a house."时，倾向于将其理解为语义更强的"恐龙在做的事情只有刷房子"（only 与 VP 关联），而成人则还允许该句有"恐龙在刷的只有房子"（only 与宾语 NP 关联）（Crain et al.，1994）。综合本实验与上述研究的结果，不同语言的儿童在面临各种范畴的语义子集难题时，表现出很强的一致性，即先习得"子集解读"。

　　儿童的"语义子集优先"倾向是否可以从句法上得到解释呢？根据组合性原则（principle of compositionality），句子的意义由其组成部分的意义及其组成方式决定。在排除词汇歧义的前提下，表面相同的句子之所以有歧义，应该归因于多种句法结构。比如，量词辖域歧义实际上与量词在逻辑式层面的句法表征的不同有关（May，1985）。生成语言学关于句法知识的习得有两种不同的假设：以 Radford（1990）为代表的弱连续性假设（weak continuity hypothesis）认为，儿童语法中仅包含词汇语类，而缺乏成人语言中的功能语类；强连续性假设（strong continuity hypothesis）则认为，儿童语法的初始状态所包含的语言单位、类别、规则和来源，都与成人的心理语法一样（Chomsky，1965；Pinker，1984）。本研究的结果支持弱连续性假设。在第6.1.1 节中，我们论证了"是"的焦点解读和确认解读实际上由不同的句法结构表征：确认解读中的"是"最终处于"确认短语"的中心语位置，以整个 TP 为补足语；焦点解读中的"是"处于 TP 与 VP 之间，其辖域是 VP。因此，表确认的"是"在句法结构上高于表焦点的"是"。儿童能得到（11）的焦点解读，而不能得到其确认解读，这说明儿童该阶段的语法中尚未有确认短语层的投射。

　　本研究采用真值判断任务考察了 4～5 岁汉语儿童对于"是"的理解，发现该年龄段的儿童仅掌握了"是"的焦点用法，而没有习得其确认解读。焦点解读的"排他性"意味着其在真值条件上蕴涵确认解读，因此汉语儿童的表现支持语义子集准则的预测：当一个句子可以表达两种意义，且这两种意义的真值条件存在"子集–母集"关系时，儿童先习得子集意义。我们进而提出，儿童之所以不接受"是"的确认解读是因为其语法中缺少确认短语的投射。

6.2　"只"与双宾/与格结构中成分的关联

当"只"位于动词短语之前时，其所关联的焦点既可以是整个动词短语，也可以是宾语。"只"关联的位置不同，选项集也不同。比如，当（26）中的"只"相关联的焦点是动词短语"吃了蜂蜜"时［26（a）］，句子的选项集是{维尼熊做了蛋糕，维尼熊洗了葡萄，维尼熊烤了面包，……}；当"只"关联的焦点是"蜂蜜"时［26（b）］，句子的选项集是{维尼熊吃了蛋糕，维尼熊吃了葡萄，维尼熊吃了面包，……}。

（26）维尼熊只吃了蜂蜜。

　　a. 维尼熊只[吃了蜂蜜]_F："维尼熊唯一做了的事情是吃蜂蜜"

　　b. 维尼熊只吃了[蜂蜜]_F："维尼熊唯一吃了的东西是蜂蜜"

研究表明，当儿童听到类似（26）这样的歧义句时，倾向于将其理解为"只"与动词短语相关联。在相同情境下，成人则倾向于将其与宾语相关联（Crain et al.，1994；Yang，1999；杨小璐，2002；cf. Paterson et al.，2006）。文献中用语义子集原则解释儿童的上述表现（cf. Musolino，2006）。

然而，当动词短语为双宾结构或与格结构时，"只"位于动词之前就有三种可能的解读，如（27）和（28）：

（27）维尼熊只给了跳跳虎蛋糕。

　　a. 维尼熊只[给了跳跳虎蛋糕]_F：

　　　　"维尼熊唯一做了的事情是给跳跳虎蛋糕"

　　b. 维尼熊只给了[跳跳虎]_F蛋糕：

　　　　"维尼熊唯一给了蛋糕的人是跳跳虎"

　　c. 维尼熊只给了跳跳虎[蛋糕]_F：

　　　　"维尼熊唯一给了跳跳虎的东西是蛋糕"

（28）维尼熊只给了蛋糕给跳跳虎。

　　a. 维尼熊只[给了蛋糕给跳跳虎]_F：

"维尼熊唯一做了的事情是给蛋糕给跳跳虎"

b. 维尼熊只给了蛋糕给[跳跳虎]$_F$：

"维尼熊唯一给了蛋糕的人是跳跳虎"

c. 维尼熊只给了[蛋糕]$_F$给跳跳虎：

"维尼熊唯一给了跳跳虎的东西是蛋糕"

现有针对印欧语言儿童的研究（英语如 Gualmini et al., 2003；荷兰语如 Szendrői, 2004；葡萄牙语如 Costa & Szendrői, 2006）发现，儿童倾向于将"只"同与格结构中的间接宾语（位于句末）相关联，而成人则根据重音位置判断"只"关联的焦点位置。然而，对于双宾结构的情况，暂时还没有研究。此外，这些研究的结果似乎说明，儿童在理解"只"同与格结构的关系时，没有将"只"与整个动词短语关联的倾向。在汉语方面，仅有 Shyu（2010）对普通话成人理解双宾和与格结构前的"只"进行了考察。该研究发现，与上述印欧语言的结果相反，汉语成人对重音位置不敏感，而总是倾向于将"只"与直接宾语相关联。然而，该研究没有考察汉语儿童的情况。鉴于上述原因，本研究旨在探讨以下问题。

第一，汉语儿童和成人在理解处于双宾和与格结构前的"只"时是否存在偏向？

第二，不同的句法结构是否会影响儿童将"只"相关联的位置？

6.2.1 被试

本研究的被试为从广州市某幼儿园选取的 48 名年龄介于 5;1～6;3 的儿童，平均年龄为 5;6。所有被试都以普通话为主要语言，认知发展正常。对照组为 50 名非语言专业的本科生和研究生，均说流利的普通话。

6.2.2 方法和过程

本研究采用真值判断任务，被试根据故事提供的情境判断测试句是否为真。根据句法结构，测试句分为两类：双宾结构，如（27）；与格结构，如

（28）。每种类型各 4 句。根据 Shyu（2010）的研究，即使汉语成人也不使用重音区分双宾和与格结构中的焦点位置。因此，在本研究中，我们没有操控测试句的重音位置。针对每一个测试句，我们都提供了三种情境：A 类情境如（29）所示，在该语境下，"只"与间接宾语相关联的解读（间接宾语焦点）为假，但"只"与直接宾语相关联的解读（直接宾语焦点）为真。在（29）中，维尼熊的蛋糕送给了唐老鸭和跳跳虎两个，因此（27）和（28）取间接宾语焦点时为假；然而，维尼熊给跳跳虎送的东西只有蛋糕，因此（27）和（28）取直接宾语焦点时为真。

　　（29）维尼熊很喜欢烘焙。星期天他在家烤了蛋糕和面包。这些食物真香啊！可是维尼熊做得太多了，自己吃不完，还剩下一个面包和两个蛋糕。于是他决定去送给朋友。他首先来到唐老鸭家，把一个面包和一个蛋糕送给了唐老鸭。唐老鸭非常开心。接着维尼熊又来到跳跳虎家，把剩下的一个蛋糕送给了他。跳跳虎也特别高兴，赶紧拿着蛋糕吃了起来。

　　B 类情境如（30）所示，在该语境中，当（27）和（28）取直接宾语焦点时为假，因为维尼熊送给跳跳虎的东西除了蛋糕外，还有面包。但（27）和（28）取间接宾语焦点时为真，因为维尼熊送蛋糕的对象只有跳跳虎。

　　（30）维尼熊很喜欢烘焙。星期天他在家烤了蛋糕和面包。这些食物真香啊！可是维尼熊做得太多了，自己吃不完，还剩下两个面包和一个蛋糕。于是他决定去送给朋友。他首先来到唐老鸭家，唐老鸭只喜欢吃面包，于是维尼熊送给他一个面包。接着维尼熊又来到跳跳虎家，把剩下的一个面包和一个蛋糕送给了他。跳跳虎也特别高兴，赶紧拿着面包和蛋糕吃了起来。

　　需要说明的是，如果"只"与整个动词短语相关联（动词短语焦点），那么在上述两类语境中，（27）和（28）都为假。这是因为维尼熊除了送蛋糕给跳跳虎外，还做了别的事情，即送蛋糕和（或）面包给唐老鸭。因此，本实验还包括 C 类情境，如（31）。在该情境中，不论"只"与哪个句法位置相关联,（27）和（28）都为真。

（31）维尼熊很喜欢烘焙。星期天他在家烤了蛋糕。这些食物真香啊！可是维尼熊做得太多了，自己吃不完，还剩下两个蛋糕。于是他决定去送给朋友。他首先来到唐老鸭家，可是敲门敲了很久也没人应答，原来唐老鸭不在家。接着维尼熊又来到跳跳虎家，把蛋糕都送给了他。跳跳虎也特别高兴，赶紧拿着蛋糕吃了起来。

实验设计总结见表6.4。

表6.4　实验设计总结

项目	情境类型		
	A类	B类	C类
图示			
直接宾语焦点	真	假	真
间接宾语焦点	假	真	真
动词短语焦点	假	假	真

每类测试句都有 4 个句子，实验构成 2（年龄：儿童 vs. 成人）×2（句型：双宾结构 vs. 与格结构）×3（情境：直接宾语焦点 vs. 间接宾语焦点 vs. 动词短语焦点）的混合设计。其中，年龄和句型为被试间因素，情境为被试内因素。也就是说，成人和儿童被试各随机分为两组，分别判断双宾结构和与格结构的测试句在三种情境中的真值。

儿童单独完成实验。研究者邀请被试与由研究助理操控的手偶长颈鹿一起听故事。故事通过道具演示，预先录制成视频。在一起听完故事后，长颈鹿需要表述故事里的小动物做了什么，而被试的任务是判断长颈鹿说的是否与故事吻合。如果长颈鹿说得对，就给它一个草莓作为奖励；如果说得不对，就罚它吃一个辣椒,并告诉它为什么不对。每名被试需要听 12 个故事(4 个测试句×3 种情境),耗时不超过 30 分钟,在同一天的上午和下午分成两段完成。成人被试则通过大屏幕投影集体观看故事,纸笔作答,全部测试一次完成。

6.2.3 结果与分析

实验的因变量是被试对测试句的肯定判断。我们统计了被试的一致性表现,即在同一情境下将 4 个测试句中的 3 个以上判断为真的人数。先看双宾结构组的情况(表 6.5)。

在直接宾语焦点为真的情境中,仅有 24%(6/25)的成人一致地将测试句判断为真;在间接宾语焦点为真的情境中,则有 72%(18/25)的成人一致地将测试句判断为真,这一差异显著($Z = -3.444$,$p = 0.001$)。这说明对于成人而言,"只"最容易与双宾结构中的间接宾语相关联。在间接宾语焦点为真的情境中,如果"只"与动词短语相关联,句子也为假,因为维尼熊做的事情除了给跳跳虎送了面包和蛋糕外,还给唐老鸭送了面包。但大多数成人忽略了这一点,这说明他们认为句子的焦点在间接宾语。卡方检验表明,成人在三种情境中对双宾结构测试句的判断存在显著差异($\chi^2 = 29.123$,$p < 0.001$)。对于儿童而言,相较于直接宾语,间接宾语更容易与"只"关联而成为焦点(29%,7/24 vs. 17%,4/24)。但威尔科克森检验表明,儿童在两种情境中的表现并没有显著差异($Z = -0.973$,$p > 0.05$)。但他们在间接宾语焦点为真的情境中,仅有不到 1/3 的人一致地接受了双宾结构测试句,与成人组(72%)存在显著差异($Z = -3.458$,$p = 0.001$)。儿童在直接宾语焦点为真和间接宾语焦点为真的情境中都倾向于拒绝测试句,但在动词短语焦点为真的情境中却几乎都一致地接受了测试句($\chi^2 = 31.780$,$p < 0.001$),这说明对于儿童而言,"只"最容易与整个动词短语相关联。

表 6.5 在各情境中一致接受双宾结构测试句的被试人数和百分比

情境类型		成人($n = 25$)	儿童($n = 24$)
A 类(直接宾语焦点为真)	人数/人	6	4
	百分比/%	24	17

续表

情境类型		成人（$n=25$）	儿童（$n=24$）
B 类（间接宾语焦点为真）	人数/人	18	7
	百分比/%	72	29
C 类（动词短语焦点为真）	人数/人	25	23
	百分比/%	100	96

再看与格结构组被试的表现（表6.6）。与双宾结构组的情况刚好相反，成人在与格结构中更容易把"只"与直接宾语相关联。80%（20/25）的成人一致地在直接宾语焦点为真的情境中接受了测试句，而在间接宾语焦点为真的情境中一致接受测试句的仅有 12%（3/25），差异非常显著（$Z = -3.991$，$p < 0.001$）。在直接宾语和间接宾语中，与格结构组的儿童也更倾向于将"只"与直接宾语相关联。在直接宾语焦点为真的语境中，一致接受测试句的儿童占38%（9/24），比在间接宾语焦点为真的情境中一致接受测试句的百分比（8%，2/24）高（$Z = -2.175$，$p < 0.05$）。但总体上，儿童接受直接宾语焦点和间接宾语焦点的百分比都不高，显著低于他们接受动词短语焦点的百分比（$\chi^2 = 33.775$，$p < 0.001$），这说明与格结构组的儿童一样倾向于将"只"与整个动词短语而不是宾语相关联。儿童和成人的表现在间接宾语焦点为真的情境（$Z = -0.025$，$p > 0.05$）和动词短语焦点为真的情境（$Z = -1.459$，$p > 0.05$）中都没有显著差异，但在直接宾语焦点为真的情境中则存在显著差异（$Z = -3.214$，$p = 0.001$）。

表 6.6　在各情境中一致接受与格结构测试句的被试人数和百分比

情境类型		成人（$n=25$）	儿童（$n=24$）
A 类（直接宾语焦点为真）	人数/人	20	9
	百分比/%	80	38
B 类（间接宾语焦点为真）	人数/人	3	2
	百分比/%	12	8
C 类（动词短语焦点为真）	人数/人	25	24
	百分比/%	100	100

　　下面我们比较被试在各情境中对两种不同测试句的判断。在直接宾语焦点为真的情境中，与格结构组的成人一致接受测试句的百分比要远高于双宾结构组的成人（80% vs. 24%），且差异非常显著（$Z = -3.980$，$p < 0.001$）。相反，在间接宾语焦点为真的情境中，双宾结构组的成人一致接受测试句的百分比则远高于与格结构组的成人（72% vs. 12%），差异同样非常显著（$Z = -4.389$，$p < 0.001$）。尽管儿童在直接宾语焦点为真的情境中接受与格结构测试句的人数多于接受双宾结构测试句的人数，而在间接宾语焦点为真的情境中接受与格结构测试句的人数少于接受双宾结构测试句的人数，统计分析却表明这种差异都不显著（$Z_{直接宾语焦点为真} = -1.850$，$p > 0.05$；$Z_{间接宾语焦点为真} = -1.521$，$p > 0.05$）。

　　不难看出，对于成人而言，句法结构与"只"关联的焦点位置有密切的联系。在双宾结构中，"只"倾向于与间接宾语相关联；在与格结构中，"只"则倾向于与直接宾语相关联。这一结果与 Shyu（2010）的研究结果不一致。在该研究中，不论在双宾结构还是与格结构中，成人都倾向于将"只"与直接宾语相关联。我们认为，导致这种差异的原因可能有两个：Shyu（2010）对句子的重音进行了操控，该研究的一部分被试认为在加入重音后句子不够自然。因此，被试对于句子焦点的解读可能受到了这些不自然的重音的影响。本研究没有对句子的重音进行特别操控，而是采取了中性重音（neutral stress），被试也没有表示出对句子自然度的质疑。事实上，仔细分析 Shyu（2010）的研究结果可以发现，虽然在两种句型中成人被试都更倾向于把"只"与直接宾语相关联，但双宾结构组的成人把"只"与直接宾语相关联的百分比还是明显低于与格结构组的成人，这说明句法结构对该实验中的成人被试同样存在影响。另一个可能的原因是 Shyu（2010）考察的是我国台湾地区的普通话使用者，因此实验结果反映的其实是不同语言社团在确定焦点位置方面的差异。

　　Shyu（2010）从间接宾语的题元角色角度所做的解释，即间接宾语是"主题"（theme）从而更容易成为话题，不能解释本研究中被试的表现。相反，本研究的结果说明，普通话成人在确定双宾和与格结构中的焦点位置时遵循就近原则，即越靠近焦点小品词"只"的成分越容易成为焦点。在双宾结构中，间接宾语离"只"更近（如"维尼熊只给了[跳跳虎_间接宾语][蛋糕_直接宾语]"），因此更容易被"只"关联而成为焦点；在与格结构中，离"只"更近的是直接宾语（如"维尼熊只给了[蛋糕_直接宾语]给[跳跳虎_间接宾语]"），从而更容易成为焦点。

汉语儿童更倾向于把双宾和与格结构前的"只"理解为与整个动词短语而不是直接宾语或间接宾语相关联，这一发现与 Gualmini 等（2003）、Szendrői（2004）、Costa 和 Szendrői（2006）等针对印欧语言儿童所做的研究结果不同。在这些研究中，儿童都倾向于将排他性焦点小品词与间接宾语关联。但需要指出的是，这些研究都没有直接测试儿童在动词短语焦点为真的情境中的表现，因此无法直接比较。汉语儿童倾向于将动词短语前的"只"理解为限制整个动词短语而不是宾语，是一种普遍现象。Yang（1999）对儿童理解及物动词短语前的"只"的研究也有类似的发现（也见杨小璐，2002）。根据语义子集原则，当一个结构允许两种语义解读，并且这两种解读之间存在子集-母集的关系时，儿童先习得子集解读，然后根据语言输入中的正面证据掌握母集解读。表 6.4 说明，相对于直接宾语焦点和间接宾语焦点，动词短语焦点是子集：如果动词短语焦点解读为真，那么直接宾语焦点解读和间接宾语焦点解读一定为真；反之则不然。因此，儿童在解读排他性焦点小品词的关联位置时表现出的动词短语优先的现象反映了语义习得的一般规律。

6.3　小　　结

本章首先考察了汉语儿童对排他性焦点小品词"是"的理解。研究发现，4～5 岁汉语儿童仅掌握了"是"的焦点解读，而没有习得其确认解读。他们的表现支持语义子集准则的预测：当一个句子可以表达两种意义，且这两种意义的真值条件存在子集-母集关系时，儿童先习得子集意义。儿童之所以没有习得"是"的确认解读可能是因为该年龄段的语法中缺少确认短语的投射。本章还采用真值判断任务考察了汉语儿童和成人对于双宾和与格结构前的"只"所关联的焦点位置的判断。研究同样发现，汉语儿童的焦点解读遵循语义子集原则：相比于直接宾语和间接宾语，他们更倾向于用"只"限制整个动词短语。汉语成人的焦点解读则受到句法结构的影响：在与格结构中，他们更容易把直接宾语当成"只"限制的对象；但在双宾结构中，他们则更容易把间接宾语当成限制焦点。成人的表现遵循"就近原则"，即离排他性焦点小品词越近，越容易成为焦点，这是语言加工的一般策略。

第 7 章

汉语添加性和等级性焦点小品词的习得

在上一章中，我们考察了汉语儿童对排他性焦点小品词的习得，并发现学龄前的汉语儿童没有完全习得排他性焦点小品词"是"和"只"的语义表征。相较于排他性焦点小品词，添加性和等级性焦点小品词的情况可能更加复杂。因为排他性焦点小品词直接作用于句子的真值条件，而添加性和等级性焦点小品词则影响句子的预设，属于语用层面。本章将分别研究汉语儿童对添加性焦点小品词"也""还"以及等级性焦点小品词"都""才""就"的理解。

7.1 汉语添加性焦点小品词的习得

与排他性焦点小品词表达对选项集成员的否定不同，添加性焦点小品词表达选项集中的成员跟包含焦点成分的命题一样为真。比如，"维尼熊也吃了饼干"表达，除了"维尼熊吃了饼干"为真以外，包含语境中相关个体的选项集，如{跳跳虎吃了饼干，唐老鸭吃了饼干，……}也都为真。不仅如此，排他性焦点小品词所表达的对其他选项的排除是在句子意义的断言或真值条件层面（Horn，1969；König，1991），而添加性小品词表达的对其他选项的纳入则是在句子意义的预设层面。前人研究发现，儿童很早就能自发使用添加性焦点小品词（Hüttner et al.，2004；Liu，2009；刘慧娟等，2011；范莉和宋刚，2013等），但他们对于这类词语的理解却与成人不同。比如，Bergsma（2002，2006）以及 Hüttner 等（2004）等通过图片选择任务发现，部分荷兰语和德语儿童在理解包含添加性焦点小品词的句子时，将其与不含这些词语的句子一样对待。同样，Liu（2009）、刘慧娟等（2011）也发现，汉语儿童在添加性焦点小品词的理解方面滞后于产出。比如，在刘慧娟等（2011）的研究中，如果研究者指着一张画着小男孩摸着一条狗、小女孩摸着一只猫的图片说"小男孩也摸着一只狗"，所有 4~5 岁和绝大多数 6 岁的儿童都不能像成人一样拒绝该句。因此，有一些研究者认为，儿童一开始在理解包含添加性焦点小品词的句子时，会忽视这些词语所表达的预设对于句子语义的贡献。尽管儿童在理解排他性焦点小品词时也存在无法准确判断焦点位置的问题（如 Yang，1999；Zhou & Crain，2010），但他们对这类词语的排他意义却非常敏感。比如，在"额外事物"场景中，汉语儿童对于包含"只/是"和不包含"只/是"的句子的反应不同。Bergsma（2006）认为，儿童之所以对添加性焦点小品词的添加意义不如对排他性焦点小品词的排他意义敏感，是因为前者是预设层面的意义，而后者是真值条件意义。相对于属于语用意义的预设（Stalnaker，1972），儿童更早掌握属于语义的真值条件意义。刘慧娟等（2011）也表达了类似的看法：儿童之所以在理解添加性焦点小品词时有困难，问题在于预设纳入，因为他们缺乏相关的语用知识。

　　但对于儿童在理解添加性焦点小品词时的表现也存在其他解释。比如 Berger 和 Höhle（2012）认为，儿童之所以在预设不成立的情况下仍然接受包含添加性焦点小品词的句子，可能不是因为他们缺乏关于预设的语用知识，而是因为他们在语用方面比成人更加宽容。Katsos 和 Bishop（2011）等在解释儿童对于等级谓词弱项（如 some）的理解时，认为儿童之所以在等级谓词强项为真的语境中也接受包含等级谓词弱项的句子，不是因为他们没有推导这类句子所隐含的"强项不成立"的等级含意，而是因为等级含意跟句子的真值条件无关，只涉及句子的合适性条件。这种观点也被称为"语用宽容假说"。如果该假说成立，那么儿童之所以在没有其他人在摸一只猫的情况下也认为"小男孩也在摸着一只猫"是正确的，可能是因为他们认为尽管句子不恰当（因为预设没得到满足），但就真值条件而言该句并不为假，因此仍然算是正确的。相反，成人则是严苛的语言使用者，不仅要求句子在逻辑层面为真，还要求句子在语用层面是恰当的（即所有的预设得到满足），因此在相同情况下将包含添加性焦点小品词的句子判断为假。换句话说，儿童和成人的回答传递了不同的信息，儿童的"对/不对"表达的是对句子真值的判断，而成人的"对/不对"表达的是对句子合适性的判断。

鉴于以上原因，考察儿童是否理解添加性焦点小品词不能仅仅依靠他们对句子正确与否的判断。为了规避这一问题，Berger 和 Höhle（2012）采用了 Papafragou 和 Tantalou（2004）关于等级含意习得的实验设计。研究者首先给儿童交代了一条规则：只有当一个小动物（比如狮子）完成了两项任务（比如吃了香蕉和吃了苹果），它才可以得到奖励。小动物领到任务后就走出被试的视线，过一会儿再回来。然后研究者说："Löwe, Du hast bestimmt die BANANE gegessen!"（"狮子，你肯定吃了香蕉！"），小动物回答 "Weist Du was? Ich hab (auch) den APFEL gegessen."［"你猜怎么样？我（还）吃了苹果。"］。研究者要求被试根据小动物的回答决定是否给它奖励。该设计的逻辑是，如果被试对添加性焦点小品词 auch 敏感，则只会在听到包含该词的句子时给小动物奖励；如果被试听到的是不包含 auch 的控制句，则不会给小动物奖励。实验结果表明，3～4 岁德语儿童对于测试句和控制句的反应表现出明显的差别，在听到包含添加性焦点小品词的句子时给出的奖励更多，这说明他们已经习得了 auch 的预设。Berger 和 Höhle（2012）的设计有效地避免了儿童对测试句进行判断，较之前人有了很大的改进，但也不是没有问题。比如，儿童在听到控制句时尽管给出奖励的百分比低于他们听到测试句时的百分比，但却明显比成人听到控制句时给出的奖励更多。这样一来就很难断定他们在听到测试句时决定给出奖励是因为他们得到了 auch 的预设，因为没有 auch 时他们也会给出奖励。有可能他们是慷慨的裁判，或是基于其他原因决定是否给出奖励。另外，该设计也无法确保儿童真正理解实验的关键部分，即给出奖励的条件是关键角色完成了两个任务。鉴于以上原因，我们设计了一个新的实验继续考察汉语儿童对添加性焦点小品词的理解。该实验一方面避免了让儿童对测试句进行正误判断，另一方面又不涉及将条件句等复杂句式的理解作为实验的前提。本研究的具体研究问题如下。

第一，汉语儿童是否能够理解添加性焦点小品词表达的预设？

第二，不同类型的添加性焦点小品词的习得是否存在区别？

7.1.1　被试

本研究的被试为 20 名以汉语普通话为母语的儿童，男女各 10 人，来自广州市一所大学的附属幼儿园。被试的平均年龄为 3;7（年龄跨度：3;4～4;1），语言和认知发展均处于正常水平。对照组为 20 名非语言专业的大学本科生，均能说流利的普通话。

7.1.2　方法和过程

本研究考察儿童对于"也""还"两类添加性焦点小品词的理解[①]。代表性的测试句见（1）a 和（1）b。此外，本研究还包括一组没有包含添加性焦点小品词的控制句，如（1）c。

> （1）a. 你的盒子里也有香蕉。
> 　　　b. 你的盒子里还有香蕉。
> 　　　c. 你的盒子里有香蕉。

需要说明的是，添加性焦点小品词具体跟句子中的哪个部分相关联（即焦点小品词的作用域），与重音位置有关。以（1）a 为例，如果重读"你的盒子"，那么句子的预设是"别人的盒子里有香蕉"；如果重读"香蕉"，则句子的预设是"你的盒子里有香蕉之外的别的东西"。焦点小品词本身也可以重读，不同的焦点小品词重读时作用域也不相同。如果重读（1）a 中的"也"，那么作用域是主语"你的盒子"；如果重读（1）b 中的"还"，那么作用域是"香蕉"。前人研究发现，儿童对于重音在确定焦点中的作用并不敏感（如 Gualmini et al.，2003），甚至汉语成人也不依靠对比重音来确定焦点的位置（Shyu，2010）。因此，在本研究中，我们不比较不同位置的重音所起的作用，而是把重音全部放在焦点小品词上。

---

① 自然语言中通常有三种添加性焦点小品词，分别表示 too/also、still/another 以及 again 等意义。汉语中这三种类型都有，分别如"也"、"还"和"又"。根据刘慧娟等（2011）的研究，2 岁儿童理解"又"已经没有困难，因此本书不再重复研究这一类。

研究方法采用诱导推论法，即被试根据测试句做出推测。本实验以"猜猜有什么"的游戏形式呈现。以其中一次尝试为例，具体过程如下：研究者将一些玩具水果（两个香蕉和两个苹果）展示给被试，并告诉他这些水果准备分发给被试和手偶长颈鹿。在长颈鹿和被试面前各有一个盒子，其中被试的盒子没有盖，而长颈鹿的盒子有盖。研究者在分发水果时，请被试和长颈鹿先离场，返回后被试会看见自己的盒子里有一个香蕉和一个苹果。长颈鹿先打开自己的盒子看一眼，然后说："小朋友，让我看看你领到了什么？"长颈鹿看了被试的盒子说："哦，原来你的盒子里（也/还）有香蕉。"研究者请长颈鹿重复一遍所说的话，然后问被试："小朋友，你猜猜看，长颈鹿的盒子里有什么？"实验设计的逻辑是：在对焦点小品词表达的预设敏感的前提下，如果被试听到的是测试句（1）a，则会回答"香蕉"，因为该测试句传递的预设是"长颈鹿的盒子里有香蕉"；如果被试听到的是测试句（1）b，则会回答"苹果"，因为该句暗含"长颈鹿的盒子里没有香蕉"；如果被试听到的是控制句，则在"香蕉"和"苹果"两个答案里会做出随机选择。

每名被试都有 12 次尝试，其中包含"也"的测试句、包含"还"的测试句以及控制句各 4 个。儿童被试单独完成实验，耗时约 30 分钟，在同一天分两段完成。成人被试则集体参加实验，观看由投影演示的故事，纸笔作答，一次完成。

7.1.3　结果与分析

我们统计了各测试句/控制句条件中被试的答案为测试句中指涉的物品［如（1）a 中的"香蕉"］所占的百分比，结果见表 7.1。明显可见，儿童和成人都对测试句/控制句的类型非常敏感。成人在听到"也"类测试句时，百分之百地判断对方盒子里有测试句中指涉的物品（如"香蕉"）；但如果他们听到的是"还"类测试句，则只有 15%的成人（12/80）认为对方也有测试句中指涉的物品。当他们听到的是控制句时，回答呈现出随机性，有 40%（32/80）的答案是测试句中指涉的物品，另外 34%（27/80）的回答是除了测试句指涉的物品之外的另一件物品，还有 26%（21/80）的回答涉及了两件物品。弗里德曼（Friedman）检验表明，测试句/控制句的类型对成人被试的回答有显著影响（$\chi^2 = 28.829$，$p < 0.001$）。其中，"也"类测试句比控制句更容易诱发成人推断盖着的盒子里有测试句宾语指涉的物品（$Z = -3.677$，$p < 0.001$），而"还"类测试句则比控制句更难诱发这种回答（$Z = -2.581$，$p < 0.05$）。

表 7.1　被试的答案为测试句/控制句中指涉的物体的频数和百分比

类型		成人（$n = 20$）	儿童（$n = 20$）
"也"类测试句	频数/例	80	73
	百分比/%	100	91
"还"类测试句	频数/例	12	10
	百分比/%	15	13
控制句	频数/例	32	25
	百分比/%	40	31

儿童在听到"也"类测试句时，判断对方盒子里有测试句指涉的物品的百分比为 91%（73/80），与成人组之间不存在显著差异（$Z = -2.078$，$p > 0.05$）；在听到"还"类测试句时，儿童回答测试句指涉的物品的百分比仅为 13%（10/80），同样与成人组之间不存在显著差异（$Z = -0.089$，$p > 0.05$）。儿童在听到控制句时，猜测盒子里有句中指涉的物品的百分比则为 31%（25/80），与成人组之间不存在显著差异（$Z = -0.714$，$p > 0.05$）。他们的回答中有 24%（19/80）为句中指涉的物品之外的另一件物品，18%（14/80）同时提到了两件物体，另外有 28%（22/80）为"不知道"。同样，测试句/控制句的类型对于儿童是否推断盖着的盒子里有测试句/控制句宾语所指涉的物品具有显著影响（$\chi^2 = 28.161$，$p < 0.001$）。在"也"类测试句和控制句的条件中（91% vs. 31%，$Z = -3.595$，$p < 0.001$），以及在"还"类测试句和控制句的条件中（13% vs. 31%，$Z = -1.975$，$p < 0.05$），儿童的表现都有显著差异。

尤其值得注意的是实验中的儿童在听到"还"类测试句时的表现。在实验任务中，依据该类测试句得出"盖着的盒子里没有香蕉"的推断比依据"也"类测试句推断"盖着的盒子里有香蕉"更难。以（1）a 和（1）b 为例，（1）a 中的"也"的作用域是"你（被试）的盒子"。在实验情境下，触发的选项集为{我（长颈鹿）的盒子里有香蕉}，因此只要儿童能有"也"的预设知识，能正确构建选项集，就可以得到期望的回答。（1）b 中的"还"的作用域是"香蕉"，在实验情境中引发的选项集是{你（被试）的盒子里有苹果}，这是被试可以见到的事实，但长颈鹿却没有关注，这说明盖着的盒子里也有苹果。因此，盖着的盒子跟被试的盒子相比应该缺少香蕉。也就是说，"还"类测试句实际上涉及两重推论。尽管如此，儿童的表现和成人却没有明显差异，这说明 3~4 岁儿童已经具有了相关的语用能力。

正确理解包含添加性焦点小品词的测试句，不仅需要儿童计算句子的命题内容，还需要他们依据焦点小品词的作用域得出相应的预设。本实验表明，3~4 岁儿童能像成人一样根据焦点小品词的隐现和差异做出正确的推断，这说明他们已经习得了添加性焦点小品词"也"和"还"所传递的"添加"预设，以及不同类型的焦点小品词重读时在作用域方面的差异。换句话说，添加性小品词已经能够诱发这个年龄段的儿童推断与测试句有关的另一个命题，即选项集中的成员同样是成立的。这一结论与大多数前人的相关研究的结论不同。采用图片选择或真值判断任务对德语、荷兰语以及汉语儿童的研究（如Bergsma，2002，2006；Hüttner et al.，2004；Liu，2009；刘慧娟等，2011），似乎表明学前儿童在理解添加性焦点小品词时与成人之间存在系统差异。通常他们会忽略这些焦点小品词所添加的内容（预设），因此研究者认为儿童缺乏预设纳入的相关知识或是不能推导句子的非真值条件意义。但本研究表明，在前人研究中儿童的表现与成人之间存在差异，可能是因为他们对于"什么是正确的"有不同的理解。成人是严苛的语言使用者，不仅要求句子的逻辑语义为真，还要求预设成立。因此，当焦点小品词触发的预设在语境中并不成立时，成人会将句子判断为"错误"；相反，儿童则是相对宽容的语言使用者，句子的逻辑语义为真就足以使他们认为句子是正确的。因此，尽管语境与预设不符合，他们也不会将句子判断为"错误"（Katsos & Bishop，2011）。本研究的结果与 Berger 和 Höhle（2012）采用不同的实验方法针对德语儿童的研究得出的结果是一致的，这说明在恰当的实验条件下儿童推导预设等隐含意义的能力可以展示出来。

在本研究中，我们发现儿童在加工添加性焦点小品词触发的预设时，其表现接近成人。一个关键因素是实验设计充分凸显了焦点的对比项，比如：在"也"类测试句中，焦点的对比项为"长颈鹿的盒子"；在"还"类测试句中，焦点的对比项为"苹果"。在实验中，儿童的任务是猜测长颈鹿的盒子里有什么水果，而苹果和香蕉是可能的选项。因此，这些对比项是交际中的关键信息，是足够凸显的。正如 Stalnaker（2002）所指出的，说话人在使用添加性焦点小品词时，应该确保听话人已经掌握了理解句子所需要的全部信息。在本研究中，测试句的呈现方式满足了这一要求。Hüttner 等（2004）以及刘慧娟等（2011）则都是在对比项不够明晰的情况下呈现测试句，这样不够自然，因此可能导致儿童忽略添加性焦点小品词触发的预设。

7.2　汉语等级性焦点小品词的习得

理论上讲，等级性焦点小品词如"才"、"就"和"都"的意义比添加性焦点小品词更为复杂。跟"也""还"一样，包含"才"、"就"和"都"的句子也触发"添加"的预设，即除本句（prejacent）①外，选项集中的成员同样为真。但比"也""还"等添加性焦点小品词更复杂的是，"才"、"就"和"都"还表达本句和选项集成员就为真的可能性而言构成一个等级，且本句位于该等级的一端。如（2）：

（2）a. [小马]$_F$才能跳过河。

　　　b. [小马]$_F$就能跳过河。

　　　c. [小马]$_F$都能跳过河。

　　　d. [小马]$_F$也能跳过河。

（2）a～（2）d 都表达在语境中还有另外与焦点"小马"有关的对比项，如小鹿，同样也能跳过河。用选项语言学的术语说，"才"、"就"、"都"和

---

① 本句是指含有焦点小品词的句子中除去焦点小品词的部分（Horn，1996）。比如，"小白马都能跳过河"的本句是"小白马能跳过河"。

"也"都触发一个选项集｛小鹿能跳过河｝，且把这个选项集中的成员添加到句子的意义中来。但除此之外，"才"、"就"和"都"还表达"小马能跳过河"和"小鹿能跳过河"这两个命题为真的可能性程度不同，其中"才"表达"小马能跳过河"的可能性程度更大，而"就"和"都"则表达"小鹿能跳过河"的可能性程度更大。Ito（2012）把这种等级意义看作等级含意。但根据 Horn（1972）、Gazdar（1979）以及 Levinson（1983，2000）等的定义，等级含意是由在语义上构成蕴涵关系的等级谓词中的弱项引发的：断言包含等级弱项的句子则隐含信息量更强的包含等级强项的句子不成立。因此，等级含意总是表现为否定形式。从上面的分析来看，"才""就""都"等触发的隐含意义并不表现为否定形式，焦点成分与对比项之间也不存在逻辑蕴涵关系。因此，与等级性焦点小品词有关的等级意义不是等级含意。

前人研究表明，至少在 7 岁之前，儿童在理解等级性焦点小品词时的表现都与成人存在系统性的差异。这一差异表现在他们对这些词语传递的等级意义不敏感（Yang，1999；Kim，2011；Ito，2012；Wu，2017；Li，2018；杨小璐，2000 等）。这似乎说明，儿童缺乏关于这些词语的语用知识。然而，根据 Reinhart（2004，2006）以及我们对添加性焦点小品词的研究，儿童的表现也可能不是因为他们没有相关的知识，而是因为他们在加工包含等级性焦点小品词的句子时、在构建相关的选项集时存在困难。以杨小璐（2000）的研究为例，该研究中的一个任务是根据测试句推测对比项。研究者说："小民天天看小人书。今天和昨天不一样，小民看了三本小人书就够了/才够。"被试需要根据以上信息推测小民昨天看了几本小人书。不难看出，这里"就"的使用并没有满足合适性条件，焦点的对比项"超过三本小人书"在谈话的语境中不是凸显成分，因而影响了交际效果。不仅如此，研究者的问题是针对具体的数量发问（如"几本"），而背景信息不足以帮助听话人准确判断数量，只能判断"多于"或"少于"测试句中提到的数量。这些因素都可能会影响儿童的表现。因此，我们进一步考察汉语儿童对等级性焦点小品词的习得。本节的研究问题包括如下两点。

第一，汉语儿童是否掌握了等级性焦点小品词所表达的预设知识？

第二，汉语儿童理解等级性焦点小品词的主要困难是什么？

7.2.1　被试

实验的被试为从广州市两所幼儿园和一所高等学校附属中小学随机选取的 80 名儿童。其中，3～4 岁组共 40 人，年龄在 3;5～4;4，平均年龄为 3;11；7～8 岁组也为 40 人，年龄在 7;1～8;2，平均年龄为 7;5。被试均以普通话为主要语言，没有语言和认知发展障碍。对照组为 40 名非语言专业的大学本科生。

7.2.2　等级序列不明晰的语境中儿童的表现

因为杨小璐（2000）已经证实，儿童在 7 岁之前在等级序列不明晰的语境中对"才"和"就"不敏感，因此在本节中我们只考察"都"。

7.2.2.1　"都"的意义分析

"都"是现代汉语中最受关注的词语之一（徐烈炯，2014）。吕叔湘（1980）认为，"都"表达总括、甚至、已经三种意义，分别记为"都 1"、"都 2"和"都 3"，如（3）：

（3）a. 每个孩子都 1 长得很结实。

　　 b. 我都 2 不知道你会来。

　　 c. 都 3 十二点了，还不睡。

具有形式语义学背景的学者一般将"都 1"看作全称量词或某种逻辑算子 [Lee，1986；Xiang，2008 等，详见徐烈炯（2014）的综述及不同意见]，尽管他们对于"都 1"量化的实现方式并未达成共识（蒋静忠和潘海华，2013；沈家煊，2015）。关于"都 2"和"都 3"，学者倾向于认为后者是前者的一种特殊情况（蒋严，1998；王红，1999；张谊生，2005；Xiang，2008；李文山，2013；吴平和莫愁，2016），因此两者应归并为表达主观评价的"都 2"，也就是本书所说的等级性焦点小品词。

学界对"都 1"与"都 2"之间的关系有不同看法。王红（1999）和张谊生（2005）认为，汉语中存在两个"都"：一个是表达客观范围的"都 1"，另一个是表达主观评价的"都₂"。两者属于词汇层面的一词多义①。然而，大多数学者则将"都₁"和"都₂"做统一的分析（蒋静忠和潘海华，2013等）。蒋严（1998）、吴平和莫愁（2016）从语义和语用分界的角度认为，"都"在语义层面只有一种意义，即全称量化；"都₂"是一种特殊的含意，即 Grice（1989）所谓的规约含意。规约含意是指特定的词项和语言结构通过约定俗成附有的一类含意，它一方面不是根据真值条件获得的蕴涵，另一方面又具有规约性，即与词语形式有约定俗成的关系（沈家煊，1990）。

对于作为等级性焦点小品词的"都"，汉语语法学界一般将其描述为"甚至"，比如人们一般认为（4）a 表达的意思相当于（4）b。但严格地说，这种说法并不准确。如果将等级性焦点小品词"都"的意义理解为"甚至"，那么（4）b 就会让人感觉语义重复，而事实并非如此。

（4）a. 张三都通过了考试。

b. 甚至张三都通过了考试。

c. 张三通过了考试。

那么，"都"对句子的意义有什么贡献呢？比较（4）a 和相对应的不含"都"的（4）c 可以发现：（4）c 表达的命题真值条件是张三是通过了考试的个体所组成的集合中的一员；（4）a 除包含了（4）c 的真值条件意义以外，传递的意义还有"语境中所有相关的个体（如张三所在班级的所有学生）都通过了考试，并且在这些个体中，张三是最不可能通过考试的"。换言之，"都"触发了一个选项集{张三通过了考试，李四通过了考试，王五通过了考试，……}，该集合中所有的命题都为真。除此之外，这些命题根据为真的可能性程度构成等级序列，其中"张三通过了考试"为真的可能性最小，或者说该命题为序列中的极小量（蒋严，1998；文卫平，2015）。吴平和莫愁（2016）将这一意义称为主观极量义。包含"都"的句子要求命题选项集中的所有命题为真，这很好理解，因为"都"的语义就是全称量化。那么等级意义

---

① 李文山（2013）认为"都₁"和"都₂"在语义上仅有部分重合：前者有"分配"和"相对大量"两个语义，后者只有"相对大量"。这种观点事实上也意味着承认"都"的一词多义。

从何而来？我们认为，这是"都"所触发的预设。之所以说等级意义是预设，是因为它的隐现并不影响句子的真值条件。比较（5）a 和（5）b 可知，两者的真值条件完全相同：只要张三、李四和王五都是通过考试的个体集中的成员，（5）a 和（5）b 就为真。换言之，（5）a 所传递的"张三是最不可能通过考试的人"的意义与命题的真假无关，仅是其合适性条件的一部分。（6）中 B 的回答否定的正是 A 的话语的合适性，而非其真值。

（5）a. 张三都通过了考试，不用说李四和王五了。

　　b. 张三、李四和王五通过了考试。

（6）A：听说张三都通过了考试。

　　B：这毫不稀奇，他那么用功当然可以过。

作为一种语用意义，预设可以通过明晰化的表述加以强化，而不会让人感觉到重复。"都"所传递的主观极量义正是如此，如（7）a。相反，如果强化属于真值条件意义的蕴涵，则会导致冗余，如（7）b。

（7）a. 张三都通过了考试，尽管他最不可能通过。

　　b. ？张三都通过了考试，他参加了考试。

由于预设是说话人认为理所当然为真的命题（Stalnaker，1972，2002），因此如果下文中出现与预设相冲突的信息，则会使得句子不自然。我们考察发现，"都"所传递的意义正是如此，如（8）a。相反，会话含意则是可以被上下文取消的，如（8）b。

（8）a. ？张三都$_2$通过了考试。他可是 A 班最努力的学生。

　　b. 张三有四个孩子，甚至可能更多。

（8）a 的可接受程度很低，因为第二句话与第一句话表达的"张三最不可能通过考试"的预设相矛盾。在（8）b 中，"甚至可能更多"取消了第一句话的会话含意"张三只有四个孩子"，句子接续更自然。

与会话含意不拘泥于语言形式的不可分离性不同，预设与语言形式密切相关。如果把（4）a 中的"都"换成"全"或"也"，如（9）a 和（9）b，句子就不再表达"张三最不可能通过考试"的预设。

（9）a. 张三全通过了考试。

b. 张三也通过了考试。

此外，"都"的主观极量义并非在其真值条件语义（即"都"表达的全称量化意义）的基础上通过合作原则推导而来的。这一点与同样涉及等级序列的等级含意截然不同。比较如下：

（10）a. 张三有两个孩子。

b. 张三都有两个孩子。

（10）a 同样触发一个选项集{张三有两个孩子，张三有三个孩子，张三有四个孩子，……}，该选项集中的命题信息量强度依次递增。信息量强的选项蕴涵信息量弱的选项。如果断言信息量最弱的命题，则说话人隐含该序列中所有更强的命题都不成立，这是依据会话原则（具体讲是量准则）推导出来的（Horn，1972）。（10）b 触发的选项集为{张三有两个孩子，李四有两个孩子，王五有两个孩子}，虽然这些选项在为真的可能性方面构成等级，但它们之间并不存在蕴涵关系。（10）b 所传递的"张三最不可能有两个孩子"的预设并不能依据其真值条件语义和会话原则推导出来。

7.2.2.2 方法和过程

实验采用诱导推论法。研究者邀请被试一起看图片、听故事，并根据故事回答问题。故事中包含测试句或控制句。测试句为包含"都"的句子，分为肯定句和否定句两种，如（11）a 和（11）b；控制句则为相应的不包括"都"的句子，同样分为肯定句和否定句，如（11）c 和（11）d。

（11）a. 小鹿都能跳过河。

b. 小鹿都没跳过河。

c. 小鹿能跳过河。

d. 小鹿没跳过河。

肯定和否定的测试句/控制句分别对应不同的故事。以（11）为例，（11）

a 和（11）c 对应图 7.1 中的故事，即（12）。（11）b 和（11）d 对应图 7.2 中
的故事，即（13）。

（12）大象、小马和小鹿是草原上的小伙伴。有一天，小马想到
河流另一边的草原吃草。他正在想要不要跳过去。大象鼓励他说：
"小马你别怕，你看！**小鹿都能跳过河**（测试句）或**小鹿能跳过河**
（控制句）。"

图 7.1 肯定的测试句/控制句对应的故事图片

图 7.2 否定的测试句/控制句对应的故事图片

（13）大象、小马和小鹿是草原上的小伙伴。有一天，小马想到河流另一边的草原吃草。他正在想要不要跳过去。大象阻止他说："小马你别跳，你看！小鹿都没跳过河（测试句）或小鹿没跳过河（控制句）。"

儿童被试单独完成实验。研究者讲完故事后首先问被试："刚刚大象说了什么呢？"以此方式要求被试复述测试句/控制句。如果被试能够复述，研究者进一步问"那么你觉得小马和小鹿谁能跳得更远呢？"

该设计所隐含的逻辑是：①如果被试能准确复述测试句/控制句，说明他们的回答是在听清楚测试句/控制句的情况下做出的，而不是任意的猜测。②如果被试理解"都"所表达的等级预设，则会在听到肯定测试句（11）a 时回答"小马"，而在听到否定测试句（11）b 时回答"小鹿"，因为（11）a 的预设是"在小马和小鹿两者中，小鹿跳过河去的可能性比较小"，而（11）b 的预设是"在小马和小鹿两者中，小鹿跳过去的可能性比较大"。③如果"都"影响被试对话语的理解，那么他们在听到不含"都"的控制句时对问题的回答会与听到测试句时不同。很有可能被试会根据实际发生的情况判断，因而做出与相应测试句相反的回答。比如，他们在听到（11）c 时，更有可能回答"小鹿"，因为它已经跳过去了；在听到（11）d 时，更有可能回答"小马"，因为小鹿没有跳过去。

每名被试判断每种类型的测试句和控制句各 4 个，总计 16 个（4 种类型×4 个句子），耗时约 20 分钟。各类测试句/控制句的呈现顺序在故事间和被试间均进行平衡。

7.2.2.3　结果与分析

在复述环节，3～4 岁组有两名被试不能准确复述测试句/控制句。因为无法判断他们是否注意到实验的关键信息，我们在后续分析中排除了这两名儿童。根据 118 名被试的回答是否符合实验预期计分：如果被试的回答反映了他们对测试句的正确理解，比如听到肯定测试句（11）a 时回答"小马"，或听到（11）b 时回答"小鹿"，则计 1 分，满分为 4 分。得分为 3 分以上的被试被认为是系统性的理解测试句，而非偶然的。也就是说，他们已经习得了焦点小品词"都"的预设。需要说明的是，因为控制句没有跟测试句相同的预设，因此被试基于对控制句的理解所给出的回答本身没有正误之分。但为了便于比较，我们按照相应的测试句标准进行评判。比如，被试在听到肯定控制句（11）c 时，如果回答"小马"则计分，如果回答"小鹿"则不计分；相反，在听到否定控制句（11）d 时，如果回答"小鹿"则计分，回答"小马"则不计分。实验结果见表 7.2。

　　成人的表现完全符合实验预期。在肯定测试句的条件中，所有成人都在 4 次尝试里有 3 次以上给出了正确判断；在肯定控制句的条件中，仅有13%（5/40）的成人给出的判断与他们听到肯定测试句时的判断一致。威尔科克森检验表明，在肯定语境中成人对于测试句和控制句的反应存在显著差异（$Z =$ -5.655，$p < 0.001$）。在否定测试句的条件中，有 95%（38/40）的成人能够系统地给出正确判断；在听到否定控制句的条件中，只有 10%（4/40）的成人给出了与否定测试句的预期判断一样的回答。同样，成人在否定语境中对于测试句和控制句的反应也存在显著差异（$Z = -5.589$，$p < 0.001$）。因此，不论是在肯定语境，还是否定语境中，"都"的隐现对于成人的理解都有显著影响。在肯定语境中，成人听到测试句（如"小鹿都能跳过河"）时认为还没有行动的那个角色［如（12）中的小马］相比于已经行动的角色［如（12）中的小鹿］更有可能成功［如（12）中的跳过河去］。如果成人听到的是控制句（如"小鹿能跳过河"），则认为已经成功行动的那个角色（如小鹿）比没有行动的角色在控制句动词短语指涉的能力（如跳过河）方面更强。在否定语境中，成人的判断刚好反过来。他们听到测试句（如"小鹿都没跳过河"）时，会判断还没有行动的角色（"小马"）比已经行动但失败了的角色（"小鹿"）更不可能成功；如果他们听到的是控制句（如"小鹿没跳过河"），则会判断还没有行动的角色在动词短语指涉的能力方面更强。这说明，成人对于"都"所表达的等级预设非常敏感。如果听到的句子没有"都"，他们会根据实际发生的情况判断；如果有"都"，则他们的判断不受已经发生的情况影响，他们会根据句子的预设做出反应。

表 7.2 　各实验条件中得分超过 3 分的被试人数和百分比

刺激句类型		3～4 岁儿童（$n=38$）	7～8 岁儿童（$n=40$）	成人（$n=40$）
肯定测试句	人数/人	3	37	40
	百分比/%	8	93	100
肯定控制句	人数/人	2	7	5
	百分比/%	5	18	13
否定测试句	人数/人	2	39	38
	百分比/%	5	98	95
否定控制句	人数/人	1	6	4
	百分比/%	3	15	10

　　7～8 岁儿童跟成人的表现基本一致。在肯定测试句和否定测试句的条件下，该组儿童在 4 次尝试中有 3 次以上正确的百分比分别为 93%（37/40）和 98%（39/40）。在肯定控制句和否定控制句的条件下，大多数 7～8 岁儿童的回答与相应的肯定测试句和否定测试句刚好相反，分别只有 18%（7/40）和 15%（6/40）的被试在这两种条件下给出了与实验预期相反的回答。统计表明，和成人一样，在肯定语境和否定语境中 7～8 岁儿童对于含有"都"的测试句的判断与他们在相同语境中对不含"都"的控制句的判断存在显著差异（$Z_{肯定语境}=-5.199$，$p<0.001$；$Z_{否定语境}=-5.496$，$p<0.001$）。这说明到 7 岁左右，汉语儿童已经习得了"都"的等级预设，他们对于否定改变等级的方向也十分敏感。

　　3～4 岁儿童对于肯定控制句和否定控制句的判断与较大的儿童和成人之间基本一致。仅有 5%（2/38）的该组儿童在听到肯定控制句时倾向于认为已经成功行动的那个角色（如小鹿）比没有行动的角色（如小马）在动词短语指涉的动作（如跳过河）方面能力更强；仅有 3%（1/38）在听到否定控制句时认为没有行动的角色（如小马）在动词短语指涉的动作方面比已经行动但失败的角色（如小鹿）更强。克拉斯卡-瓦立斯检验（Kruskal-Wallis test）表明，3～4 岁儿童与较大的儿童和成人对于控制句的反应没有显著差异（$\chi^2_{肯定控制句}=1.793$，$p>0.05$；$\chi^2_{否定控制句}=2.121$，$p>0.05$，）。而且，3～4 岁儿童对于测试句的判断与他们对于相应的控制句的判断也并无不同。只有 8%（3/38）的该组儿童对肯定测试句给出了系统的正确判断，与成人和较大的儿童之间存在显著差异（$\chi^2 = 84.306$，$p < 0.001$）；对否定测试句给出系统的正确判断的该组儿童只有 5%（2/38），同样与成人和较大的儿童之间存在显著差异（$\chi^2 = 92.763$，$p < 0.001$）。换句话说，3～4 岁儿童对于"都"所表达的等级预设不敏感，不论听到的句子是否包括"都"，他们都根据故事中实际发生的情况给出判断：如果已经行动的角色成功了，则该角色在动词短语指涉的动作方面能力更强；如果没有成功，则还没有行动的那个角色在动词短语指涉的动作方面能力更强。

实验结果表明，3～4 岁汉语儿童对于等级性焦点小品词"都"所表达的预设还不够敏感。7 岁前，儿童才能够获得与成人一致的对包含"都"的句子的理解。这一结果与前人对英语和日语儿童理解等级性焦点小品词的研究结果一致（Kim，2011；Ito，2012），同时也支持了 Wu（2017）、Li（2018）等对于汉语儿童理解"都"的等级预设的研究结论。Yang（1999）也指出，儿童完全掌握"才"和"就"所表达的等级意义要到 7 岁以后（也见杨小璐，2000）。因此，综合来看，学前儿童对于等级性焦点小品词所表达的等级预设不敏感是一个普遍的现象。那么为什么学前儿童在习得等级性焦点小品词所表达的等级预设时表现出滞后呢？一种可能是他们没有掌握这一类词语作为焦点小品词的词汇意义。在汉语中，"都"、"才"和"就"等都有多种用法。以"都"为例，最常见的用法是全称量化。由于较小的儿童不接受一词多义，有可能他们在习得"都"的全称量化用法后，拒绝其作为等级性焦点小品词的用法。前人研究表明，在 4 岁前，汉语儿童就已经习得了"都"的全称量化意义。Lee（1986）通过实验法考察了 131 名北京话儿童的理解。在图片匹配实验中，Lee（1986）发现：当要求被试从两幅图片中指认与实验句"熊猫都睡着了"相匹配的一幅时，只有 58% 的 3 岁儿童正确地选择了反映三只熊猫全部睡着了的图片，而 4 岁儿童做出正确选择的比例则超过 90%，5 岁后达到100%。在随后进行的动作演示任务（act out task）中，60% 的 3 岁儿童能正确演示"把每颗糖都从盒子里拿出来"，4 岁后，儿童的正确率均为 100%。基于以上结果，Lee（1986）认为，汉语儿童到 4 岁时就已经掌握了"都"。这一结果也得到了 Hsieh（2008）的追踪研究的支持，她发现在 4;3 时，儿童能主动使用"都"作为显性辖域标记，比如："我几天都坐飞机去迪士尼。我几天都在坐飞机（4;3）。"Zhou 和 Crain（2011）采用问题-陈述法考察了 4 岁左右的儿童对"都"量化疑问词用法的习得，并发现：当疑问词与"都"共现并位于其左边时（如"谁都没有爬上大树"），96%的 4 岁左右的儿童将其理解为陈述句，并在"小黑狗、小白狗和小黄狗比赛爬树，只有小黑狗爬上了大树"的情境下将其判断为错误描述；当测试句中只有疑问词时（如"谁没有爬上大树"），95%的 4 岁儿童将其理解为疑问句，并在上述情境中给出了"小白狗和小黄狗"的正确回答。儿童对两类测试句的判断与成人均没有显著差异，这说明 4 岁左右的汉语儿童不但已经掌握了"都"的全称量化用法，还清楚"都"可以量化疑问词。不仅如此，Zhou 和 Crain（2011）还发现，该年龄段的汉语儿童也已经掌握了"都"作为量化副词（quantifying-adverb）来量化其左边的事件（event）和情状（situation）的用法。然而，如果我们考察儿童的自发语料可以发现，早在 2;6 之前，儿童就已经有自发使用表达等级预设的"都"。比如，我们在 BJCELA 的语料库中发现了（14）和（15）这样的例子：

（14）*CHI：有.

　　　*INH：麦当劳的东西好吃吗？

　　　*CHI：好吃.

　　　*CHI：上#上好#好远好远的都有麦当劳.

　　　*INH：是吗？

（15）*AUN：吃多了牙.

　　　*AUN：昨天阿姨#为什么今天没来呀？

　　　*AUN：牙疼.

　　　*CHI：牙都黑啦.

　　　*AUN：&en4.

　　同样，张云秋等（2010）对 1 名北京话儿童在 1;6～3;0 的追踪研究发现，"都"作为等级性焦点小品词的用法早在 1;9 时的儿童语言中就开始出现。儿童很早就能自发使用"都"来关联焦点，这说明他们已经习得了"都"作为等级性焦点小品词的词汇语义。因此，在本研究以及前人的研究中，儿童表现异于成人和较大的儿童的不同可能另有原因。

对儿童习得添加性焦点小品词以及等级谓词的研究表明，幼儿在计算焦点成分的选项集时存在困难（Reinhart，2004，2006；Berger & Höhle，2012）。成人和较大儿童可以依据添加性焦点小品词或等级谓词激活语境中不凸显的对比项，建立选项集，然而较小的儿童则不具有这个能力。一旦语境中的对比项足够凸显，他们对于添加性焦点小品词表达的预设或等级谓词表达的等级含意也可以跟成人一样敏感。但问题是，本实验中的焦点成分和对比项都足够凸显，学前儿童仍然不能像成人和较大的儿童那样理解等级性焦点小品词。因此，我们推测他们不仅在构建选项集时存在困难，在对选项集成员进行等级排序方面可能也有问题。Papafragou 和 Tantalou（2004）对于儿童理解临时性等级（Hirschberg，1985）的研究表明，当儿童被明确告知临时性等级中的各项以及它们之间在信息量方面的强弱时，对于等级含意不敏感的儿童可以像成人一样推导等级含意。因此，接下来我们将考察在选项集成员的等级序列得以凸显的情况下，学前儿童对于等级性焦点小品词的理解。

7.2.3　凸显等级序列的语境中儿童的表现

7.2.3.1　方法和过程

目前文献中还没有对汉语儿童在凸显对比项的语境中理解"才"、"就"和"都"的情况进行研究。因此，本实验同时考察了这三个字。代表性的测试句如（16）所示。

（16）a. 奇奇都搬得动这个箱子。
　　　 b. 奇奇都搬不动这个箱子。
　　　 c. 奇奇就搬得动这个箱子。
　　　 d. 奇奇才搬得动这个箱子。

（16）中有四类测试句，第一和第二类测试句分别是包含"都"的肯定句和否定句。第三和第四类测试句都是肯定句，分别包含"就"和"才"。包含"都"的肯定句和包含"就"的肯定句表达相同的预设。以（16）a 和（16）c

为例，这两个句子的预设都是在一组相关的角色中，奇奇是力气最小的，或者说命题"奇奇搬得动这个箱子"与选项集成员相比是最不可能为真的。包含"都"的否定句和包含"才"的肯定句也表达相同的预设。尽管（16）b 和（16）d 真值条件不同，它们的预设都是在相关的角色中，奇奇是力气最大的，或者说命题"奇奇搬得动这个箱子"与选项集成员相比是最可能为真的。

实验采取诱导推论法，以"猜猜他是谁"的游戏形式呈现。被试需要根据测试句判断语境中相关的一组角色中，谁是测试句中专有名词指称的对象。跟 7.2.2 节的实验一样，研究者会将该组角色明确介绍给被试，但不同之处在于，在本实验中，研究者会明确说明该组角色在某一维度方面的能力差异。也就是说，实验情境将凸显角色的等级序列。以（17）和（18）的故事为例，三只袋鼠宝宝在力量方面的差异将被反复强调。

（17）袋鼠妈妈有三个孩子。你们看他们三个中袋鼠哥哥最大，也很强壮，袋鼠妹妹比袋鼠哥哥小一些，体格也比袋鼠哥哥小。袋鼠弟弟是三个孩子中最小的，身体也最矮。今天袋鼠妈妈要出门。三个袋鼠宝宝都来送妈妈，争着要把一个大大的箱子搬上车。袋鼠哥哥说："我来搬，我来搬，我是大力士。"袋鼠妹妹说："还是我来吧，我的力气也不小。"袋鼠弟弟说："你们让我来搬吧，看看我的厉害。"这时袋鼠妈妈说："你们别争了，箱子很重的，奇奇都搬不动这个箱子/奇奇才搬得动这个箱子。"

（18）袋鼠妈妈有三个孩子。你们看他们三个中袋鼠哥哥最大，也很强壮，袋鼠妹妹比袋鼠哥哥小一些，体格也比袋鼠哥哥小。袋鼠弟弟是三个孩子中最小的，身体也最矮。今天袋鼠妈妈要出门，要把一个大大的箱子搬上车，于是她让宝宝们来帮忙。袋鼠哥哥说："这么大的箱子啊，我搬不动呢。"袋鼠妹妹说："我的力气不如哥哥大，肯定也搬不动。"袋鼠弟弟说："我比你们小那么多，你们搬不动，那我也搬不动。"这时袋鼠妈妈说："你们别推脱了，箱子其实很轻，奇奇都搬得动这个箱子/奇奇就搬得动这个箱子。"

故事结束后，研究者问被试"谁是奇奇呢"。（17）的语境对应包含"都"

的否定测试句（16）b 和包含"才"的测试句（16）d。尽管故事中的三个袋鼠宝宝都愿意去搬箱子，但这两类测试句的预设是只有奇奇才能搬得动它。如果被试对该预设敏感，他们会判断"奇奇"是力气最大的袋鼠哥哥。（18）的语境对应包含"都"的肯定测试句（16）a 和包含"就"的测试句（16）c。故事中的三个袋鼠宝宝都不愿意去搬箱子，但测试句的预设却是它们三个，包括力气最小的奇奇，全部可以搬动这个箱子。因此，得到该预设的被试会判断"奇奇"是力气最小的袋鼠弟弟。

　　实验采取了被试内设计。每类测试句各 4 个，共计 16 个。在 16 个故事中，8 个故事的基本格局跟（17）相同，另外 8 个跟（18）相同，但所有故事涉及的角色和任务都不同。对不同类型测试句的呈现顺序作随机化处理。故事由研究者使用道具演示，并预先录制成视频。实验耗时约 30 分钟，儿童被试单独参加实验，在同一天的上、下午两段完成。成人被试集体参加实验，在问卷上作答。

7.2.3.2　结果与分析

　　被试对专有名词指称的对象作出的符合实验预期的判断（以下称为正确判断）则计 1 分，最高分为 4 分，我们统计各实验条件下得分为 3 分以上的被试的人数和百分比，结果见表 7.3。

表 7.3　各实验条件中得分超过 3 分的被试人数和百分比

刺激句类型		3～4 岁儿童（n = 38）	7～8 岁儿童（n = 40）	成人（n = 40）
"都"-肯定	人数/人	35	39	40
	百分比/%	92	98	100
"就"	人数/人	32	39	38
	百分比/%	84	98	95
"都"-否定	人数/人	36	37	39
	百分比/%	95	93	98
"才"	人数/人	36	38	40
	百分比/%	95	95	100

成人的表现完全符合预期。在各实验条件中，系统地做出正确判断的成人被试都超过了 95%。弗里德曼检验表明，成人对四类测试句的判断没有显著差异（$\chi^2 = 1.468$，$p > 0.05$）。儿童对四类测试句的判断与成人类似。7～8 岁儿童对四类测试句系统地做出正确判断的人数都超过了 93%，他们对于不同测试句的反应同样没有统计学意义的差别（$\chi^2 = 3.369$，$p > 0.05$）。3～4 岁儿童除了在对包含"就"的测试句推论时系统正确的人数略低（84%，32/38），他们对其他三类测试句的理解都超过了 92%。弗里德曼检验表明，该组儿童在理解四类测试句时的差别也没有统计学意义（$\chi^2 = 4.385$，$p > 0.05$）。比较三组被试在四种测试句条件下的反应发现，除了 3～4 岁儿童在理解"就"类测试句时稍逊于成人和较大的儿童（$\chi^2 = 6.100$，$p < 0.05$）外，三组被试在对于其他三类测试句的理解方面没有差异（$\chi^2_{\text{都}-\text{肯定}} = 1.474$，$p > 0.05$；$\chi^2_{\text{都}-\text{否定}} = 1.983$，$p > 0.05$；$\chi^2_{\text{才}} = 0.710$，$p > 0.05$）。总体上，重复测量的方差分析显示，被试的年龄和测试句的类型对于被试的推断都没有显著影响（$F_{\text{年龄}} = 1.745$，$p > 0.05$；$F_{\text{测试句的类型}} = 1.212$，$p > 0.05$），年龄和测试句的类型的交互效应也不显著（$F = 1.959$，$p > 0.05$）。

因此，总体上讲，汉语学前儿童在焦点成分与各对比项之间的等级关系得以突显时，能和成人及较大的儿童一样依据包含"都"、"才"和"就"等焦点小品词的句子在实验情境中做出正确推论。这说明他们已经掌握了这些词语触发的等级预设。这一发现支持了我们的假设，即儿童理解等级性焦点小品词时的困难在于构建选项集成员之间的等级序列。学前儿童由于认知加工方面的限制，没有能力构建相关的选项集，且不能在焦点项和选项集成员之间按某一维度进行等级排序。

但是，我们的研究结果与 Kim（2011）对英语儿童进行研究的结论不一致。在该研究中，英语和日语的学前儿童即使在等级得以凸显的情况下也不能得到 even 表达的等级预设。这种差异是因为 even 和"都"在本质上有差异。从句法分布的角度看，even 位于焦点项之前，而"都"则位于关联的焦点成分之后。汉语中与 even 对应的成分，其句法语义与"都"之间存在明显差异（Shyu，2004，2014 等）。不仅如此，汉语中的"都"作为等级焦点小品词通常与"连"一起使用，构成"连……都"的结构。该结构很有可能是汉语儿童在习得"都"的等级性焦点小品词用法时的语言输入线索。通过对 CHILDES 中两名儿童 ZTX 和 CY 所接受的语言输入进行分析,我们发现,在成人儿向语的 183 例"都"的焦点小品词用法中,有 155 例(84.7%)以"连……都"的结构形式出现。相比之下,even 则没有类似的线索,它的句法表现和 only、also 等没有区别。

7.3 小　　结

本章首先考察了汉语儿童对添加性焦点小品词的习得。结果表明,汉语儿童能正确理解"也""还"等添加性焦点小品词的年龄并非如前人认为的那样显著晚于他们自发使用这些词的年龄。在 3~4 岁时,汉语儿童已经掌握了这些词所触发的"添加"预设,这说明他们具有纳入预设的语用能力。相比于成人,儿童是更宽容的语言使用者,尽管他们能感知预设,但在预设没有得到满足的语境中,只要句子的逻辑语义为真,儿童也会认为句子是正确的。另外,焦点的对比项是否凸显也会关系到儿童是否能顺利地加工添加性焦点小品词所触发的预设。本章还考察了汉语儿童对"都""才""就"等级性焦点小品词的理解。尽管这些词很早就被汉语儿童自发使用,但学前儿童对它们表达的等级预设却不如成人敏感。正确理解等级性焦点小品词涉及比排他性焦点小品词和添加性焦点小品词更复杂的认知加工。听话人不仅需要将语境中的相关事物作为焦点成分的对比项添加进句子的预设之中,还需要对焦点成分和对比项之间就某一语义维度(通常是可能性)进行排序。研究发现,儿童理解等级性焦点小品词时的主要困难在于构建句子的选项集和对选项集的成员进行等级排序。在凸显等级序列的语境中,他们可以正确理解等级性焦点小品词的预设,这说明他们具有相关的词汇语义知识。

第 8 章

汉语儿童语言中的等级含意

儿童在学习语言时不仅需要掌握句子的字面意义，还需要依据语用知识推导字面意义之外的含意。等级含意一方面属于语用意义，具有可计算、可取消和不可分离的特点；另一方面，它与等级谓词的逻辑语义关系密切相关，属于语义-语用接口。不仅如此，局域性等级含意还说明这类意义甚至可以进入句法运算。因此，等级含意是我们观察儿童的语法-语用接口知识的重要窗口，一直备受第一语言习得研究的关注。然而，学前儿童是否具有推导等级含意的能力，不同语言的儿童在推导等级含意时是否存在差异，仍然是文献中悬而未决的问题。在本章中，我们将考察在不同的语法或语用环境中汉语儿童对等级词项的理解，以期进一步认识等级含意推导机制的儿童语言习得。

8.1 汉语儿童对量化词等级的理解

量化词是最典型的等级谓词，也是在前人研究中被反复证实对儿童推导等级含意构成困难的一个等级类型。Horowitz 等（2018）甚至认为，儿童在等级含意推导方面的表现弱于成人，其实源于他们在量化词语义知识方面的缺陷。现有针对汉语儿童理解等级谓词的研究中，已知仅有吴庄和谭娟（2009）、吴庄（2015）两项针对量化词等级的研究。这两项研究所涉及的量化词分别是"（有）一些"和"有的"，这两个词语都与"所有"构成等级："如果所有的花儿都开放了"为真，那么"有一些/有的花儿开放了"也为真。因此，理论上当断言"有一些/有的花儿开放了"时，产生"并非所有的花儿开放了"的等级含意。上述两项研究显示，当情境显示所有的花儿开放了时，成人倾向于拒绝"有一些/有的花儿都开放了"，而 5 岁左右的儿童则倾向于接受这类逻辑为真但语用不当的句子。然而，使用"（有）一些"和"有的"作为测试项可能存在问题。首先，看"（有）一些"。和英语的 some 一样，"（有）一些"允许两种解读：存在解读（existential interpretation）和部分解读（partitive interpretation）[①]。存在解读的关键信息在于"存在"，与"无"相对；作部分解读时，全称量化的"所有"才变得相关。对比前人的研究可以发现，在英语中测试句采用"部分结构"（partitive structure）与否与等级含意密切相关。相比于对 some 的理解（如 Noveck，2001；Papafragou & Tantalou，2004；Guasti et al.，2005 的实验一），儿童在理解 some of 时更容易产生 not all 的等级含意（Papafragou & Musolino，2003；Katsos & Bishop，2011；Skordos & Papafragou，2016 等）。事实上，近期研究发现，即使对于成人而言，some of 也是加工等级含意的重要线索（Degen & Tanenhaus，2015）。除"部分结构"外，重音也是获取部分解读的途径。Miller 等（2005）发现，儿童对于 some 是否重读非常敏感：当听到"Make some faces happy."时，他们有可能会把所有的表情变成笑脸；当听到"Make SOME faces happy."时，则只会把一部分表情变成笑脸。因此，吴庄和谭娟（2009）选用"（有）一些"作为测试句可能存在问题，以他们采用的一个实验句"图片里有一些小男孩在骑马"为例：儿童看到图 8.1 时对该测试句的判断与看到图 8.2 时的判断

图 8.1 逻辑为真但语用不当的情境

---

① some 的两种解读在音系上有所反映：在取存在解读时，some 通常轻读；取部分解读时，则重读。文献中为了区分二者，通常把存在解读的 some 写成 sm（Horn，2010）。

图 8.2　语用恰当的情境

一致。但这可能是因为被试仅仅是对"有一些"作了存在解读，他们关注的是图片里是否有小男孩在骑马。此时，只有一种情况会使他们拒绝测试句，即图片里没有小男孩在骑马。

从等级含意推导的过程来说，上述问题的实质是被试在对"（有）一些"取存在解读时没有激活<所有，（有）一些>这个等级，因而"所有小男孩都在骑马"不是"（有）一些小男孩在骑马"选项集的成员，自然无法得到"并非所有小男孩都在骑马"的等级含意。在意识到上述问题之后，吴庄（2015）采用了"有的"作为测试项。根据《现代汉语八百词》（吕叔湘，1980）的解释，"有的"表示部分，相当于部分解读。因此，采用"有的"可以避免被试对"（有）一些"作存在解读。然而，"有的"也会带来新的问题。首先，"有的"一般要求两个以上连用（吕叔湘，1980），严格来说，单独使用没有满足其语用条件，容易让人产生话语不完整的感觉。其次，即使满足上述语用要求，测试句"图片里有的小男孩在骑马"可能存在歧义，即听话人可能将其理解为"[TP[DP[TP图片里有的] [DP小男孩]] [VP在骑马]]"，此时"有"也取存在解读。鉴于以上原因，在本实验中我们采用另一组量化词等级<全部，一部分>。同时，为了考察文献中报道的汉语儿童对等级含意不敏感的现象是否由于等级未被激活，本实验还包括一组包含"一些"的测试句。控制句则是用"全部"替换"一部分"或"一些"得到的句子，测试句和控制句的举例见（1）。

（1）a. 熊猫吃了一部分竹子。（"部分"类测试句）

　　b. 熊猫吃了一些竹子。（"一些"类测试句）

　　c. 熊猫吃了全部竹子。（控制句）

8.1.1　被试

实验一的被试为 64 名以汉语为母语的儿童，来自广州市某所高校的附属幼儿园。被试年龄介于 5;0～5;8，平均年龄为 5;4。根据幼儿园教师和家长的报告，所有被试均未见明显的认知和语言发展异常。60 名非语言专业的大学本科生作为对照组参加了实验。语言背景调查显示，所有被试均以普通话为主要语言。生活的高校环境也以普通话为主。

8.1.2　方法和过程

本实验采用话语选择任务，要求被试基于故事提供的关键情境在两句话语中选择更合适的一项。被试被告知，两个卡通角色——长颈鹿和小浣熊（由助理操控手偶饰演）都是正在学说话的婴儿。他们今天正在进行一个说话比赛，因此在看完一个故事以后，他们需要各自说一句话，这些话事先被录制，分别为男声和女声。被试作为比赛的裁判来评判谁说得更好一些，并且要告诉输了的一方为什么他说得不好。比如，研究者请被试和两个手偶一起看以下由玩具演示的故事。

（2）熊猫上午从山上采来了五根竹子。他打算把其中的三根当午饭，另外两根当晚饭。午饭的时候他迫不及待地开始吃这些新鲜美味的竹子。一会儿工夫他就吃完了三根，可是他好像并没有吃饱，所以又把剩下的两根竹子都吃了。现在熊猫的筐里什么都没有了，晚上只能挨饿啦。

针对这一场景，长颈鹿说（1）a 或（1）b，小浣熊说控制句（1）c。如果被试把"一部分"或"一些"理解为"一部分/一些，但不是全部"，则应该选择（1）a 或（1）b；如果他们没有产生"并非全部"的等级含意，则会在测试句和控制句之间做随机选择。与前人研究普遍采用的真值/合适性判断任务及图片验证法相比，话语选择任务不会造成过重的认知负担。在真值/合适性判断任务及图片验证法中，被试都只能接触包含等级弱项的测试句，需要自行激活包含等级强项的句子作为选项，然后再否定该选项，这对被试的工作记忆有较高的要求。另外，在真值/合适性判断任务及图片验证法中，被试都被要求评判测试句"对"还是"错"，或者"好"还是"不好"。这种模糊的评判不能反映被试究竟是基于逻辑语义做出的决策，还是基于语用意义做出的决策。在逻辑为真但语用不当的情况下，儿童可能会因为"肯定"偏向（"yes" bias）而选择接受。Katsos 和 Bishop（2011）的三值判断任务规避了第二个问题，但被试仍然可能面临第一个问题，即在构建选项集时存在困难。

除（2）中的关键情境外，本实验还包括一类测试句逻辑为真、语用也恰当的情境。比如，对于（1）a 和（1）b，情境是熊猫只吃了五根竹子里的三根。在这一情境中，控制句在逻辑上为假。

为了保证所有被试都已经掌握了"一部分"和"全部"的词汇语义，实验采用动作演示任务对儿童被试做了前测，过程如下：研究者要求被试从一个装了 10 颗弹珠的盒子里"拿出一部分/全部弹珠"。如果被试在听到"一部分"时拿出了至少 1 颗弹珠，在听到"全部"时拿出了所有弹珠，则说明他们掌握了"一部分"和"全部"这两个词汇的语义。

实验构成 2（测试句的类型）×2（情境类型）的混合设计，其中测试句的类型为被试间因素，情境类型为被试内因素。每名被试有 16 次尝试，其中关键情境 4 次，控制情境 4 次，填充项 8 次。故事的呈现顺序以及手偶的发声性别在被试间平衡，而每一次尝试中测试句和控制句呈现的先后顺序，以及呈现测试句和控制句的角色在被试内平衡。实验过程在同一天的上午和下午分两段完成，每段约耗时 15 分钟，实验全程录音、录像。

8.1.3 结果与分析

本实验的因变量为被试在各实验条件中选择测试句的比例。先看被试在控制情境中的表现，结果见表 8.1。

表 8.1　被试在控制情境中选择两类测试句的情况

测试句类型		成人	儿童
"部分"类测试句	频数/例	120	124
	百分比/%	100	97
"一些"类测试句	频数/例	120	126
	百分比/%	100	98

　　控制情境是指对于测试句而言，不仅逻辑语义为真，而且信息量也足够充分的语境。比如，对于测试句（1）a 和（1）b，控制情境是熊猫吃完了一部分但不是所有的竹子。在这一情境中，控制句（1）c 在逻辑语义上为假。成人的表现完全符合预期。不管听到的是"部分"类测试句，还是"一些"类测试句，在控制情境中他们都百分之百地选择了测试句。测试句的类型对儿童在控制情境中的表现也没有明显影响。同时听到"部分"类测试句和控制句的儿童（$n = 32$，共 128 次尝试）选择测试句的比例为 97%（124/128）；同时听到"一些"类测试句和控制句的儿童（$n = 32$，共 128 次尝试）选择测试句的比例为 98%（126/128）。曼-惠特尼检验表明，两组儿童间的差异没有达到显著水平（$Z = -0.992$，$p = 0.321$）。

　　被试对所做选择的具体解释说明，如果在关键情境中，被试选择测试句而非控制句，原因在于控制句的逻辑语义为假，见（3）。但即使如此，在两组儿童中，分别有 1 名儿童在第 2 次和 4 次尝试中选择了控制句，他们发生错误并非因为未专注于实验任务或其他无关因素，而是因为存在全称量词的定义域限制（domain restriction）方面的困扰。比如，这两名儿童都把"全部竹子"理解为"熊猫打算作为午餐的竹子"。基于这一限制，控制句在这种情境下却为真。（4）为这两名儿童的代表性解释。

（3）a. 熊猫只吃了五根竹子中的三根，他没有吃完全部竹子。

　　　b. 你看这里还剩下两根竹子，所以熊猫是吃了一部分竹子，没有吃完全部竹子。

（4）a. 长颈鹿说得好，因为熊猫吃饭很乖，你看他真的把午饭
　　　要吃的三根竹子都吃完了。

　　　b. 小浣熊说熊猫吃了一些竹子，但熊猫明明把三根竹子都
　　　吃完了，所以长颈鹿说得更好。

再看被试在关键情境中的表现。关键情境是指测试句逻辑语义为真，但信息量不足的场景。比如，对于测试句（1）a 和（1）b 而言，关键情境为熊猫吃完了所有的竹子。如表 8.2 所示，不管处于哪个年龄组，也不论听到的是"全部"类测试句还是"一些"类测试句，总体上被试在关键情境中都倾向于选择控制句。各组选择测试句的比例都低于 50%。尽管如此，年龄和测试句的类型对于被试在关键情境中的选择还是存在影响。同时听到"部分"类测试句［如（1）a］和控制句［如（1）c］的成人（$n = 30$，共 120 次尝试）在关键情境中选择测试句的比例仅有 7%（8/120）；另一组同时听到"一些"类测试句［如（1）b］和控制句的成人（$n = 30$，共 120 次尝试）选择测试句的比例则为 26%（31/120）。两组成人被试选择测试句的比例存在显著差异（$Z = -2.405$，$p < 0.05$）。测试句的类型对儿童在关键情境中的选择影响更为显著（$Z = -2.71$，$p < 0.05$）。同时听到"部分"类测试句和控制句的儿童（$n = 32$，共 128 次尝试）在关键情境中选择测试句的比例为 21%（27/128）；同时听到"一些"类测试句和控制句的儿童选择测试句的比例则达到 42%（54/128）。再比较同一种实验条件中成人和儿童的表现。同时听到"部分"类测试句和控制句的成人和儿童在关键情境中的表现差异不显著（选择测试句的比例：7% vs. 21%，$Z = -1.99$，$p = 0.052$），而同时听到"一些"类测试句和控制句的成人和儿童在相同场景中的表现则存在显著差异（26% vs. 42%，$Z = -2.080$，$p < 0.05$）。

表 8.2　被试在关键情境中选择两类测试句的情况

测试句类型		成人	儿童
"部分"类测试句	频数/例	8	27
	百分比/%	7	21
"一些"类测试句	频数/例	31	54
	百分比/%	26	42

我们再看被试在关键情境中的个体表现。从他们的解释来看，被试在关键情境中选择控制句而非测试句，都是因为后者在信息量方面不够充分。他们解释往往都会拿强项进行对比，有些被试还会在测试句中加入限制焦点标记词"只"，以明确等级含意。比如（5）：

> （5）a. 小浣熊说得不对，因为熊猫吃完了五根竹子，可是小浣熊说他只吃了一部分竹子。
>
> b. 长颈鹿说熊猫吃了一部分竹子，可事实上他太贪吃，吃了全部竹子。所以小浣熊说得更好一些。

在听到"部分"类测试句的 30 名成人中，没有人在 4 次尝试中有 3 次以上在关键情境中选择了测试句；在听到"一些"类测试句的 30 名成人中，有 6 人（20%）在 4 次尝试中有 3 次以上选择了测试句。在听到"部分"类测试句的 32 名儿童中，有 5 人（16%）在 4 次尝试中有 3 次以上选择了测试句；在听到"一些"类测试句的 32 名儿童中，则有 10 人（31%）在 4 次尝试中有 3 次以上选择了测试句。为什么在选项中包括语用更恰当的控制句时，这些被试，特别是成人，仍然选择测试句呢？被试对所做选择的解释说明，成人和儿童在相同表现的背后有不同原因。

在关键情境中，选择测试句而非控制句的所有成人其实是对全称量词的定义域做了拓展。比如，他们把"全部竹子"理解为自然界中的全部竹子，如（6）；有 6 名儿童则是因为没有把等级弱项与等级强项相关联，他们关注的是等级弱项是否为真，如（7）。

> （6）a. 小浣熊说得不对，因为山上还有很多竹子，熊猫吃不完的。
>
> b. 小浣熊只是吃完了他早上采的竹子，他还可以去采更多的竹子呀。
>
> （7）a. 熊猫是吃了一些竹子，所以长颈鹿说得好一些。
>
> b. 长颈鹿说熊猫吃了一些竹子，这就是刚刚故事里讲的啊。

总体来看，本实验的结果不支持文献中关于儿童在推导量化词的等级含意方面存在困难的观点（如 Noveck，2001；Hurewitz et al.，2006；Horowitz et al.，2018；吴庄和谭娟，2009；吴庄，2015 等）。儿童对量化词等级中的弱项的理解并非总是与其逻辑语义一致。相反，在一定的实验条件下，他们完全可以得到"否定强项"的等级含意。在本实验中，5 岁的汉语儿童在同时听到量化词等级中的弱项和强项时，在使包含等级弱项或等级强项的句子都为真的关键情境中倾向于选择信息量充分的强项，而不是逻辑语义为真但信息量不充分的弱项。这说明他们意识到弱项在语用方面是不恰当的。儿童在一定条件下具有推导等级含意的能力，这一结果与 Katsos 和 Bishop（2011）、Skordos 和 Papafragou（2016）的发现一致。这说明，儿童并不缺少推导等级含意所需要的语用知识，他们在前人研究中表现出的对等级含意不敏感有可能是因为实验任务没有提供足够的支持，因而造成的加工负担超出了他们的认知水平。Bott 和 Noveck（2004）、Grodner 和 Sedivy（2011）发现，即使成人在计算等级含意时也会付出比理解字面意义更多的认知代价。本实验将包含等级强项的句子与包含等级弱项的句子一起作为选项同时呈现给被试，不需要他们自行构建选项集，因此所造成的认知负担比真值/合适性判断任务和图片验证任务要轻松。

另外，儿童是否推导计算量化词弱项的等级含意与具体的量化词也有关。在本实验中，儿童和成人在关键情境中的表现仅在量化词为"一些"的实验条件中存在显著差异。当量化词为"部分"时，儿童和成人的表现没有显著差异，两者在关键情境中都明显倾向选择控制句。这说明，相比于"一些"，"部分"更容易触发等级含意。因此，在吴庄和谭娟（2009）的实验中，5 岁汉语儿童在"所有小男孩都在骑马"的情况下也接受"有一些小男孩在骑马"，除了上面所说的任务难度外，还可能是因为他们把"一些"做了存在解读。从另一个方面说，相比于"部分"，"一些"更难触发<所有，一些>的等级。这印证了文献中关于 some of 的部分结构比 some 更容易得到等级含意的观点（Papafragou & Musolino，2003；Katsos & Bishop，2011；Skordos & Papafragou，2016 等）。事实上，在本实验中，即使是成人在关键情境中的表现也受到量化词具体类型的影响：同时听到"一些"类测试句和控制句的成人要比同时听到"部分"类测试句和控制句的成人更多地选择测试句，这说明后者比前者更容易触发等级含意。

8.2　汉语儿童对局域性等级含意的认知

当等级谓词处于子句位置时，仍然能够像在根句中一样触发等级含意。也就是说，等级含意并不一定只与整个命题有关，而是可以成为命题的一部分。Chierchia（2004）认为，这说明等级含意具有语法实体的性质。换言之，等级含意并不是在句子组构完成后再交由语用模块产生的。等级谓词在子句中触发等级含意，然后子句的等级含意和其字面意义一起再进入句法运算，包孕于根句之中。它处于句法-语用接口。Geurts（2009，2010）则认为，等级谓词在进入语义组合前在词汇语义层面发生"重构"，也就是说，等级含意成为词汇语义的一部分。这两种观点对于儿童语言有不同的预测：如果等级含意属于句法-语用接口，那么在加工等级含意时受到限制的儿童可能对局域性等级含意不敏感，因为他们可能在句法和模块之间传递表达式时存在困难（Sorace，2011；吴庄等，2015 等）。如果局域性等级含意是因为等级谓词的词汇意义发生了重构，那么儿童应该能得到局域性等级含意，因为局域性等级含意不需要推导，不会加重认知负担，它本身成了词汇意义的一部分，并在词库中加入了词条信息。语言习得研究发现，较小的儿童就具有处理庞大词库的认知能力（吴庄，2017a）。因此，本实验旨在考察汉语儿童对于局域性等级含意是否敏感。具体研究问题是：等级谓词的句法位置是否影响儿童对等级含意的加工？所用测试句的示例见（8）：

（8）小兔子吃了一个苹果或者一部分草莓。

（8）中有两个等级谓词：量化词等级<全部，部分>中的弱项"部分"和逻辑连接词等级<和，或者>中的弱项"或者"，前者位于后者的辖域之内。如果只有全局性等级含意，那么（8）隐含语义更强的（9）a 不成立，即小兔子只吃了"一个苹果"和"一部分（甚至全部）草莓"中的一种；相反，如果存在局域性等级含意，（8）也可以隐含（9）b 不成立。

（9）a. 小兔子吃了一个苹果和一部分草莓。

　　b. 小兔子吃了一个苹果或者全部草莓。

8.2.1　被试

实验二的被试为 48 名以汉语为母语的儿童，年龄介于 7;3～8;1，平均年龄为 7;9，来自广州市某高校的附属小学。之所以选择比实验一以及前人研究（如吴庄和谭娟，2009 等）中年龄更大的儿童，是因为复杂句和逻辑连接词的加工本身较难，年龄较大的儿童不容易因为句子结构或逻辑连接词的复杂度而在句子的逻辑语义加工方面遇到困难。对被试的背景进行了调查，所有被试均为认知和语言发展正常的儿童，能够流利地使用普通话。40 名非语言学专业的本科生和研究生也参加了实验。

8.2.2　方法和过程

实验采用话语选择任务（见实验一）。研究者邀请被试和两只正在学说话的手偶一起观看由玩具演示的故事。故事结束后，两只手偶分别就故事内容发表评论，其中一个手偶的评论为测试句，而另一个的评论则为控制句。测试的关键情境是，测试句逻辑语义为真，但不论就全局性等级含意还是局域性等级含意而言信息量都不充分的情况。比如就（8）而言，提供关键情境的故事是（10）。

（10）小兔子今天去市场买回了很多水果和蔬菜，有几个苹果，还有许多草莓。她准备大吃一顿。她首先吃了一个苹果，可是还觉得很饿，所以又吃了一些草莓。吃草莓吃到一半的时候，她觉得已经饱了，但草莓实在是太美味了，小兔子还是把它们都吃完了，所以感觉非常撑。

基于这个故事，研究者询问手偶："小兔子吃了什么呢？"其中一个手偶呈现（8），而另一个手偶呈现的控制句则分为两种情况：一种包含比根句中的"或者"语义更强的"和"，如（9）a；另一种则包含比子句中的"部分"语义更强的"全部"，如（9）b。研究者请被试判断哪一只手偶说得更好。如果被试对全局性等级含意和局域性等级含意都敏感，无论控制句为何种类型，他们都会倾向于选择控制句。如果他们对某一种等级含意不敏感，则在控制句和测试句之间不会有明显偏好。跟实验一一样，本实验也包括一类控制情境，在该类情境中，测试句不论就根句还是子句中的等级弱项而言，信息量都是充分的。比如，为（8）提供控制情境的故事是小兔子本来打算吃苹果，但觉得不是很饿，因此选择吃草莓。吃到一半的时候，她觉得饱了，所以把剩下的一半保存起来。但是在该场景中，不论控制句是哪种类型，逻辑语义都为假。

　　实验二构成 2（控制句的类型）×2（情境类型）的混合设计。其中，控制句的类型为被试间变量，而情境类型为被试内变量。每名被试共有 16 次尝试，其中，4 次为关键情境，4 次为控制情境，另外 8 次为填充项。故事呈现的顺序、手偶的发声性别在被试间做随机化处理，测试句和控制句呈现的顺序、关键情境和测试情境呈现的顺序，以及测试句和控制句的角色呈现在被试内平衡。每名被试的实验在同一天内分两段完成，每段耗时约 15 分钟。整个实验过程全程录音、录像。

8.2.3　结果与分析

　　与实验一相同，本实验的因变量也是被试在各实验条件中选择测试句的比例。根据实验设计，一组成人（$n = 20$）和儿童（$n = 24$）听到的是测试句［如（3）］和根句中包含等级强项的控制句［如（4）a］，旨在测试他们对全局性等级含意的敏感性；另一组成人（$n = 20$）和儿童（$n = 24$）听到的是测试句和子句中包含等级强项的控制句，旨在测试他们对局域性等级含意的敏感性。为了方便讨论，我们把前一组称为"根句组"，把后一组称为"子句组"。先看被试在控制情境中的表现。控制情境是指控制句的逻辑语义为假，而测试句不仅逻辑语义为真，且信息量也充分的情境。跟预期一致，在这类情境中，不论是根句组还是子句组的成人和儿童都全部选择了测试句。被试的解释说明，他们之所以选择测试句而非控制句，是因为在控制情境中，控制句的逻辑语义为假，见（11）。

　　（11）a. 长颈鹿说得不对，小兔子只吃了草莓，没有吃苹果。

　　　　　b. 它（指长颈鹿）说小兔子吃了苹果，说错了。

再看被试在关键情境中的表现。关键情境是指测试句的逻辑语义为真，而信息量不够充分的情境。如果被试对量准则敏感，他们会在该情境中选择信息量更加充分的控制句。结果见表 8.3。根句组的成人选择测试句的比例为18%（14/80）。成人被试对选择所做的解释说明，他们认为使用"P 或者 Q"描述"P 和 Q"为真的情境并没有提供足够充分的信息，如（12）：

（12）a. 小浣熊说的是小兔子吃了苹果或者草莓，但事实上两种
　　　　水果小兔子都吃了。

　　　b. 不对，因为小兔子既吃了苹果又吃了草莓。

表 8.3　　被试在关键情境中选择两类测试句的情况

测试句类型		成人	儿童
根句	频数/例	14	25
	百分比/%	18	26
子句	频数/例	9	42
	百分比/%	11	44

个体数据表明，根句组有两名成人被试在 4 次尝试中总是选择测试句而非控制句。在（13）中，这两名被试的解释说明，他们的选择是因为他们关注了子句中量化词弱项"一部分"的等级含意，而不是因为他们忽视了根句中逻辑连接词"或者"的等级含意。

（13）a. 小兔子吃掉了全部草莓，所以说她吃了一个苹果和一部
　　　　分草莓是不对的，长颈鹿说得更准确一点。
　　　b. 长颈鹿说小兔子吃了一个苹果或者一部分草莓，是对
　　　　的。她吃了一个苹果，但吃掉了所有的草莓。

根句组的儿童在关键情境中选择测试句的比例为 26%（25/96），与相同实验条件下的成人组之间不存在显著差异（$Z = -1.365$，$p = 0.172$）。在 24 名儿童被试中，仅有 2 人（8%）总是选择测试句。这说明，在 8 岁之前，绝大多数儿童和成人一样能够得到"或者"的等级含意。换言之，他们所理解的"或

者"都是不相容的。这一结果与 Chierchia 等（2001）和 Gualmini 等（2001）的发现不一致，这可能是因为本实验为儿童提供了明确的等级<和，或者>，因此儿童在加工"或者"的等级含意时没有困难。

子句组的情况则有不同。成人选择测试句的比例为 11%（9/80），而儿童则为 44%（42/96），两者间的表现具有显著差异（$Z = -3.158$，$p < 0.01$）。这说明，儿童对子句中的量化词等级弱项所触发的等级含意的敏感度总体上不如成人。个体数据表明，有 6 名儿童（25%）在 4 次尝试中有 3 次以上选择了测试句。被试的解释说明，不论是儿童还是成人，他们选择控制句而非测试句都是因为测试句中子句的量化词等级弱项"一部分"，在关键情境中信息量不够充分，如（14）：

（14）a. 小兔子不只是吃了一部分草莓，全部草莓都被她吃掉了。

　　　 b. 小兔子吃完了所有的草莓，小浣熊说她只吃了一部分草莓，是不对的。

　　　 c. 小浣熊说得不好，因为小兔子把草莓都吃完了。

　　　 d. 长颈鹿说得对，故事里说兔子吃完了全部草莓。

通过比较根句组和子句组的被试的表现可以看出，等级弱项所处的句法位置影响儿童对等级含意的加工，而不影响成人。根句组的儿童和子句组的儿童选择测试句的比例（26% vs. 44%）之间存在显著差异（$Z = -2.712$，$p < 0.05$）。根句组的成人和子句组的成人在选择测试句方面的表现则没有明显差异，比例分别为 18% 和 11%（$Z = -1.251$，$p > 0.05$）。

本实验的结果说明：首先，在适当的情境下，儿童完全可以和成人一样得到等级弱项的等级含意。这里所说的适当的情境是指为儿童提供明确的等级选项作为参照，使他们能意识到尽管等级弱项的逻辑语义为真，但信息量还不够充分，因此在语用上是不恰当的。在这种情境下，儿童不需要自行构建话语的选项集，减轻了认知负担。此时，他们在理解各类等级谓词（比如本实验中的逻辑连接词以及实验一中的量化词）弱项时的表现都与成人无异。因此，儿童在推导等级含意方面并不存在延迟现象。尽管儿童对于根句中等级弱项的理解与成人无异，但他们在加工子句中等级弱项的等级含意时，却不如成人敏感。这说明，加工子句中等级弱项的等级含意所造成的认知负担更重。Geurts（2009，2010）提出的"所谓局域性等级含意是等级弱项的词义发生了重构"的观点，没有得到本实验的支持。综合实验一和本实验的结果可以发现：对于"一部分"的理解，当其处于根句时，年龄更小的被试与成人之间没有显著差异；当其处于子句时，大多数儿童在 8 岁前都不能得到其等级含意。如果"一部分"的词义在进入句法加工前就发生了重构，这一结果难以解释。本实验的结果支持了等级含意的局域性假说，即子句中的等级谓词触发的等级含意会与子句的逻辑语义一起进入下一步的句法运算，而不同模块之间的交互对于儿童来说较为困难。

8.3 汉语儿童对下向单调语境中的等级弱项的理解

等级含意的一个重要特性是其在下向单调语境中不会出现。否定词的辖域是典型的下向单调语境。比如，（15）a 蕴涵（15）b，反过来蕴涵关系不成立：

（15）a. 张三不认识美国人。

b. 张三不认识纽约人。

"纽约人"的所指是"美国人"所指的子集，包含母集的命题蕴涵包含子集的命题，说明"不"的辖域是下向单调语境。当等级谓词的弱项处于"不"的辖域之内时，"强项不成立"的等级含意不会出现。比如，说话人说（16）a 时，不隐含他认为"并非张三不吃苹果和香蕉"，即"张三吃苹果和香蕉"。同样，说话人说（16）b 时，也不隐含他认为"并非张三不一定去了北京"，即"张三一定去了北京"。

（16）a. 张三不吃苹果或者香蕉。

b. 张三不可能去了北京。

　　我们认为，等级含意的这一特性为考察数词的语义提供了窗口。前人研究发现，尽管儿童总体上对于量化词的等级含意不如成人敏感，但他们对于数词的理解却在一开始就与成人一致，倾向于其确切解读。对于这一现象，文献中有两种不同解释。第一种解释认为，数词和量化词有不同的语义编码：量化词的逻辑语义是取下限的，"一部分"逻辑上表示"至少一部分，包括全部"；数词的逻辑语义是双边限定的，数词 n 编码的意义是"正好 n"。换言之，数词不像 Horn（1972）所描述的那样是等级谓词。第二种解释则坚持把数词看作等级谓词，即 n 语义上编码"至少 n"，在使用时触发"不多于 n"的等级含意，得到"正好 n"的解读。儿童在理解数词和量化词时的不同表现源于数词的等级含意相较于量化词等其他等级词项更容易加工，对儿童不构成认知困难。儿童习得数词都是在计数序列中进行的，因此包含数词 n 的句子很容易触发包含数词 $n-2$、$n-1$、$n+1$、$n+2$ 等的选项集。儿童得到"并非 $n+1$，$n+2$⋯⋯"的等级含意比较容易。相反，量化词等其他等级词项并不总是触发选项集。比如，上文讨论过"一些"的存在解读就与"所有"没有密切关系。如果儿童意识不到"一些"和"所有"构成等级，自然也难以得到包含"一些"的句子所隐含的"并非所有"的等级含意。儿童（以及成人）在下向单调语境中对数词的理解可以帮助区分这两种观点。如果数词的上限意义是等级含意，那么根据等级含意的性质，在下向单调语境中数词只会被理解为"至少 n"；反之，如果数词的逻辑语义是"正好 n"，那么不论是否在下向单调语境中，都能得到"正好 n"的确切解读，因为下向单调语境不会影响逻辑语义。基于以上考虑，我们将比较儿童对下向单调语境中数词和量化词的理解。本节的研究问题如下。

　　第一，单调性是否影响儿童和成人对于等级弱项的理解？

　　第二，下向单调性是否对量化词和数词的上限意义有同样的作用？

　　鉴于否定句的认知加工对于儿童而言较难，在本实验中我们选择全称量词"每"的限制域作为下向单调语境，如（17）：

　　（17）a. 每个投进了一些球的运动员都得到了奖牌。

　　　　　 b. 每个投进了三个球的运动员都得到了奖牌。

"每"的限制域是下向单调语境：如果"每个同学都及格了"为真，那么"每个男同学都及格了"也为真。相反，"每"的核心域是上向单调语境：如果"每个同学都考了90分"为真，那么"每个同学都及格了"必定为真。为了比较不同语境中被试对数词和量化词理解的差异，本实验还包括一组数词/量化词位于"每"的核心域的测试句，见（18）：

> （18）a. 每个运动员都投进了一些球。
> 　　　 b. 每个运动员都投进了三个球。

8.3.1　被试

实验三的被试是来自深圳市两所大型公立幼儿园的以汉语为母语的 40 名儿童，年龄介于 4;7～5;5，平均年龄为 5;2。语言背景调查表明，被试均能说流利的普通话，且认知和语言发展水平正常。对照组为广州某高校 40 名非语言学专业的本科生。

8.3.2　方法和过程

本实验采用真值判断任务。研究者邀请被试和由助理操控的手偶长颈鹿一起观看由玩具演示的故事。被试被告知，每听完一个故事，研究者就会问长颈鹿故事里讲了什么。因为长颈鹿有时候不够认真，所以他说的话有可能对，也有可能不对。因此，需要被试根据故事的内容来判断他说得对还是不对。如果长颈鹿说得不对，被试还需要告诉他为什么不对。本实验的关键情境是测试句的逻辑语义为真，但信息量不够充分的场景，例如对于量化词/数词位于"每"的限制域的测试句（17）a 和（17）b，关键情境是（19）中的故事。

> （19）图图、叮当和佩奇在进行投篮比赛。希瑞担任比赛的裁判，他拿出来四个球，让大家轮流投，看看谁能投进更多的球。图图先来投，尽管他不是很擅长投篮，却努力把球一个一个都投进了篮筐，于是希瑞给了他一块奖牌。接下来轮到叮当投篮。他非常认

真，把四个球都投了进去。希瑞说，叮当表现很棒，奖励你一个奖牌。然后轮到佩奇了，他也非常会投篮，一连把四个球都投进了篮筐。希瑞说，佩奇真厉害，也奖励你一个奖牌。

如果等级弱项"一些"在下向单调语境中不产生等级含意，那么被试会在（19）所述的情境中将测试句（17）a 判断为真；相反，如果"一些"在"每"的限制域中一样产生等级含意，那么被试会在上述情境中将（17）a 判断为假，因为每一位运动员都投进了所有的球，也得到了奖牌。同样，如果数词是等级谓词，那么被试在上述情境中将（17）b 判断为真；相反，如果数词不是等级谓词，而是编码"正好 n"的语义，那么被试会在上述情境中将（17）b 判断为假，因为每一位运动员都投中了四个球。同样，在上述情境中，如果被试把（18）中数词/量化词位于"每"的核心域的测试句中的"一些"理解为"一些，但并非所有"，把"三个"理解为"正好三个"，则会将该组测试句判断为假，因为每个运动员都投进了全部的四个球；反之，如果他们把"一些"理解为"至少一些"，把"三个"理解为"至少三个"，则会将控制句判断为真。

除关键情境外，本实验还包括使测试句的逻辑语义为假的控制情境。

（20）图图、叮当和佩奇在进行投篮比赛。希瑞担任比赛的裁判，他拿出来四个球，让大家轮流投，看看谁能投进更多的球。图图先投，尽管他把三个球投进了篮，只错失了一个，但希瑞认为图图的投篮方式不正确，因此不能得到奖牌。接下来轮到叮当投篮。他非常认真，但很遗憾，四个球都没有进篮，因此也不能得到奖牌。最后轮到佩奇，他非常会投篮，把四个球都轻松地投进了篮筐。因此，希瑞奖励给他一个奖牌。

在（20）所述的情境中，不论量化词/数词位于"每"的限制域还是核心域之中，测试句在逻辑语义上都为假。控制情境的目的在于测试被试是否能给出否定回答，以及他们是否理解"每"的全称量化语义。

本实验构成一个 2（目标词类型：量化词 vs. 数词）×2（句法环境：上向

单调语境 vs. 下向单调语境）×2（情境：关键情境 vs. 控制情境）的混合设计，其中句法环境和情境为被试内因素，目标词类型为被试间因素。每名被试共有 12 次尝试（3 次尝试×2 种句法环境×2 种情境），另外还有 4 次填充项。每名被试耗时约 30 分钟，在同一天的上午和下午分成两段完成。

8.3.3　结果与分析

本实验的因变量为被试在不同情境中将测试句判断为"不对"的比例。先看被试在控制情境中对测试句的判断。结果表明，不论是成人，还是儿童，在测试句的逻辑语义为假的情境中，他们都将两类测试句判断为"不对"。被试的解释说明，他们的判断是基于控制情境没有满足"每"的全称量化要求，如（21）。因此，所有被试（包括儿童）都理解"每"的全称量化语义，并且不存在肯定偏向。

（21）a. 不对，因为叮当也投进了一些球，却没有得到奖牌。

　　　b. 图图一个球都没有投进去，所以长颈鹿说每个运动员都投进了三个球是不对的。

再看被试在关键情境中对测试句的判断。句法环境为被试内变量，即同一名被试既要判断目标词位于下向单调语境（"每"的限制域）的测试句，又要判断目标词位于上向单调语境（"每"的核心域）的测试句。目标词类型为被试间变量，即同一名被试要么判断包含量化词的测试句，要么判断包含数词的测试句。量化词组的被试在关键情境中拒绝测试句的情况见表 8.4。在关键情境中，量化词组的成人将下向单调语境测试句判断为"不对"的比例仅为 7%（4/60），远低于他们将上向单调语境测试句判断为"不对"的比例（85%，51/60）。威尔科克森检验表明，两者间存在非常显著的差异（$Z = -3.898$，$p < 0.001$）。这说明，句法环境对成人理解等级谓词产生了影响。在上向单调语境中，等级弱项所触发的等级含意，在下向单调语境中不复出现。这一结果支持 Chierchia 等（2001）以及 Chierchia（2004）关于下向单调语境抑制等级含意的观点。量化词组的儿童在关键情境中将下向单调语境测试句判断

为"不对"的比例为 62%（37/60），曼-惠特尼检验显示与成人组存在显著差异（$Z = -2.164$, $p < 0.05$）。他们将上向单调语境测试句判断为"不对"的比例为 3%（2/60），与成人之间不存在显著差异（$Z = -0.519$, $p > 0.05$）。被试之所以将测试句判断为不对是因为他们理解了量化词"一些"的等级含意为"并非所有"，如（22）中的解释所示。

（22）a. 长颈鹿说得不准确，因为每一个运动员都投进了所有的球。

　　　b. 图图、叮当和佩奇都把所有的球投进了篮，所以长颈鹿不对。

结果说明，在理解位于上向单调语境的量化词等级弱项时，儿童相较于成人在没有提供明确等级强项以供比较的情况下，尽管也能推导出等级含意，但总体上对等级含意的敏感度较低。与此相反，儿童和成人在下向单调语境中对等级含意的理解表现出相似的敏感性。

表 8.4　量化词组的被试在关键情境中拒绝测试句的情况

测试句类型		成人	儿童
下向单调语境测试句	次数/次	4	37
	百分比/%	7	62
上向单调语境测试句	次数/次	51	2
	百分比/%	85	3

如表 8.5 所示，在关键情境中，数词组的成人和儿童的表现都与量化词组中他们的同龄人有所不同。数词组的成人在关键情境中将上向单调语境测试句判断为"不对"的比例高达 92%（55/60），与量化词组的成人在关键情境中将上向单调语境测试句判断为"不对"的比例没有统计意义的差别（$Z = -0.519$, $p > 0.05$）。但数词组的成人在关键情境中将下向单调语境测试句判断为"不对"的比例为 55%（33/60），显著低于他们在关键情境中将上向单调语境测试句判断为"不对"的比例（$Z = -2.850$, $p < 0.01$），并且与量化词组的成人在关键情境中对下向单调语境测试句的判断存在非常显著的差异（$Z = $

-3.980，$p < 0.001$）。数词组的儿童在关键情境中将上向单调语境测试句判断为"不对"的比例高达 100%（60/60），将下向单调语境测试句判断为"不对"的比例为 87%（52/60）。这两组数据之间没有统计学意义的差别（$Z = -2.060$，$p > 0.05$），但分别与量化词组的儿童在相同语境对测试句的判断存在显著差异（上向单调语境测试句 $Z = -5.549$，$p < 0.001$；下向单调语境测试句 $Z = -4.020$，$p = 0.001$）。被试的解释说明，他们把测试句判断为"不对"的原因是他们将数词"三个"理解为"正好 3"，见（23）。

（23）a. 不对，因为他们都投进了四个球才得到的奖牌，不只有三个。

b. 不对，每个运动员都投进了四个球。

表 8.5　数词组的被试在关键情境中拒绝测试句的情况

测试句类型		成人	儿童
下向单调语境测试句	次数/次	33	52
	百分比/%	55	87
上向单调语境测试句	次数/次	55	60
	百分比/%	92	100

本实验的结果说明，不论儿童还是成人，在理解数词时都比他们理解量化词时更容易得到双边限定解读。这一发现与文献中前人对儿童理解数词和量化词的研究结果（如 Papafragou & Musolino，2003；Musolino，2004；Hurewitz et al.，2006；Barner et al.，2009；Barner & Bachrach，2010；吴庄和谭娟，2009 等）相一致。在一般情境中，对于量化词弱项的等级含意敏感度不如成人的学前儿童，却和成人一样倾向于将数词理解为"正好 n"。本实验还发现，在抑制等级含意的下向单调语境中，尽管成人和儿童都明显倾向于取量化词"一些"的逻辑语义解读，但在该类语境中，儿童甚至大部分成人仍然坚持把数词理解为"正好 n"。这说明在"正好 n"解读中，"不超过 n"这一部分的意义可能不是等级含意，否则听话人在下向单调语境中应该倾向于将数词理解为下限解读"至少 n"。我们认为，数词的逻辑语义就是双边限定的，

即"正好 n"，因此上限解读不受下向单调语境的影响。数词所构成的并非等级，而是序列。序列与等级的差别在于，前者中后项与前项之间并无蕴涵关系，而后者中强项蕴涵弱项。比如，"张三吃了全部蛋糕"蕴涵"张三吃了一部分蛋糕"，但"张三吃了三块蛋糕"却不蕴涵"张三吃了两块蛋糕"，而是蕴涵其否命题"并非张三吃了两块蛋糕"。

现在需要解释的是，为什么本实验中数词组的成人在关键情境中将下向单调语境测试句判断为"对"（即接受数词的下限解读"至少 n"）的比例也高达 45%。我们认为，这些被试仍然将数词"三"理解为"正好 3"，但他们只关注每个投中 3 个球的运动员是否得到了奖牌，将投中 4 个球的运动员看作与当下话题无关。总而言之，本实验的结果说明，一方面，等级含意在下向单调语境中受到抑制；另一方面，数词的语义编码与量化词不同，其逻辑语义就是双边限定的。

8.4　"当下讨论的问题"对汉语儿童推导等级含意的影响

本章的前三个实验都发现，在一般情况下，汉语儿童对于等级弱项，如"一些""或者"等，所触发的含意不如成人敏感。但如果语境明确提供了等级强项作对比，5 岁左右的汉语儿童也能够跟成人一样加工等级含意。这说明，儿童并非缺乏推导等级含意所需的"量准则"知识，而是在构建等级时存在困难。比如，他们在听到包含"一些""或者"这些等级弱项的句子时，不能把它们与等级强项"所有""和"等联系起来。换句话说，儿童在构建等级时存在困难可能是因为他们没有意识到等级弱项的信息量与当前交际的目的相关。因此，需要研究儿童在语境明确表达"信息量"的相关性时，是否能像成人一样推导等级含意。

本实验的另一个动因涉及对于等级含意"默认性"的争议。默认论者认为，在一般情境下等级弱项自动地触发等级含意；临时论者认为，等级谓词是否触发等级含意与 QUD 有关：如果 QUD 是"张三到底有没有吃苹果"，那么断言"张三吃了一些苹果"就不容易得到"并非张三吃了所有苹果"的等级含意。然而，如果 QUD 为"张三到底吃了多少苹果"，则该等级含意一定会产生，因为此时"量"与 QUD 密切相关。在这一点上，等级含意与临时性等级含意并无不同：如果 QUD 为"张三到底有没有吃苹果"，那么回答"张三吃了苹果"并不隐含"张三只吃了苹果"；相反，如果 QUD 为"张三到底吃了什么"，则该等级含意一定会出现。因此，本实验考察 QUD 对儿童加工等级含意的影响，研究问题如下。

第一，汉语儿童对于等级含意与 QUD 的关系是否和成人一样敏感？

第二，QUD 是否影响儿童对临时性等级含意的推导？

测试句为包含量化词等级的弱项"一些"的陈述句，如（24）：

（24）小猫钓到了一些鱼。

8.4.1 被试

实验四的被试为在深圳市两所大型公立幼儿园选取的 32 名儿童。年龄介于 4;8～5;6，平均年龄为 5;3，语言和认知发展处于正常状态，以普通话为主要语言。30 名非语言学专业的本科生作为对照组参加了实验。所有儿童和成人被试都没有参加过本章前三个实验。

8.4.2 方法和过程

本实验采用真值判断任务，即研究者用玩具演示故事，并邀请被试和手偶长颈鹿一起观看。故事完成后，研究者要求被试判断长颈鹿就故事内容所做的陈述是否正确，并解释其判断的理由。但与一般真值判断任务不同的是，本实验中的故事凸显了 QUD，分为两类，例如（25）和（26）：

（25）小猫一早上就出门到水塘边去钓鱼。这个水塘不算大，里面总共生活着四条鱼和两只龙虾。小猫是钓鱼高手，今天运气特别好，一开始就接连钓到了三条鱼。他非常高兴，接下来想把龙虾钓上来。可是接下来上钩的是第四条鱼。所有的鱼都被小猫钓到了！

小猫并没有放弃,它耐心地坐着继续钓龙虾,过了很长一段时间,有一只龙虾终于上钩了。小猫把鱼和龙虾都装在桶子里头,高高兴兴地往家里走去。小兔子和小狗远远地看见了它那么开心,就很好奇小猫到底钓了多少鱼。小兔子说:"小猫肯定是钓到了所有的鱼,所以它才那么开心。"小狗不同意,他说:"小猫才不会把所有的鱼钓完呢。"它们两个争论不休。(研究者问手偶)长颈鹿,小猫到底钓了多少鱼呢?

(26)小猫一早上就出门到水塘边去钓鱼。这个水塘不算大,里面总共生活着四条鱼和两只龙虾。小猫是钓鱼高手,今天运气特别好,一开始就接连钓到了三条鱼。它非常满足,接下来想把龙虾钓上来。可是接下来上钩的是第四条鱼。所有的鱼都被小猫钓到了!小猫并没有放弃,它耐心地坐着继续钓龙虾,过了很长一段时间,有一只龙虾终于上钩了。小猫把鱼和龙虾都装在桶子里头,高高兴兴地往家里走去。小兔子和小狗远远地看见了它那么开心,就很好奇小猫到底钓了什么。小兔子说:"小猫最喜欢吃鱼,它肯定是钓到了鱼。"小狗不同意,他说:"小猫每天都吃鱼,只钓到了鱼才不会这么高兴呢,肯定钓到了龙虾。水塘里有龙虾。"他们两个争论不休。(研究者问手偶)长颈鹿,小猫到底钓了什么呢?

比较上面两个故事,可以发现基本事实并无不同:小猫钓到了全部四条鱼,外加一只龙虾。然而,差异在于另外两个角色,即小兔子和小狗所争论的问题,即 QUD。在(25)中,它们讨论的是小猫钓到了多少鱼,研究者向手偶提的问题也是如此(为方便讨论,下文称为"多少"类 QUD);在(26)中,小兔子和小狗讨论的,以及研究者向手偶提的问题是小猫钓到了什么(为方便讨论,下文称为"什么"类 QUD)。小猫钓到龙虾的事实只与"什么"类 QUD 有关,而与"多少"类 QUD 无关。本实验的预测是,尽管成人在(25)和(26)所述情境中都会将(24)判断为"不对",但原因不一样:当 QUD 为"多少"类问题时,测试句(24)会引发"一些"的等级含意,即"小猫没有钓到全部的鱼";当 QUD 为"什么"类问题时,测试句则会引发临时性等级含意，即"小猫只钓到了一些鱼，没钓到别的东西"。当然，如果等级弱项"一些"自动触发等级含意，成人在 QUD 为"什么"类问题时同样也会得到"并非所有"的等级含意。儿童则可能有几种情况：第一，儿童缺乏关于量准则的知识，因此既不能推导等级含意，也得不到临时性等级含意，无论在哪一类故事中。第二，他们具有关于量准则和相关准则的知识，但在构建等级谓词的选项集时有困难。因此，即使 QUD 为"多少"类问题，他们也不能推导等级含意，而是基于测试句的逻辑语义将其判断为"正确"。但他们在QUD 为"什么"类问题时，可以得到临时性等级含意，并依据该含意将测试句判断为"错误"。第三，他们对 QUD 不敏感，所以不论是"多少"类QUD，还是"什么"类 QUD，他们都依据临时性等级含意将测试句判断为"错误"。

同前面三个实验一样，为了避免儿童被试的"正确"偏向，本实验设计中还包括控制情境，即测试句逻辑语义为假的情境。匹配（19）和（20）的控制情境都是小猫没有钓到鱼，只钓到了龙虾。

本实验构成 2（QUD："多少"类 vs. "什么"类）×2（情境：关键情境 vs. 控制情境）的被试内设计。每名被试共有 12 次尝试（= 3 次尝试 × 2 类情境 × 2 类 QUD），以及 4 个填充项。实验约耗时 30 分钟，在同一天的上午和下午分两段完成。

8.4.3 结果与分析

本实验的因变量是被试在关键情境下基于"一些"的等级含意将测试句判断为"不对"的比例。成人和儿童在控制情境中都将测试句判断为"不对"，他们的解释表明，判断的依据是在控制情境中测试句的逻辑语义为假，如（27）。这说明，被试能完成实验任务，并且不存在"正确"偏向。

（27）a. 它（长颈鹿）说得不对，因为小猫只钓到了龙虾。
b. 错，小猫没有钓到鱼。

尽管关键情境中的成人在两类故事里都倾向于将测试句判断为"不对"，

但如表 8.6 所示，在两类故事中他们给出的理由并不相同。当 QUD 为"多少"类问题时，成人有 94%（85/90）的解释涉及"一些"的等级含意[①]；当 QUD 为"什么"类问题时，成人涉及"一些"的等级含意的解释就仅有 31%（28/90）。在两种语境中，成人对等级含意的理解存在显著差异（$Z = -4.461$，$p < 0.001$）。（28）是同一名成人被试 ZXL 在两种语境中给出的解释：

（28）a. 不对，小猫钓走了所有的鱼。（"多少"类 QUD）

　　　b. 不对，因为小猫还钓了龙虾。（"什么"类 QUD）

表 8.6　被试在 QUD 不同的关键情境中推导"一些"的等级含意的情况

QUD 类型		成人	儿童
"多少"类 QUD	次数/次	85	58
	百分比/%	94	60
"什么"类 QUD	次数/次	28	8
	百分比/%	31	8

　　总体上，儿童在两类故事中也都倾向于将测试句判断为"不对"：当 QUD 为"多少"类问题时，拒绝率为 93%（89/96）；当 QUD 为"什么"类问题时，拒绝率为 96%（92/96）。具体分析被试的解释发现，儿童在"多少"类 QUD 的语境中推导"一些"的等级含意的比例为 60%（58/96），和成人一样远高于在"什么"类 QUD 的语境中推导等级含意的比例（8%，8/96，$Z = -3.855$，$p < 0.001$）。这说明 QUD 同样影响儿童对于等级含意的加工。但与成人相比，儿童在相同语境中推导等级含意的比例都显著较低（"多少"类 QUD：$Z = -3.538$，$p < 0.001$；"什么"类 QUD：$Z = -2.888$，$p < 0.01$）。值得注意的是，绝大多数儿童在两类故事中拒绝测试句时都涉及临时性等级含意。（29）是同一名儿童（WZJ，男，5;5）在两类故事中所给的判断和解释。

（29）a. 不对，因为小猫钓走了所有的鱼，而且还钓了龙虾。
　　　　（"多少"类 QUD）

---

① 其中有 41 次（占总数的 45.6%）还提到了与 QUD 无关的"小猫钓到了龙虾"这一事实。

b. 还是错了，除了鱼，小猫还钓了龙虾。（"什么"类 QUD）

　　实验中成人和儿童的表现都说明，等级弱项的等级含意并非自动产生的，相反，它和临时性等级含意一样与语境的 QUD 密切相关。只有当等级谓词所涉及的信息量与当前的交际目的密切有关时，才会触发听话人推导等级含意。儿童对于 QUD 的敏感性与 Sugawara（2016）的研究结论相一致。学前儿童已经掌握了"相关准则"，即"信息量"是否充分取决于交际的话题。本实验的结果进一步佐证了前人以及本章中实验一到三的结论，即儿童对等级弱项的等级含意不如成人敏感。在本实验中，即使 QUD 为"多少"类问题，儿童依据"一些"的等级含意拒绝测试句的比例也仅为 60%，远低于成人。但这也同时说明，在一定的语境中，比如当明确"信息量"的相关性时，儿童能够推导等级含意，尽管达不到成人的水平。因此，儿童的困难并不在于缺乏关于"量准则"的知识，而是在构建等级弱项的选项集方面。事实上，实验四中的儿童对临时性等级含意非常敏感，支持了 Papafragou 和 Tantalou（2004）、Horowitz 等（2018）研究的结果。这也说明，儿童具有关于"量准则"的知识，因为推导临时性等级含意同样需要依据"量准则"。

8.5　小　　结

　　本章首先考察了汉语儿童对量化词等级的理解，结果发现儿童对量化词等级中弱项的理解并非总是与其逻辑语义一致。相反，在一定的实验条件下，他们完全可以得到"否定强项"的等级含意。这一结果与文献中关于儿童在推导量化词的等级含意方面存在困难的结论不一致。儿童是否计算量化词弱项的等级含意还与具体的量化词相关。对儿童而言，"部分"比"一些"更容易触发等级含意。对儿童理解局域性等级含意的研究进一步发现，他们在加工子句中等级弱项的等级含意时不如成人，这证实了等级含意的局域性假说，即子句中的等级谓词触发的等级含意会与子句的逻辑语义一起进入下一步的句法运

算。不同模块之间的交互对于儿童来说较为困难。本章的研究还发现，在抑制
等级含意的下向单调语境中，成人和儿童对量化词"一些"的解读均不同于他
们对数词的解读。下向单调语境取消了"一些"的等级含意，而对数词的上限
意义没有影响。本章最后讨论了儿童在加工等级含意时有时存在困难的原因。
研究结果表明，儿童并不缺少关于"量准则"的知识，但他们尚不能有效地构
建等级弱项的选项集。因此，当明确"信息量"的相关性时，儿童在推导等级
含意时的表现会更接近成人。

第 9 章

结　　语

　　本书从已知信息和新信息的表征、焦点小品词的理解以及等级含意的推导三个方面考察了汉语儿童语言中的语法-语用接口知识。

　　在已知信息和新信息的表征方面，首先我们讨论了两种维度的已知信息/新信息及其在语言中的表达方式。指称维度的已知信息/新信息在语言中表现为名词性成分的指称性质，特别是定指和不定指这一对重要特征，以及与之密切相关的特指性。定指与不定指的区别尽管可以从指称实体的唯一性方面定义，但本质上与说话人对交际双方共有知识所做的预设相关，是一种语用概念。如果说话人预设某事物是听话人知识的一部分，则该事物为定指；相反，如果说话人预设某一事物对听话人而言是未知的，则该事物为不定指。尽管定指和不定指的区别在各种语言中普遍存在，但不同语言表达定指性的机制也各不相同。在英语等多数印欧语言中，冠词等限定词是编码定指和不定指信息的主要手段；在阿拉伯语中，前缀和后缀表达定指性；在汉语中，一些限定词与定指性之间存在严格的对应关系，例如"一_{轻读}"只能表示不定指，因此也被看作准不定冠词，而远指示词"那"则只能表示定指，相当于准定冠词；但另外一些限定词，如数词，则既可以定指，也可以不定指。此外，汉语中的名词性成分都能以没有限定词的所谓光杆形式出现，而光杆名词也兼具定指和不定指的解读。

　　关系维度的已知信息/新信息在语言中表现为话题和焦点。话题是句子表达的命题所关涉的对象，其指称实体的存在是被说话人预设的，因此是已知信息；焦点是对话题所做的评论或陈述，是新信息。一般来讲，已知信息在句子中都倾向于位于新信息之前，在汉语中更是如此。汉语有一种明确的倾向，由主语表达已知的、确定的事物，而由宾语表达未知的、不确定的事物。当光杆名词或数量（名）成分出现在主语位置时，一般表达已知信息；当它们出现在宾语位置时，则一般表达新信息。句法在表达已知信息/新信息方面的作用还体现在包含数量词和修饰语的复杂名词性成分上。当修饰语处于数量词和名词之间时，整个名词性成分和简单的数量（名）成分一样，既可以指称已知实体，也可以指称新的实体或无特定的指称实体；当修饰语在名词性成分内部发生移位，提升至更高的功能投射层时，所得到的外部修饰成分只能指称已知实体。

　　掌握上述语言知识是汉语儿童语言习得的重要内容。通过对两名儿童早期的自发语言中使用的名词性成分进行分析，我们发现，除代词和专有名词外，儿童在 2;6 之前使用的名词性成分形式主要有光杆名词和指量名成分，较少使用数量（名）成分、"一轻读"量名成分和量名成分，也没有产出包含数量词和修饰语的复杂名词性成分。儿童一开始就只把指量名成分用于已知实体，只有极少数例子中的"一轻读"量名成分和量名成分用于新实体，这说明他们很早就掌握了这些名词性成分的形式分别与定指或不定指之间的对应关系。研究未发现儿童用"一轻读"量名成分和量名成分做主语的情况。主语位置的数量（名）成分和光杆名词都回指话语中已经存在的实体。但总体上，儿童早期语言中的"一轻读"量名成分和量名成分非常少，且完全没有复杂名词性成分。由于观察的阶段有一定的局限性，因此无法基于对自发语言的分析来确切判断儿童是否已经习得了已知信息/新信息表达的句法机制。所以，我们通过诱导产出法考察了各年龄段的儿童使用名词性成分形式和句法位置表达已知信息/新信息的情况。研究发现，汉语中指称维度的已知信息/新信息表达机制，即名词性成分的定指性，在 3 岁前就已经被儿童习得；关系维度的已知信息/新信息表达机制在 7 岁儿童的语言中仍与成人之间存在差异。儿童对复杂名词性成分中修饰语的位置与已知信息/新信息之间的关系同样习得较晚。在 5 岁前，儿童极少使用外部修饰成分，也没有掌握外部修饰成分只能表达已知信息，而内部修饰成分既可以表达已知信息又可以表达新信息的知识。与句法有关的已知信息/新信息表达机制在儿童语言习得中表现出延迟，这可能与该类知识属于句法-语用接口的性质有关，也可能因为从词汇到句法是儿童语言习得的逻辑途径。此外，儿童的认知发展水平也可能限制了他们对关系维度的已知信息/新信息表达的习得。为了进一步检验接口假说，确定儿童习得已知信息/新信息表达机制的困难原因是否在于接口性质，我们通过诱导产出和语法判断任务考察了以英语为母语的二语学习者对汉语已知信息/新信息表达机制的习得。由于英语的常规句式中主语可以表达新信息，因此英语母语者不可能通过正迁移习得相关知识，而成人二语学习者不论一般认知能力还是元语言知识，都远胜于儿童。如果成人二语学习者在已知信息/新信息表达机制的习得方面同样表现出滞后，这说明困难的确在于这一类知识的接口性质。研究表明，中、高级的英语母语者不论在汉语指称维度的已知信息/新信息表达的知识上，还是关系维度的已知信息/新信息表达的知识上都存在缺陷，其中关系维度的已知信息/新信息表达机制更难以习得。因此，我们认为，已知信息/新信息表达机制作为一种句法-语用接口知识，由于涉及不同模块之间的互动和整合，是语言习得中的难点。在儿童语言习得中，这类知识存在延迟现象，而在成人的二语习得中，更是难以完全掌握。

在焦点小品词的理解方面，本书首先讨论了焦点小品词的性质。与一般的副词不同，焦点小品词表现出对焦点的敏感性。它们与句子中的对比焦点相关联，表达焦点成分与语境中的其他事物之间的关系。焦点小品词涉及句法、音系和语用等多个模块的语言知识以及这些模块之间的互动，因此受到儿童语言习得研究的广泛关注。本书考察了儿童在汉语中习得三类焦点小品词的过程。排他性焦点小品词，如"只"和"是"，表达除包含焦点成分的本句外，语境中其他有关选项都不成立。添加性焦点小品词，如"也""还"等，表达除包含焦点成分的本句外，语境中其他有关的选项也是成立的。等级性焦点小品词则不仅表达语境中的有关选项和本句一样成立，还表达本句和其他选项构成一个等级序列，而本句位于等级的一端。排他性焦点小品词影响句子的真值条件，其意义贡献在断言或真值条件层面；添加性焦点小品词和等级性焦点小品词的意义贡献在预设层面，对句子的真值条件本身没有影响。

语言理解研究表明，汉语儿童对排他性焦点小品词的"只"和"是"的排他性非常敏感。前人研究发现，"是"对儿童甚至成人而言，似乎不具有强排他性，这其实是因为他们得到了"是"的确认解读。实验表明，儿童在习得"是"的确认解读和焦点解读时，对于真值条件属于子集的焦点解读比真值条件属于母集的确认解读更早习得，这反映了语义子集原则。我们从句法上对这一现象做了解释，认为语法习得只有弱连续性，处于更高句法位置、与"是"的确认解读有关的功能投射确认短语一开始在儿童语法中并不存在。儿童尽管很早就习得了排他性焦点小品词的排他意义，但对于这些词语所关联的焦点位置却存在和成人不一样的偏向。通过比较成人和儿童对双宾和与格结构之前的"只"的理解，我们发现，在这两种结构中，儿童都倾向于用"只"限制整个动词短语，而成人则倾向于在双宾结构中把"只"理解为限制间接宾语，在与格结构中把"只"理解为限制直接宾语，在焦点选择上表现出遵循"就近原则"。

汉语儿童能否正确理解包含添加性焦点小品词的句子与焦点成分的对比项是否足够凸显有关。本书研究发现，当对比项是语境中的凸显信息时，汉语儿童完全能够得到添加性焦点小品词触发的"添加"预设。前人之所以发现较小的儿童对添加性焦点小品词不敏感，并非因为他们没有关于这些词语的词汇语义知识，也不是因为他们在预设纳入方面存在困难，而是因为实验任务遮蔽了儿童的能力。相比于成人，儿童是更为宽容的语言使用者，当被要求判断逻辑语义为真，但预设没有得到满足的句子是否正确时，儿童倾向于给出肯定回答，而成人则倾向于给出否定回答。也就是说，儿童更加关注句子的真值条件意义。我们采用了回避正误判断的实验设计后发现，汉语学前儿童完全可以在对比项凸显的语境中推导添加性焦点小品词表达的预设。

等级性焦点小品词因为涉及焦点成分与对比项在某一语义维度上的排序，因此在认知加工方面最复杂。本书研究发现，汉语儿童在等级性焦点小品词表达的等级预设方面表现出迟滞的现象，但这并非因为他们没有掌握该类词语的词汇意义，而是因为他们在构建和维持选项的等级序列时存在困难。在等级序列得以凸显的语境中，儿童能够感知这类焦点小品词表达的等级意义。

总体而言，本书的研究表明，文献中报道的儿童对焦点小品词的理解明显滞后于产出的现象不完全成立。很大程度上，前人所发现的儿童对焦点小品词的意义不敏感是因为实验任务遮蔽了他们的语言能力。在合适的实验条件下，儿童完全可以认识到焦点小品词表达的焦点成分与语境中的对比项之间的关系。但必须说明的是，儿童与成人之间在焦点小品词的理解方面还是有所不同，比如儿童倾向于将排他性焦点小品词与动词短语而不是宾语关联，这说明儿童和成人在焦点的加工方面采用了不同的策略。

在等级含意的推导方面，本书证实儿童在理解包含等级弱项的句子时，推导"等级强项不成立"的含意比例达不到成人水平。但具体情况下，儿童的表现又存在差别：同为量化词等级弱项，在相同情况下，"部分"比"一些"，"多少"类 QUD 比"什么"类 QUD，以及明确提供等级强项作为选项比不提供等级强项作为选项时，都更容易触发等级含意。此外，下向单调语境抑制等级含意，但不妨碍数词获得双边限定解读。

为什么儿童对除数词外大部分等级谓词的理解总体上都与成人存在差异？存在三种可能性，可以分别称为语用缺失假说、加工限制假说和语用宽容假说。在具体讨论这些可能性之前，我们先看等级含意推导的详细过程。格莱斯理论及其后续发展（Grice，1975；Gazdar，1979；Levinson，1983；Schulz & van Rooij，2006；Horn，2004，2010；Chierchia et al.，2011）一致认为等级含意的推导包括以下 4 个步骤。

（1）等级含意的推导过程

第 1 步：计算包含等级谓词 L 的句子 S 的基本意义，L 具有下限的语义。

第 2 步：构建一个 S 的选项集 S^{alt} = {a_1, a_2, ……, a_n}。选项的成员是用等级中的其他词项替代 n 所得到的句子。

第 3 步：将选项集 S^{alt} 缩小为由比 S 语义更强的选项所构成的集合 S^*（即蕴涵 S，但不被 S 所蕴涵的句子）。

第 4 步：通过否定 S^* 中的全部成员强化 S 的基本语义。

举例说明，当听话人听到"熊猫吃了大部分竹子"时，首先计算其基本语义，得到"熊猫吃了至少大部分，甚至是全部竹子"的基本语义（第 1 步）。等级谓词"一部分"激活了选项集 S^{alt} = {熊猫吃了小部分竹子，熊猫吃了全部竹子}（第 2 步）。然后听话人将选项集中语义强度弱于"熊猫吃了大部分竹子"的成员（即被该句所蕴涵的成员）排除，将 S^{alt} 缩小为 S^*= {熊猫吃了全部竹子}（第 3 步）。最后，说话人否定 S^* 中的全部成员，即得到"熊猫并非吃了全部竹子"的等级含意。除此之外，听话人推导等级含意还有一个基本前提：他们掌握了合作原则及其量准则。也就是说，他们需要假定说话人在交际中的基本态度是合作的，而且需要提供与交际目的有关的足够的信息量。"充足"的信息量也与两个因素有关，首先是"认识假定"（epistemic assumption）（Geurts，2010），即听话人认为说话人对所讨论的情况完全知情。例如，当某一门课程的任课老师说（2）a 时，那么听话人很容易得到等级含意（2）b；但如果这句话由某一位学生作为道听途说讲出来，则听话人不会认为他隐含（2）b，因为听话人没有对说话人做出"认识假定"。

（2）a. 有一些同学在期末考试中得到了 A。

　　　b. 并非所有同学都在期末考试中得到了 A。

其次是相关性。关联理论（Sperber & Wilson，1986，1995）认为在合作原则的各准则中，相关准则最为重要。以量准则第 1 条为例，"（根据对话的实时目的）按需要的信息量做出自己的适当贡献"意味着某一句话信息量是否充足取决于当下讨论的问题，即 QUD。比如，当 QUD 为"熊猫吃了什么"时，（3）a 作为对这一问题的回答会隐含（3）b。但如果 QUD 为"熊猫有没有吃竹子"，说话人回答（3）a 则不会隐含（3）b。

（3）a. 熊猫吃了竹子。

　　　b. 熊猫只吃了竹子。

语用缺陷假说认为，儿童之所以在等级强项为真的语境中也接受包含等级弱项的句子，是因为他们缺乏推导等级含意所需的语用知识。比如，他们没有习得合作原则及其量准则、相关准则，或者没有掌握等级含意的的推导过程，等等。语用缺陷假说可以看作是对 Piaget（1959）的认知发展理论的阐释。在《儿童的语言和思维》（*The Language and Thought of the Child*）一书中，Piaget 提出了儿童"自我中心"论（egocentrism），即儿童不能从他人的视角看问题，无法意识到他人有不同的思维、情感、知识和感受等。鉴于考虑别人的视角是语用能力的重要基础，儿童因此可能缺乏成人的语用能力。然而，我们的研究结果说明，儿童并不缺少推导等级含意所需的语用知识，他们完全能够获得临时性等级含意，也对 QUD 表现出很强的敏感性。事实上，文献中的许多研究发现，2～3 岁儿童就拥有语用推理的能力，他们可以操控交际意图，并对其进行归因分析。他们还能追踪交际对象的知识状态，以及进行反事实推理等（Tomasello，1992；Clark，2003；Csibra & Gergely，2009）。不仅如此，3 岁儿童也具有推导依赖于具体语境的特殊会话含意的能力（Papafragou & Tantalou，2004；Katsos，2008；Barner et al.，2011；Stiller et al.，2015；Horowitz et al.，2018）。考虑到这些能力也需要儿童具有相关的语用知识，儿童在推导等级含意上表现出与成人之间的差距可能另有原因。

加工限制假说认为，等级含意的推导所造成的认知负担超出儿童的认知水平。这也可以解释为什么儿童在一些情况下的确能够推导等级含意，虽然他们与成人相比还有差距。儿童的加工困难具体体现在哪一方面呢？一种可能是他们难以构建选项集（Chierchia et al.，2001；Barner et al.，2011 等）。在推导等级含意时，听话人在听到包含等级弱项的句子时，需要激活由包含等级中其他词项的句子构成的选项集，即（1）中的第 2 步。这对于听话人的工作记忆和信息加工都提出了较高要求。具体来说，如果听话人在听到"一些"时要得到"并非所有"的等级含意，他需要意识到<所有，一些>构成信息量不同的等级，即"一些"是相对于"所有"而言的。如果等级没有被激活，"并非所有"的等级含意也不会被激发。事实上，现有研究表明，即使成人在加工会话含意时也比理解句子的字面意义更加费时（Rips，1975；Noveck & Posada，2003；Huang & Snedeker，2009a，2009b），这说明会话含意的加工涉及额外的认知过程。发展心理学已经证实工作记忆能力是随着年龄的增长而增强的（Gathercole & Baddeley，1990）。因此，儿童可能因为所处的年龄阶段还没有足够的工作记忆能力来构建等级选项，因此不能推导等级含意。除了等级的词汇语义以及对等级中各词项信息量的判断外，儿童在推导等级含意时还必须掌握额外的制约条件，比如并非所有的选项都需要纳入考虑范围等。如果没有这些限制条件，那么等级含意的加工会导致计算复杂性的问题，即由于太多选项需要考虑，造成语用推理无法完成（Hirschberg，1985；Horn，1989；Katzir，2007 等）。因此，儿童的困难也可能出现在（1）中的第 3 步，即无法对选项集进行制约，将其缩小为一个只包含语义强项的子集。本书的研究结果支持加工限制假说，即儿童推导等级含意的主要困难在于，在一般情况下他们不能像成人一样自动将等级弱项与信息量更充分的等级强项相关联。在语境中明确提供等级强项供比对时，或在 QUD 突出信息量的相关性时，他们对等级含意的敏感性就能显著提高。

关于儿童与成人在推导等级含意方面的差异，Katsos 等人还提出过另一种可能性，即儿童在语用方面比成人更为宽容（Katso，2008；Katsos & Bishop，2011）。不论是语用缺陷假说，还是加工限制假说都认为，如果听话人在等级强项为真的语境中拒绝包含等级弱项的句子，说明他们推导出等级含意；如果接受，这说明他们对等级含意不敏感。语用宽容假说对这一逻辑提出了质疑，认为听话人在等级强项为真的语境中将包含等级弱项的句子判断为"错误"或"假"可能另有原因。只要听话人意识到还有一个与当前话题有关的、语义更强的选项存在，就足以将包含语义弱项的句子判断为假，而不需要推导等级含意。换句话说，听话人完全可以基于说话人没有提供他所能提供的交谈所需的信息量而拒绝他信息量不够的句子。因此，将听话人在语义强项为真的语境中拒绝包含语义弱项的句子等同于他们推导出等级含意，实际上是将（1）中的第 1 步和第 4 步混为一谈。反过来，听话人如果在语义强项为真的语境中接受包含语义弱项的句子，也不能说明他没有推导出等级含意。等级含意作为一种会话含意，具有可取消的特征，后续话语中即使存在与等级含意不相容的语句也不会造成语义矛盾（Horn，1984）。这一点已经得到心理语言学研究证实：当被要求对类似"Some of John's friends are linguists."的句子的后续句的连贯性做判断时，英语母语者对取消等级含意的后续句（如 In fact all of them are）的评分要显著高于他们对造成语义矛盾的后续句的评分（如 In fact none of them are），但也显著低于他们对语用适当的后续句（如"They are very good at analyzing language"）的评分。这说明，信息量不够的句子处于"正确"和"错误"的边界，当被强制要求在"正确"和"错误"中做选择时，严苛的听话人可能将其判断为"错误"，而宽容的听话人则可能将其判断为"正确"。如果上述观点成立，则可以预测当为被试提供三个选项，即在"正确"和"错误"之间增加中间选项时，他们会倾向于选择中间选项。这一预测在 Katsos 和 Bishop（2011）的实验中得以证实，当进行三值判断任务时，儿童和成人的表现并无显著差异。这说明相比于成人，儿童更有可能在语用方面表现宽容。

语用宽容假说也可以解释前人研究中儿童的个体差异，比如在 Chierchia 等（2001）的实验中，有一半的儿童被试在 4 次尝试中一致将逻辑正确但语用不当的句子判断为正确，而另一半儿童则总是将同类句子判断为错误。鉴于被试基本处于相同的认知发展水平，这种差异可能源于他们在对语用的宽容度方面的差异。前人还为儿童在语用方面的宽容度高于成人的观点找到了其他佐证。例如，Paterson 等（2006）发现，当看到女士正在遛一只狗和一只猫的图片时，7~8 岁儿童拒绝 "The woman is walking a dog." 的比例仅为 30%，远低于成人；但如果他们听到的句子是 "The woman is only walking a dog."，则将其判断为 "错误" 的比例与成人没有显著差异。如果任务改为图片选择，儿童在听到没有 only 的句子时选择女士只在遛狗的图片比例则高达 85%。因此，儿童没有把信息量不够的句子判断为假，只是因为他们在语用方面比成人更为宽容。前人对儿童处理指称歧义的研究也有类似发现。当儿童听到的指令信息量不够时，他们不会像成人一样拒绝回应而寻求进一步的信息。比如，即使看到的图片里有两个戴着帽子的男人，他们在听到 "指出那个戴帽子的男人" 时也会做出反应，指出其中一个（Plumert，1996；Beck et al.，2008）。不仅如此，儿童认为这种类型的指令已经提供了充足的信息（Robinson & Robinson，1982）。但这并不是因为他们没有意识到指令的模糊性，比如他们在加工这类模糊指令时所需的时间明显长于他们加工清晰指令的时间（Nadig & Sedivy，2002；Beck et al.，2008；Nilsen & Graham，2009；Davies & Katsos，2010）。总而言之，语用宽容假说认为，相比于成人，儿童在语用信息方面更为宽容，更容易接受逻辑为真但语用不当的句子，这可能是他们在作涉及等级含意的二值判断时表现异于成人的原因。然而，本书研究的结果不支持语用宽容假说。当 QUD 为 "小猫钓了多少鱼" 时，即使小猫是否钓了龙虾与交际的目的无关，大部分儿童都会提及这一事实，这说明他们对于话语信息量的要求比成人更为严苛。

综上所述，语法-语用接口知识是儿童语言习得的难点，该类知识在儿童语言中一般显现较晚。儿童习得这类知识需要首先掌握有关结构以及模块内部映射条件的知识，以及对不同模块的信息进行实时整合的加工原则。一方面，接口知识的可理解特征在语言习得中并非总是显性的；另一方面，儿童较弱的认知能力也可能限制他们对不同模块的信息的整合。

参 考 文 献

曹秀玲. 2000. 韩国留学生汉语语篇指称现象考察. 世界汉语教学, 14(4): 77-83.

常辉, 赵勇. 2014. 冠词缺失与中介语句法损伤研究. 外语教学理论与实践, (1): 10-16, 92.

陈晨. 2005. 英语国家学生中高级汉语篇章衔接考察. 汉语学习, (1): 66-72.

陈平. 1987. 释汉语中与名词性成分相关的四组概念. 中国语文, (2): 81-92.

邓思颖. 2015. 粤语语法讲义. 香港: 商务印书馆（香港）有限公司.

丁声树, 等. 1961. 现代汉语语法讲话. 北京: 商务印书馆.

范继淹. 1985. 无定 NP 主语句. 中国语文, (5): 321-328.

范莉, 宋刚. 2013. 焦点副词的早期语言习得. 华文教学与研究, (1): 19-28, 86.

方立. 2000. 逻辑语义学. 北京: 北京语言文化大学出版社.

高玮. 2014. 从语篇角度看先行语中数量结构的偏误及其成因. 语言教学与研究, (3): 11-19.

韩巍峰. 2016. 语义次级原则与二语习得. 外国语, 4: 65-74.

胡波. 2015. 汉语情态助动词的提升与控制. 当代语言学, (2): 159-171, 249-250.

胡裕树, 范晓. 1993. 试论语法研究的三个平面. 语言教学与研究, (2): 4-21.

黄正德. 1988. 说"是"和"有". 中央研究院历史语言研究所集刊, (1): 27-64.

蒋静忠, 潘海华. 2013. "都"的语义分合及解释规则. 中国语文, (1): 38-50.

蒋严. 1998. 语用推理与"都"的句法/语义特征. 现代外语, (1): 10-24.

蒋严, 袁影. 2011. 语用学理论与语用推理的逻辑//蒋严. 走近形式语用学. 上海: 上海教育出版社: 1-29.

孔令达, 等. 2004. 汉族儿童实词习得研究. 合肥: 安徽大学出版社.

李文山. 2013. 也论"都"的语义复杂性及其统一刻画. 世界汉语教学, (3): 319-330.

李行德, 吴庄. 2011. 从获得的角度看汉语数词短语的指称体现. 第三届当代语言学圆桌会议, 珠海.

李旭平. 2018. 吴语名词性短语的指称特点——以富阳话为例. 中国语文, (1): 37-48.

李艳惠, 陆丙甫. 2002. 数目短语. 中国语文, (4): 326-336.

李宇明. 1995. 儿童语言的发展. 武汉: 华中师范大学出版社.

李宇明, 陈前瑞. 1998. 语言的理解与发生——儿童问句系统的理解与发生的比较研究. 武汉:华中师范大学出版社.

刘丹青. 1995. 语义优先还是语用优先——汉语语法学体系建设断想. 语文研究, (2): 10-15.

刘丹青, 徐烈炯. 1998. 焦点与背景、话题及汉语"连"字句. 中国语文, (4): 243-252.

刘慧娟, 潘海华, 胡建华. 2011. 汉语添加算子的习得. 当代语言学, (3): 193-216.

吕叔湘. 1979. 汉语语法分析问题. 北京: 商务印书馆.

吕叔湘. 1980. 现代汉语八百词. 北京: 商务印书馆.

毛眺源, 戴曼纯. 2017. 语用能力考辨——语用能力研究(一). 外语教学理论与实践, (3): 18-24.

皮尔素. 2001. 新牛津英语词典. 上海: 上海外语教育出版社.

邵士洋, 吴庄. 2017. 语言接口视角下中国学生英语冠词习得研究. 现代外语, (4): 552-563.

沈家煊. 1990. 语用学和语义学的分界. 外语教学与研究, (2): 26-35.

沈家煊. 2015. 走出"都"的量化迷途: 向右不向左. 中国语文, (1): 3-17.

沈家煊. 2016. 名词和动词. 北京: 商务印书馆.

沈家煊. 2017. 从语言看中西方的范畴观. 中国社会科学, (7): 131-143.

孙朝奋. 1994. 汉语数量词在话语中的功能//戴浩一, 薛凤生. 功能主义与汉语语法. 北京: 北京语言学院出版社: 139-158.

王红. 1999. 副词"都"的语法意义试析. 汉语学习, (6): 56-61.

文卫平. 2010. 英汉光杆名词的语义分析. 外语教学与研究, (1): 37-43.

文卫平. 2015. 英汉极性触发结构比较. 外语教学与研究, (2): 190-203.

吴平, 莫愁. 2016. "都"的语义与语用解释. 世界汉语教学, (1): 29-41.

吴庄. 2009. 汉语基数词语义和语用的实验研究. 北京: 北京语言大学博士论文.

吴庄. 2015. 数词的语义和语用——儿童语言的视角. 长沙: 湖南人民出版社.

吴庄. 2017a. 汉语儿童同音词习得的实验研究. 外语教学与研究, (2): 177-187.

吴庄. 2017b. 英语母语者习得汉语有定性表达手段的研究. 语言教学与研究, (6): 20-30.

吴庄, 黄荣, 张政豪. 2015. 汉语（不）定指标记儿童习得研究. 外语教学与研究, (2): 176-189.

吴庄, 邵士洋. 2016. 汉语复杂名词短语指称性质的儿童习得研究. 中南大学学报(社会科学版), (5): 188-194.

吴庄, 谭娟. 2009. 汉语儿童语言中的等级含义——一项实验研究. 外国语, (3): 63-75.

奚家文. 2009. 从乔姆斯基到平克——语言心理研究的模块化之路. 心理科学, 32(1): 242-244.

项成东. 2006. 等级含义的语用研究综述. 当代语言学, (4): 334-344.

徐开妍, 肖奚强. 2008. 外国学生汉语代词照应习得研究. 语言文字应用, (4): 118-125.

徐烈炯. 2014. "都"是全称量词吗?. 中国语文, (6): 498-507.

徐盛桓. 1995. 论荷恩的等级关系——新格赖斯会话含意理论系列研究之十. 外国语(上海外国语大学学报), (1): 11-17.

杨小璐. 2000. 现代汉语"才"与"就"的母语习得. 现代外语, (4): 331-348.

杨小璐. 2002. 儿童汉语中的限制焦点. 当代语言学, (3): 225-237.

张博. 2004. 现代汉语同形同音词与多义词的区分原则和方法. 语言教学与研究, (4): 36-45.

张伯江, 方梅. 1996. 汉语功能语法研究. 南昌: 江西教育出版社.

张权, 李娟. 2006. 默认语义学对语义学、语用学界面的研究及其评价. 外国语, (1): 69-73.

张谊生. 2005. 副词"都"的语法化与主观化——兼论"都"的表达功用和内部分类. 徐州师范大学学报, (1): 56-62.

张云秋, 周建设, 符晶. 2010. 早期汉语儿童多义词的习得策略——一个北京话儿童的个案研究. 中国语文, (1): 34-43.

张志恒, 李昊泽. 2015. 普通话和粤语的内、外修饰语. 语言科学, (5): 449-458.

周国光, 王葆华. 2001. 儿童句式发展研究和语言习得理论. 北京: 北京语言文化大学出版社.

朱德熙. 1982. 语法讲义. 北京: 商务印书馆.

朱晓农. 1988. 语法研究中的假设演绎法——从主语的有定无定谈起. 华东师范大学学报, (4): 59-66.

Abbott, B. 2004. Definiteness and indefiniteness. In L. R. Horn & G. L. Ward (Eds.), *Handbook of Pragmatics* (pp. 122-149). Oxford: Blackwell.

Abney, S. 1987. The English Noun Phrase in Its Sentential Aspect. Ph.D. Dissertation. Cambridge: MIT.

Allan, K. 1986. *Linguistic Meaning*. London: Routledge & Kegan Paul.

Anderssen, M., Bentzen, K. & Rodina, Y. 2012. Topicality and complexity in the acquisition of Norwegian object shift. *Language Acquisition*, 19: 39-72.

Andor, J. 2004. The master and his performance: An interview with Noam Chomsky. *Intercultural Pragmatics*, 1: 93-111.

Ariel, M. 2008. *Pragmatics and Grammar*. Cambridge: Cambridge University Press.

Ariel, M. 2010. *Defining Pragmatics*. Cambridge: Cambridge University Press.

Ariel, M. 2017. Pragmatics and grammar: More pragmatics or more grammar. In Y. Huang (Ed.), *The Oxford Handbook of Pragmatics* (pp. 474-493). Oxford: Oxford University Press.

Avrutin, S. 1994. Psycholinguistic Investigations in the Theory of Reference. Ph.D. Dissertation. Cambridge: MIT.

Baker, A. 2010. Simplicity. In E. N. Zalta (Ed.), *Stanford Encyclopedia of Philosophy*. Stanford: Stanford University. https://plato.stanford.edu/entries/simplicity/.

Bamberg, M. 1986. A functional approach to the acquisition of anaphoric relationships.

Linguistics, 24(1): 227-284.

Barbier, I. 2000. An experimental study of scrambling and object shift in the acquisition of Dutch. In S. M. Powers & C. Hamm (Eds.), *The Acquisition of Scrambling and Cliticization* (pp. 41-69). Dordrecht: Kluwer.

Barner, D. & Bachrach, A. 2010. Inference and exact numerical representation in early language development. *Cognitive Psychology*, 60(1): 40-62.

Barner, D., Brooks, N. & Bale, A. 2011. Accessing the unsaid: The role of scalar alternatives in children's pragmatic inference. *Cognition*, 118(1): 84-93.

Barner, D., Chow, K. & Yang, S. J. 2009. Finding one's meaning: A test of the relation between quantifiers and integers in language development. *Cognitive Psychology*, 58(2): 195-219.

Barwise, J. & Cooper, R. 1981. Generalized quantifiers and natural language. *Linguistics and Philosophy*, 4: 159-219.

Bates, E. 1976. *Language and Context: The Acquisition of Pragmatics*. New York: Academic Press.

Beck, S. R., Robinson, E. J. & Freeth, M. M. 2008. Can children resist making interpretations when uncertain?. *Journal of Experimental Child Psychology*, 99(4): 252-270.

Belletti, A., Bennati, E. & Sorace, A. 2007. Theoretical and developmental issues in the syntax of subjects: Evidence from near-native Italian. *Natural Language & Linguistic Theory*, 25(4): 657-689.

Berger, F. & Höhle, B. 2012. Restrictions on addition: Children's interpretation of the focus particles auch 'also' and nur 'only' in German. *Journal of Child Language*, 39: 383-410.

Bergsma, W. 2002. Children's interpretations of Dutch sentences with the focus particle alleen "Only". in I. Lasser (Ed.), *The Process of Language Acquisition: Proceedings of the 1999 GALA Conference* (pp. 263-280). Frankfurt: Peter Lang.

Bergsma, W. 2006. (Un)stressed ook in Dutch. In V. van Geenhoven (Ed.), *Semantics in Acquisition* (pp. 329-348). Dordrecht: Springer.

Bierwisch, M. 2007. Semantic form as interface. In A. Späth (Ed.), *Interfaces and Interface Conditions* (pp. 1-32). Berlin: de Gruyter.

Birner, B. J. & Ward, G. 1998. *Information Status and Noncanonical Word Order in English*. Amsterdam/Philadelphia: Benjamins.

Bošković, Ž. 2005. On the locality of left branch extraction and the structure of NP. *Studia Linguistica*, 59(1): 1-45.

Bošković, Ž. 2009. More on the no-DP analysis of article-less languages. *Studia linguistica*, 63(2): 187-203.

Bott, L. & Noveck, I. A. 2004. Some utterances are underinformative: The onset and time course of scalar inferences. *Journal of Memory and Language*, 51(3): 437-457.

Braine, M. & Rumain, B. 1981. Development of comprehension of "or": Evidence for a sequence of competencies. *Journal of Experimental Child Psychology*, 31: 46-70.

Breheny, R. 2008. A new look at the semantics and pragmatics of numerically quantified noun phrases. *Journal of Semantics*, 25(2): 93-139.

Bresnan, J. 2001. *Lexical-Functional Syntax*. Oxford: Blackwell Publishers.

Brown, R. 1973. *A First Language: The Early Stages*. Cambridge: Harvard University Press.

Bucciarelli, M., Colle, L. & Bara, B. G. 2003. How children comprehend speech acts and communicative gestures. *Journal of Pragmatics*, 35(2): 207-241.

Campbell, R. N. & Bowe, T. 1977. Functional asymmetry in early language understanding. In G. Drachman (Ed.), *Salzburg Papers in Linguistics,* Vol. III (pp. 13-28). Tubigne: Gunter Narr.

Campbell, R. N. & Wales, R. 1970. The study of language acquisition. In J. Lyons (Ed.), *New Horizons in Linguistics* (pp. 242-260). Harmondsworth: Penguin Books.

Carlson, G. 1977. Reference to Kinds in English. Ph.D. Dissertation. Amerst: University of Massachusetts.

Carruthers, P. 2002. The cognitive functions of language. *The Behavioral and Brain Sciences*, 25: 657-725.

Carruthers, P. 2006. *The Architecture of the Mind*. Oxford: Oxford University Press.

Carston, R. 1998. Informativeness, relevance and scalar implicature. In R. Carston & S. Uchida (Eds.), *Relevance Theory: Applications and Implications* (pp. 79-236). Amsterdam: John Benjamins.

Carston, R. 2008. *Thoughts and Utterances: The Pragmatics of Explicit Communication*. Hoboken: John Wiley & Sons.

Chafe, W. L. 1976. Givenness, contrastiveness, definiteness, subjects, topics, and point of view. In C. N. Li (Ed.), *Subject and Topic* (pp. 25-56). New York: Academic Press.

Chang-Smith, M. 2005. First Language Acquisition of Functional Categories in Mandarin Nominal Expressions: A Longitudinal Study of Two Mandarin Speaking Children. Ph.D. Dissertation. Canberra: Australian National University.

Chao, Y. 1968. *A Grammar of Spoken Chinese*. Berkeley: University of California Press.

Chen, P. 2003. Indefinite determiner introducing definite referent: A special use of yi 'one' + classifier in Chinese. *Lingua*, 113: 1169-1184.

Chen, Y., Lee, P. & Pan, H. 2016. Topic and focus marking in Chinese. In C. Féry & S. Ishihara (Eds.), *The Oxford Handbook of Information Structure* (pp. 733-752). Oxford: Oxford University Press.

Cheng, L. 2008. Deconstructing the *shi...de* construction. *The Linguistic Review*, 25: 235-266.

Cheng, L. & Sybesma, R. 1999. Bare and not-so-bare nouns and the structure of NP. *Linguistic Inquiry*, 30: 509-542.

Cheng, L. & Sybesma, R. 2012. Classifiers and DP. *Linguistic Inquiry*, 43: 634-650.

Cheng, R. L. 1983. Focus devices in Mandarin Chinese. In T. Tang, R. L. Cheng & Y. Li (Eds.), *Studies in Chinese Syntax and Semantics* (pp. 50-102). Taipei: Students Book Co.

Chesterman, A. 1991. *On Definiteness: A Study with Special Reference to English and Finnish.* Cambridge: Cambridge University Press.

Chierchia, G. 2004. Scalar implicatures, polarity phenomena and the syntax/pragmatics interface. In A. Belletti (Ed.), *Structures and Beyond* (pp. 39-103). Oxford: Oxford University Press.

Chierchia, G. 2006. Broaden your views: Implicatures of domain widening and the 'logicality' of language. *Linguistic Inquiry*, 37: 535-590.

Chierchia, G., Crain, S., Guasti, M. T., et al. 2001. The acquisition of disjunction: Evidence for a grammatical view of scalar implicatures. In A. H.-J. Do, L. Dominguez & A. Johansen (Eds.), *Proceedings of the 25th Annual Boston University Conference on Language Development* (pp. 157-168). Somerville: Cascadilla Press.

Chierchia, G., Fox, D. & Spector, B. 2011. Scalar implicature as a grammatical phenomenon. In C. Maienborn, K. von Heusinger & P. Portner (Eds.), *Semantics: An International Handbook of Natural Language Meaning* (pp. 2297-2331). New York: Mouton de Gruyter.

Chiu, H.-C. B. 1993. The Inflectional Structure of Mandarin Chinese. Ph.D. Dissertation. Los Angeles: University of California.

Chomsky, N. 1957. *Syntactic Structures*. Berlin, Boston: De Gruyter Mouton.

Chomsky, N. 1965. *Aspects of the Theory of Syntax*. Cambridge: MIT.

Chomsky, N. 1971. *Problems of Knowledge and Freedom*. New York: Pantheon.

Chomsky, N. 1975. *Reflections on Language*. New York: Pantheon Books.

Chomsky, N. 1977. *Essays on Form and Interpretation*. Amsterdam: North Holland.

Chomsky, N. 1980. Rules and representations. *The Behavioral and Brain Sciences*, 3: 1-61.

Chomsky, N. 1988. *Language and Problems of Knowledge*. Cambridge: MIT.

Chomsky, N. 1995. *The Minimalist Program*. Cambridge: MIT.

Chomsky, N. 2000. Minimalist inquiries: The framework. In D. M. Martin & J. Uriagereka (Eds.), *Step by Step: Essays on Minimalism in Honor of Howard Lasnik* (pp. 89-155). Cambridge: MIT.

Chomsky, N. 2001. Derivation by phase. In M. Kenstowicz (Ed.), *Ken Hale: A Life in Language* (pp. 1-52). Cambridge: MIT.

Chomsky, N. 2004. Beyond explanatory adequacy. In A. Belletti (Ed.), *Structures and Beyond: The*

Cartography of Syntactic Structures (pp. 104-131). Oxford: Oxford University Press.

Chomsky, N. 2008. On phases. In R. Freidin, C. P. Otero & M. L. Zubizarreta (Eds.), *Foundational Issues in Linguistic Theory: Essays in Honor of Jean-Roger Vergnaud* (pp. 134-166). Cambridge: MIT.

Chomsky, N. 2011. Language and other cognitive systems. What is special about language. *Language Learning and Development*, 7: 263-278.

Chomsky, N. 2013. Problems of projection. *Lingua*, 130: 33-49.

Chomsky, N. 2015. Problems of projection: Extension. In E. Di Domenico, C. Hamann & S. Matteini (Eds.), *Structures, Strategies and Beyond: Studies in Honor of Adriana Belletti* (pp. 1-16). Amsterdam: John Benjamins.

Clark, E. V. 1980. Convention and contrast in acquiring the lexicon. *Papers and Reports on Child Language Development*, 19: 1-20.

Clark, E. V. 1988. On the logic of contrast. *Journal of Child Language*, 15: 317-335.

Clark, E. V. 1990. On the pragmatics of contrast. *Journal of Child Language*, 17: 417-431.

Clark, E. V. 2003. *First Language Acquisition*. Cambridge: Cambridge University Press.

Condry, K. F. & Spelke, E. S. 2008. The development of language and abstract concepts: The case of natural number. *Journal of Experimental Psychology: General*, 137(1): 22-38.

Costa, J. & Szendrői, K. 2006. Acquisition of focus marking in European Portuguese—Evidence for a unified approach to focus. In V. Torrens & L. Escobar (Eds.), *The Acquisition of Syntax in Romance Languages* (pp. 319-329). Amsterdam: John Benjamins.

Crain, S. 1991. Language acquisition in the absence of experience. *Behavioral and Brain Sciences*, 14: 597-612.

Crain, S. 2012. *The Emergence of Meaning*. Cambridge: Cambridge University Press.

Crain, S. & Thornton, R. 1998. *Investigations in Universal Grammar: A Guide to Research on the Acquisition of Syntax and Semantics*. Cambridge: MIT.

Crain, S., Khlentzos, D. & Thornton, R. 2010. Universal Grammar versus linguistic diversity. *Lingua*, 120: 2668-2672.

Crain, S., Ni, W. & Conway, L. 1994. Learning, parsing and modularity. In C. Clifton, L. Frazier, and K. Rayner (Eds.), *Perspectives on Sentence Processing* (pp. 443-467). Hillsdale: Lawrence Erlbaum.

Crain, S., Philip, W., Drozd, K., et al. 1992. Only in child language. Unpublished manuscript, University of Connecticut.

Csibra, G. & Gergely, G. 2009. Natural pedagogy. *Trends in Cognitive Sciences*, 13(4): 148-153.

Davies, C. & Katsos, N. 2010. Over-informative children: Production/comprehension asymmetry or tolerance to pragmatic violations?. *Lingua*, 120(8): 1956-1972.

de Cat, C. 2004. A fresh look at how young children encode new referents. *International Review of Applied Linguistics in Language Teaching*, 42: 111-127.

de Cat, C. 2009. Experimental evidence for preschoolers' mastery of "topic". *Language Acquisition*, 16: 224-239.

de Cat, C. 2013. Egocentric definiteness errors and perspective evaluation in preschool children. *Journal of Pragmatics*, 56: 58-69.

Degen, J. & Tanenhaus, M. K. 2015. Processing scalar implicature: A constraint-based approach. *Cognitive Science*, 39(4): 667-710.

de Marneffe, M., Grimm, S., Arnon, I., et al. 2012. A statistical model of the grammatical choices in child production of dative sentences. *Language and Cognitive Processes*, 27: 25-61.

Demuth, K. 1989. Maturation and the acquisition of the Sesotho passive, *Language*, 65: 56-80.

Demuth, K. 1996. Collecting spontaneous production data. In D. McDaniel, C. McKee & H. Smith Cairns (Eds.), *Methods for Assessing Children's Syntax* (pp. 3-22). Cambridge: MIT.

DeVeaugh-Geiss, J. P., Zimmermann, M., Onea, E., et al. 2015. Contradicting (not-)at-issueness in exclusives and clefts: An empirical study. In S. D'Antonio, M. Moroney & C. R. Little (Eds.), *The Proceedings of the 25th Semantics and Linguistic Theory Conference* (SALT) (pp. 373-393). Washington: Linguistic Society of America.

de Villiers, J. 2007. The interface of language and theory of mind. *Lingua*, 117: 1858-1878.

Dimroth, C. & Narasimhan, B. 2012. The development of linear ordering preferences in child language: The influence of accessibility and topicality. *Language Acquisition*, 19: 312-323.

Donnellan, K. S. 1966. Reference and definite descriptions. *The Philosophical Review*, 75(3): 281-304.

Emslie, H. C. & Stevenson, R. J. 1981. Pre-school children's use of the articles in definite and indefinite referring expressions. *Journal of Child Language*, 8(2): 313-328.

Enç, M. 1991. The semantics of specificity. *Linguistic Inquiry*, 22: 1-25.

Endo, M. 2004. Developmental issues on the interpretation of focus particles by Japanese children. In A. Brugos, L. Micciulla & C. E. Smith (Eds.), *Proceedings of the 28th Annual Boston University Conference on Language Development* (pp. 141-152). Somerville: Cascadilla Press.

Erbaugh, M. S. 1982. Coming to Order: Natural Selection and the Origin of Syntax in the Mandarin-Speaking Child. Ph.D. Dissertation. Berkeley: University of California.

Erbaugh, M. S. 1992. The acquisition of Mandarin. In D. I. Slobin (Ed.), *The Crosslinguistic Study of Language Acquisition* (pp. 373-455). Hillsdale: Erlbaum.

Erbaugh, M. S. 2006. Chinese classifiers: Their use and acquisition. In P. Li, L. H. Tan, E. Bates, et al

(Eds.), *The Handbook of East Asian Psycholinguistics, Vol. 1, Chinese* (pp. 39-51). Cambridge: Cambridge University Press.

Erteschik-Shir, N. 1997. *The Dynamics of Focus Structure.* Cambridge: Cambridge University Press.

Erteschik-Shir, N. 2007. *Information Structure: The Syntax-Discourse Interface.* Oxford: Oxford University Press.

Feeney, A., Scrafton, S., Duckworth, A., et al. 2004. The story of "some": Everyday pragmatic inference by children and adults. *Canadian Journal of Experimental Psychology,* 58: 121-132.

Fenson, L., Dale, P. S., Reznick, J. S., et al. 1994. Variability in early communicative development. *Monographs of the Society for Research in Child Development,* 59: i-185.

Féry, C. & Ishihara, S. 2016. Introduction. In C. Féry & S. Ishihara (Eds.), *The Oxford Handbook of Information Structure* (pp. 1-15). Oxford: Oxford University Press.

Fodor, J. A. 1983. *The Modularity of Mind.* Cambridge: MIT.

Fodor, J. A. 2000. *The Mind Doesn't Work That Way.* Cambridge: MIT.

Fodor, J. A. 2005. Reply to Steven Pinker 'So how does the mind work?'. *Mind & Language,* 20: 25-32.

Fodor, J. D. & Sag, I. A. 1982. Referential and quantificational indefinites. *Linguistics and Philosophy,* 5: 355-398.

Foppolo, F., Guasti, M. T. & Chierchia, G. 2012. Scalar implicatures in child language: Give children a chance. *Language Learning and Development,* 8(4): 365-394.

Fox, D. 2007. Free choice and the theory of scalar implicatures. In U. Sauerland & P. Stateva (Eds.), *Presupposition and Implicature in Compositional Semantics* (pp. 71-120). London: Palgrave.

Frazier, L. & Clifton, C. 1996. *Construal.* Cambridge: MIT.

Friederici, A. D. & Thierry, G. 2008. *Early Language Development: Bridging Brain and Behaviour.* Amsterdam: John Benjamins.

Gallistel, C. R. 2000. The replacement of general-purpose learning models with adaptively specialized learning modules. In M. S. Gazzaniga (Ed.), *The New Cognitive Neurosciences* (pp. 1179-1191). Cambridge: MIT.

Garton, A. F. 1984. Article acquisition: Theoretical and empirical issues. *Language Sciences,* 6(1): 81-91.

Gathercole, S. E. & Baddeley, A. D. 1990. The role of phonological memory in vocabulary acquisition: A study of young children learning new names. *British Journal of Psychology,* 81(4): 439-454.

Gazdar, G. 1979. *Pragmatics: Implicature, Presupposition, and Logical Form.* New York: Academic

Press.

Geurts, B. 1998. The mechanisms of denial. *Language*, 74: 274-307.

Geurts, B. 1999. *Presuppostions and Pronouns*. Oxford: Elsevier.

Geurts, B. 2009. Scalar implicature and local pragmatics. *Mind & Language*, 24: 51-79.

Geurts, B. 2010. *Quantity Implicatures*. Cambridge: Cambridge University Press.

Geurts, B. 2017. Presuppostion and givenness. In Y. Huang (Ed.), *The Oxford Handbook of Pragmatics* (pp. 181-199). Oxford: Oxford University Press.

Givón, T. 1984. *Syntax: A Functional Approach*. Amsterdam: John Benjamins.

Gleitman, L. R. & Newport, E. L. 1995. The invention of language by children: Environmental and biological influences on the acquisition of language. In L. R. Gleitman & M. Liberman (Eds.), *Language: An Invitation to Cognitive Science, Vol. 1* (pp. 1-24). Cambridge: MIT.

Grice, H. P. 1975. Logic and conversation. In P. Cole & J. L. Morgan (Eds.), *Syntax and Semantics, Vol. 3: Speech Acts* (pp. 41-58). New York: Academic Press.

Grice, H. P. 1978. Further notes on logic and conversation. In P. Cole (Ed.), *Syntax and Semantics, Vol. 9: Pragmatics* (pp. 113-128). New York: Academic Press.

Grice, H. P. 1989. *Studies in the Way of Words*. Cambridge: Harvard University Press.

Grodner, D. & Sedivy, J. 2011. The effect of speaker-specific information on pragmatic inferences. In N. Pearlmutter & E. Gibson (Eds.), *The Processing and Acquisition of Reference* (pp. 239-271). Cambridge: MIT.

Gualmini, A. 2004. Some knowledge children don't lack. *Linguistics*, 42: 957-982.

Gualmini, A. 2014. *The Ups and Downs of Child Language: Experimental Studies on Children's Knowledge of Entailment Relationships and Polarity Phenomena*. New York: Routledge.

Gualmini, A. & Crain, S. 2005. The structure of children's linguistic knowledge. *Linguistic Inquiry*, 36(3): 463-474.

Gualmini, A., Crain, S., Meroni, L., et al. 2001. At the semantics/pragmatics interface in child language. In R. Hastings, B. Jackson & Z. Zvolenszky (Eds.), *Proceedings of Semantics and Linguistic Theory XI* (pp. 231-247). Ithaca: CLC Publications.

Gualmini, A., Hulsey, S., Hacquard, V., et al. 2008. The question-answer requirement for scope assignment. *Natural Language Semantics*, 16: 205-237.

Gualmini, A., Maciukaite, S. & Crain, S. 2003. Children's insensitivity to contrastive stress in sentences with "only". In S. Arunachalam, E. Kaiser & A. Williams (Eds.), *Proceedings of PLC 25* (pp. 87-110). Philadelphia: University of Pennsylvania.

Guilfoyle, E. & Noonan, M. 1992. Functional categories and language acquisition. *Canadian Journal of Linguistics*, 37: 241-272.

Gundel, J. K. 1974. The Role of Topic and Comment in Linguistic Theory. Ph.D. Dissertation. Austin: University of Texas.

Gundel, J. K. 1980. Zero NP-anaphora in Russian: A case of topic-prominence. In J. Kreiman & A. E. Ojeda (Eds.), *Proceedings from the 16th Meeting of the Chicago Linguistic Society: Parasession on Pronouns and Anaphora* (pp. 139-146). Chicago: Chicago Linguistic Society.

Gundel, J. K. 1985. 'Shared knowledge' and topicality. *Journal of Pragmatics*, 9: 83-107.

Gundel, J. K. 1988. Universals of topic-comment structure. In M. Hammond, E. A. Moravcsik & J. R. Wirth (Eds.), *Studies in Syntactic Typology* (pp. 209-239). Amsterdam: John Benjamins.

Gundel, J. K. 1999. On different kinds of focus. In P. Bosch & R. van der Sandt (Eds.), *Focus: Linguistic, Cognitive, and Computational Perspectives* (pp. 293-305). Cambridge: Cambridge University Press.

Gundel, J. K. 2003. Information structure and referential givenness/newness: How much belongs in the grammar?. In S. Müller (Ed.), *Proceedings of the HPSG03 Conference* (pp. 122-142). Stanford: CSLI.

Gundel, J. K. 2009. Children's use of referring expressions: What can it tell us about theory of mind? *Cognitive Critique*, 1: 73-100.

Gundel, J. K. 2011. Child language, theory of mind and the role of procedural markers in identifying referents of nominal expressions. In V. Escandell-Vidal, M. Leonetti & A. Ahern (Eds.), *Procedural Meaning: Problems and Perspectives* (pp. 205-231). Bingley: Emerald Group Publishing Limited.

Gundel, J. K. & Fretheim, T. 2004. Topic and focus. In L. R. Horn & G. L. Ward (Eds.), *Handbook of Pragmatics* (pp. 175-196). Oxford: Blackwell.

Hauser, M. D., Chomsky, N. & Fitch, W. T. 2002. The faculty of language: What is it, who has it, and how did it evolve?. *Science*, 298: 1569-1579.

Haselow, S. & Hancil, S. 2021. Grammar, discourse, and the grammar-discourse interface. In A. Haselow & S. Hancil (Eds.), *Studies at the Grammar-Discourse Interface: Discourse Markers and Discourse-related Grammatical Phenomena* (pp. 1-20). Amsterdam: John Benjamins.

Hawkins, J. A. 1978. *Definiteness and Indefiniteness: A Study in Reference and Grammaticality Predication*. London: Croom Helm.

Heim, I. 1982. The Semantics of Definite and Indefinite Noun Phrases. Ph.D. Dissertation. Amherst: University of Massachusetts.

Hickmann, M. 2004. *Children's Discourse: Person, Space and Time Across Languages*. Cambridge: Cambridge University Press.

Hickmann, M., Hendriks, H., Roland, F., et al. 1996. The marking of new information in children's narratives: A comparison of English, French, German and Mandarin Chinese. *Journal of Child Language*, 23: 591-619.

Hickmann, M. & Liang, J. 1990. Clause-structure variation in Chinese narrative discourse: A developmental analysis. *Linguistics*, 28: 1167-1200.

Hirschberg, J. A. 1985. A Theory of Scalar Implicature. Ph.D. Dissertation. Philadelphia: University of Pennsylvania.

Höhle, B., Berger, F., Müller, A., et al. 2009. Focus particles in children's language: Production and comprehension of auch "also" in German learners from 1 year to 4 years of age. *Language Acquisition*, 16: 36-66.

Höhle, B., Berger, F., Sauermann, A. 2016. Information structure in first language acquisition. In C. Féry & S. Ishihara (Eds.), *The Oxford Handbook of Information Structure* (pp. 562-580). Oxford: Oxford University Press.

Horn, L. R. 1969. A presuppositional analysis of "only" and "even". In *Papers from the Fifth Regional Meeting of the Chicago Linguistic Society* (pp. 98-107). Chicago: Chicago Linguistic Society.

Horn, L. R. 1972. On the Semantic Properties of the Logical Operators in English. Ph.D. Dissertation. Los Angeles: University of California.

Horn, L. R. 1984. A new taxonomy for pragmatic inference: Q-based and R-based implicatures. In D. Schiffrin (Ed.), *Meaning, Form, and Use in Context: Linguistic Applications* (pp. 11-42). Washington: Georgetown University Press.

Horn, L. R. 1989. *A Natural History of Negation*. Chicago: University of Chicago Press.

Horn, L. R. 1996. Exclusive company: *Only* and the dynamics of vertical inference. *Journal of Semantics*, 13(1): 1-40.

Horn, L. R. 2004. Implicature. In L. R. Horn & G. L. Ward (Eds.), *Handbook of Pragmatics* (pp. 3-28). Oxford: Blackwell.

Horn, L. R. 2010. WJ-40: Issues in the investigation of Implicature. In K. Petrus (Ed.), *Meaning and Analysis: New Essays on Grice* (pp. 310-319). Houndmills: Palgrave Macmillan.

Horn, L. R. & Ward, G. L. 2004. Introduction. In L. R. Horn & G. L. Ward (Eds.), *Handbook of Pragmatics* (pp. vi-xix). Oxford: Blackwell.

Hornby, P. A. 1971. Surface structure and the topic–comment distinction: A developmental study. *Child Development*, 42: 1975-1988.

Horowitz, A. C., Schneider, R. M., Frank, M. C. 2018. The trouble with quantifiers: Exploring children's deficits in scalar implicature. *Child Development*, 89(6): e572-e593.

Hsieh, M. 2008. Acquiring scope: A longitudinal study. *Taiwan Journal of Linguistics*, 6: 55-96.

Huang, A. & Lee, T. 2009. Quantification and individuation in the acquisition of Chinese classifiers. In Y. Otsu (Ed.), *Proceedings of the 10th Tokyo Conference on Psycholinguistics* (pp. 117-141). Tokyo: Hituzi Syobo.

Huang, J. 1982. Logical Relations in Chinese and the Theory of Grammar. Ph.D. Dissertation. Cambridge: MIT.

Huang, J. 1987. Existential sentences in Chinese and (in)definiteness. In E. Reuland & A. ter Meulen (Eds.), *The Representation of (In)definiteness* (pp. 226-253). Cambridge: MIT.

Huang, J., Li, A. & Li, Y. 2009. *The Syntax of Chinese*. Cambridge: Cambridge University Press.

Huang, Y. 2017. Introduction: What is pragmatics?. In Y. Huang (Ed.), *The Oxford Handbook of Pragmatics* (pp. 1-18). Oxford: Oxford University Press.

Huang, Y. T. & Snedeker, J. 2009a. Online interpretation of scalar quantifiers: Insight into the semantics–pragmatics interface. *Cognitive Psychology*, 58(3): 376-415.

Huang, Y. T. & Snedeker, J. 2009b. Semantic meaning and pragmatic interpretation in 5-year-olds: Evidence from real-time spoken language comprehension. *Developmental Psychology*, 45(6): 1723-1739.

Hulsey, S., Hacquard, V., Fox, D., et al. 2004. The question-answer requirement and scope assignment. In A. Csirmaz, A. Gualmini & A. Nevins (Eds.), *Plato's Problem: Problems in Language Acquisition* (pp. 71-90). Cambridge: MIT.

Hurewitz, F., Papafragou, A., Gleitman, L., et al. 2006. Asymmetries in the acquisition of numbers and quantifiers. *Language Learning and Development*, 2: 77-96.

Hüttner, T., Drenhaus, H., van de Vijver, R., et al. 2004. The acquisition of the German focus particle auch "too": Comprehension does not always precede production. In A. Brugos, L. Micciulla & C. E. Smith (Eds.), *Proceedings of the 28th Annual Boston University Conference on Language Development*. https://www.bu.edu/bucld/files/2011/05/28-huettner.pdf.

Ionin, T. R. 2003. Article Semantics in Second Language Acquisition. Ph.D. Dissertation. Cambridge: MIT.

Ionin, T., Ko, H., Wexler, K. 2004. Article semantics in L2 acquisition: The role of specificity. *Language Acquisition*, 12(1): 3-69.

Ippolito, M. 2007. On the meaning of some focus-sensitive particles. *Natural Language Semantics*, 15(1): 1-34.

Ito, M. 2012. Japanese-speaking children's interpretation of sentences containing the focus particle datte "even": Conventional implicatures, QUD, and processing limitations. *Linguistics*, 50(1): 105-151.

Jackendoff, R. 1972. *Semantic Interpretation in Generative Grammar*. Cambridge: MIT.

Jackendoff, R. 2002. *Foundations of Language: Brain, Meaning, Grammar, Evolution*. Cambridge: MIT.

Jakubowicz, C. 2011. Measuring derivational complexity: New evidence from typically developing and SLI learners of L1 French. *Lingua*, 121: 339-351.

Jia, R. & Paradis, J. 2015. The use of referring expressions in narratives by Mandarin heritage language children and the role of language environment factors in predicting individual differences. *Bilingualism: Language and Cognition*, 18(4): 737-752.

Kail, M. & Hickmann, M. 1992. French children's ability to introduce referents in narratives as a function of mutual knowledge. *First Language*, 12: 73-94.

Kamp, H. 1981. A theory of truth and semantic representation. In J. A. G. Groenendijk, T. M. V. Janssen & M. B. J. Stokhof (Eds.), *Formal Methods in the Study of Language* (pp. 277-322). Amsterdam: Mathematical Centre Tracts 135.

Karmiloff-Smith, A. 1980. Psychological processes underlying pronominalization and non-pronominalization in children's connected discourse. In J. Kreiman & E. Ojedo (Eds.), *Papers from the Parasession on Pronouns and Anaphora* (pp. 231-250). Chicago: Chicago Linguistic Society.

Karmiloff-Smith, A. 1981a. *A Functional Approach to Child Language: A Study of Determiners and Reference*. Cambridge: Cambridge University Press.

Karmiloff-Smith, A. 1981b. The grammatical marking of thematic structure in the development of language production. In W. Deutsch (Ed.), *The Child's Construction of Language* (pp. 121-148). Orlando/London: Academic Press.

Karttunen, L. 1973. Presuppositions of compound sentences. *Linguistic Inquiry*, 4(2): 169-193.

Karttunen, L. 1974. Presupposition and linguistic context. *Theoretical Linguistics*, 1: 181-194.

Karttunen, L. 1976. Discourse referents. In J. D. McCawley (Ed.), *Syntax and Semantics, Vol. 7: Notes from the Linguistic Underground* (pp. 363-386). London: Academic Press.

Karttunen, L. & Peters, S. 1979. Conventional implicature. In C. Oh & D. A. Dinneen (Eds.), *Syntax and Semantics, Vol. 11: Presupposition* (pp. 1-56). New York: Academic Press.

Kasher, A. 1991. On the pragmatic modules: A lecture. *Journal of Pragmatics*, 16: 381-397.

Katsos, N. 2008. The semantics/pragmatics interface from an experimental perspective: The case of scalar implicature. *Synthese*, 165(3): 385-401.

Katsos, N. & Bishop, D. 2011. Pragmatic tolerance: Implications for the acquisition of informativeness and implicature. *Cognition*, 120: 67-81.

Katzir, R. 2007. Structurally-defined alternatives. *Linguistics and Philosophy*, 30(6): 669-690.

Keenan, E. O. & Schieffelin, B. B. 1976. Topic as a discourse notion: A study of topic in the conversations of children and adults. In C. N. Li (Ed.), *Subject and Topic* (pp. 335-384). New York: Academic Press.

Kempson, R. 2012. The syntax/pragmatics interface. In K. Allan & K. M. Jaszczolt (Eds.), *The Cambridge Handbook of Pragmatics* (pp. 529-548). Cambridge: Cambridge University Press.

Kempson, R., Meyer-Viol, W., Gabbay, D. 2001. *Dynamic Syntax: The Flow of Language Understanding*. Oxford: Blackwell Publishers.

Kim, S. 2011. Focus Particles at Syntactic, Semantic and Pragmatic Interfaces: The Acquisition of Only and Even in English. Ph.D. Dissertation. Manoa: University of Hawaii at Manoa.

Kiss, K. É. 1998. Identificational focus versus information focus. *Language*, 74(2): 245-273.

Kohn, A. S. & Landau, B. 1990. A partial solution to the homonym problem: Parents' linguistic input to young children. *Journal of Psycholinguistic Research*, 19(2): 71-89.

König, E. 1991. *The Meaning of Focus Particles: A Comparative Perspective*. London: Routledge.

Krifka, M. 1999. Additive particles under stress. In T. Matthews & D. Strolovitch (Eds.), *Semantics and Linguistic theory (SALT) IX* (pp. 111-128). Ithaca: CLC Publications.

Krifka, M. 2008. Basic notions of information structure. *Acta Linguistica Hungarica*, 55: 243-276.

Kripke, S. 1977. Speaker's reference and semantic reference. *Midwest Studies in Philosophy*, 2: 255-276.

Križ, M. 2015. Aspects of Homogeneity in the Semantics of Natural Language. Ph.D. Dissertation. Vienna: University of Vienna.

Kuhn, J. 2007. Interfaces in constraint-based theories of grammar. In G. Ramchand & C. Reiss (Eds.), *The Oxford Handbook of Linguistic Interfaces* (pp. 613-650). Oxford: Oxford University Press.

Labov, W. 1972. Some principles of linguistic methodology. *Language in Society*, 1(1): 97-120.

LaPolla, R. 1990. Grammatical Relations in Chinese: Synchronic and Diachronic Considerations. Ph.D. Dissertation. Berkeley: University of California.

LaPolla, R. 1993. Arguments against 'subject' and 'direct object' as viable concepts in Chinese. *Bulletin of the Institute of History and Philology*, 63: 759-812.

LaPolla, R. 2009. Chinese as a topic-comment (not topic-prominent and not SVO) language. In J. Xing (Ed.), *Studies of Chinese Linguistics: Functional Approaches* (pp. 9-22). Hong Kong: Hong Kong University Press.

Lebeaux, D. 1988. Language Acquisition and the Form of the Grammar. Ph.D. Dissertation. Amherst: University of Massachusetts.

Lee, H. 2005. On Chinese Focus and Cleft Constructions. Ph.D. Dissertation. Hsinchu: Tsing-hua University.

Lee, T. 1986. Studies on Quantification in Chinese. Ph.D. Dissertation. Los Angles: University of California.

Lee, T. 2003. Two types of logical structures in child language. *Journal of Cognitive Science*, 3: 155-182.

Lee, T. 2005. The acquisition of additive and restrictive focus in Cantonese. In D. Ho & O. J. L. Tzeng (Eds.), *POLA Forever: Festschrift in Honor of Professor William S. Y. Wang on His 70th Birthday* (pp. 71-114). Taiwan Institute of Linguistics, Academia Sinica.

Lee, T. 2010. Nominal structure in early child Mandarin. In C. Wilder & T. A. Afarli (Eds.), *Chinese Matters: From Grammar to First and Second Language Acquisition* (pp. 75-109). Trondheim: Tapir Academic Press.

Lee, T. & Szeto, K. 1996. The acquisition of (in) definiteness in Cantonese. In *The Development of Grammatical Competence in Cantonese-Speaking Children*. Report of a project funded by Hong Kong Research Grant Committee CUHK.

Lee, T. & Wu, Z. 2013. The scope of bare nouns and numeral phrases: An experimental study of child Mandarin. In Y. Otsu (Ed.), *The Proceedings of the 14th Tokyo Conference on Psycholinguistics* (pp. 137-158). Tokyo: Hituzi Syobo.

Lenneberg, E. H. 1967. *Biological Foundations of Language*. New York: Wiley.

Levinson, S. C. 1983. *Pragmatics*. Cambridge: Cambridge University Press.

Levinson, S. C. 2000. *Presumptive Meanings: The Theory of Generalized Conversational Implicature*. Cambridge: MIT.

Levinson, S. C. 2006. On the human "interactional engine". In N. J. Enfield & S. C. Levinson (Eds.), *Roots of Human Sociality: Cognition, Culture, and Interaction* (pp. 39-69). London: Berg.

Lewis, D. 1979. Scorekeeping in a language game. *Journal of Philosophical Logic*, 8(1): 339-359.

Li, C. N. & Thompson, S. A. 1976. Subject and topic: A new typology of Language. In C. N. Li (Ed.), *Subject and Topic* (pp. 457-489). New York: Academic Press.

Li, C. N. & Thompson, S. A. 1981. *Mandarin Chinese: A Functional Reference Grammar*. Stanford: University of California Press.

Li, P. 2018. Children's knowledge of conventional implicatures: Evidence from the mandarin lian...dou construction. In A. B. Bertolini & M. J. Kaplan (Eds.), *Proceedings of the 42nd Annual Boston University Conference on Language Development* (pp. 451-464). Somerville: Cascadilla Press.

Li, X. 2013. *Numeral Classifiers in Chinese*. Boston: De Gruyter Mouton.

Li, Y.-H. A. 1998. Argument determiner phrases and number phrases. *Linguistic Inquiry*, 29: 693-

702.

Lillo-Martin, D., de Quadros, R. M. 2011. Acquisition of the syntax-discourse interface: The expression of point of view. *Lingua,* 121(4): 623-636.

Liu, H. 2009. Additive Particles in Adult and Child Chinese. Ph.D. Dissertation. Hong Kong: City University of Hong Kong.

Liu, M. 2017. Varieties of alternatives: Mandarin focus particles. *Linguistics and Philosophy,* 40(1): 61-95.

Liu, Y. & Yang, Y. 2017. To exhaust or not to exhaust: An experimental study on Mandarin shi-clefts. In M. Y. Erlewine (Ed.), *Proceedings of GLOW in Asia XI, 2* (pp. 103-117). Cambridge: MIT Working Papers in Linguistics.

Longobardi, G. 1994. Reference and proper names. *Linguistic Inquiry,* 25: 609-665.

Lust, B. 2006. *Child Language: Acquisition and Growth.* Cambridge: Cambridge University Press.

Lyons, C. 1999. *Definiteness.* Cambridge: Cambridge University Press.

MacWhinney, B. 2000. *The CHILDES Project: Tools for Analyzing Talk.* Mahwah: Lawrence Erlbaum Associates.

Maratsos, M. P. 1974. Preschool children's use of definite and indefinite articles. *Child Development,* 45: 446-455.

Maratsos, M. P. 1976. *The Use of Definite and Indefinite Reference in Young Children.* Cambridge: Cambridge University Press.

Marten, L. 2002. *At the Syntax-Pragmatics Interface: Verbal Underspecification and Concept Formation in Dynamic Syntax.* Oxford: Oxford University Press.

Matsuoka, K. 2004. Addressing the syntax/semantics/pragmatics interface: The acquisition of the Japanese additive particle mo. In A. Brugos, L. Micciulla & C. E. Smith (Eds), *Proceedings of the 28th Annual Boston University Conference on Language Development.* https://www.bu.edu/bucld/files/2011/05/28-matsuoka.pdf.

Matsuoka, K., Miyoshi, N., Hoshi, K., et al. 2006. The acquisition of Japanese focus particles: Dake "only" and mo "also". In D. Bamman, T. Magnitskaia & C. Zaller (Eds), *Proceedings of the 30th Boston University Conference on Language Development.* https://www.bu.edu/bucld/files/2011/05/30-MatsuokaBUCLD2005.pdf.

May, R. 1985. *Logical Form: Its Structure and Derivation.* Cambridge: MIT.

Miller, K., Schmitt, C., Chang, H., et al. 2005. Young children understand some implicatures. In A. Brugos, M. R. Clark-Cotton & S. Ha (Eds.), *Proceedings of the 29th Annual Boston University Conference on Language Development* (pp. 389-400). Somerville: Cascadilla Press.

Min, R. 1994. The Acquisition of Referring Expressions by Young Chinese Children. Ph.D.

Dissertation. Nijmegen: The Catholic University of Nijmegen.

Ming, T. & Chen, L. 2010. A discourse-pragmatic study of the word order variation in Chinese relative clauses. *Journal of Pragmatics*, 42: 168-189.

Mok, S. S. & Rose, R. 1997. The semantics and pragmatics of dou: A non-quantificational account. In L. Xu (Ed.), *The Referential Properties of Chinese Noun Phrases* (pp. 141-166). Paris: EHess.

Montague, R. 1974. *Formal Philosophy: Selected Papers of Richard Montague*. R. Thomason (Ed.). New Haven: Yale University Press.

Morris, C. W. 1938. Foundations of the theory of signs. In O. Neurath, R. Carnap & C. W. Morris (Eds.), *International Encyclopedia of Unified Science* (pp. 1-59). Chicago: Chicago University Press.

Mosel, U. & Hovdhaugen, E. 1992. *Samoan Reference Grammar*. Oslo: Scandinavian University Press.

Müller, A., Schulz, P. & Höhle, B. 2011. How the understanding of focus particles develops: Evidence from child German. In M. Pirvulescu, M. C. Cuervo, A. T. Pérez-Leroux, et al. (Eds.), *Proceedings of the 4th Conference on Generative Approaches to Language Acquisition North America* (GALANA 2010) (pp. 163-171). Somerville: Cascadilla Proceedings Project.

Musolino, J. 1998. Universal Grammar and the Acquisition of Semantic Knowledge: An Experimental Investigation of Quantifier-Negation Interactions in English. Ph.D. Dissertation. College Park: University of Maryland, College Park.

Müller, A., Höhle, B., Schmitz, M., et al. 2009. Information structural constraints on children's early language production: The acquisition of the focus particle auch ('also') in German-learning 12- to 36-month-olds. *First Language*, 29: 373-399.

Musolino, J. 2004. The semantics and acquisition of number words: Integrating linguistic and developmental perspectives. *Cognition*, 93: 1-41.

Musolino, J. 2006. On the semantics of the subset principle. *Language Learning and Development*, 2(3): 195-218.

Musolino, J. & Lidz, J. 2006. Why children aren't universally successful with quantification. *Linguistics*, 44(4): 817-852.

Nadig, A. S. & Sedivy, J. C. 2002. Evidence of perspective-taking constraints in children's on-line reference resolution. *Psychological Science*, 13(4): 329-336.

Narasimhan, B. & Dimroth, C. 2008. Word order and information status in child language. *Cognition*, 107: 317-329.

Nederstigt, U. 2001. The acquisition of additive "focus particles" in German. In A. H.-J. Do, L. Domínguez & A. Johansen (Eds.), *Proceedings of the 25th Annual Boston University Conference* on *Language Development* (pp. 554-565). Somerville: Cascadilla Press.

Nederstigt, U. 2003. *Auch and Noch in Child and Adult German.* Berlin/New York: Mouton de Gruyter.

Nederstigt, U. 2006. Additive particles and scope marking in child German. In V. van Geenhoven (Ed.), *Semantics in Acquisition* (pp. 303-328). Dordrecht: Springer.

Nilsen, E. S. & Graham, S. A. 2009. The relations between children's communicative perspective-taking and executive functioning. *Cognitive Psychology*, 58(2): 220-249.

Notley, A., Zhou, P., Crain, S., et al. 2009. Children's interpretation of focus expressions in English and Mandarin. *Language Acquisition*, 16: 240-282.

Notley, A., Zhou, P., Jensen, B., et al. 2012. Children's interpretation of disjunction in the scope of 'before': A comparison of English and Mandarin. *Journal of Child Language*, 39: 482-522.

Notley, A. M., Zhou, P., Crain, S. 2016. Children's interpretation of conjunction in the scope of negation in English and Mandarin: New evidence for the semantic subset maxim. *Applied Psycholinguistics*, 37(4): 867-900.

Noveck, I. A. 2001. When children are more logical than adults: Experimental investigations of scalar implicature. *Cognition*, 78: 165-188.

Noveck, I. A. & Posada, A. 2003. Characterizing the time course of an implicature: An evoked potentials study. *Brain and Language*, 85(2): 203-210.

Noveck, I. A. & Sperber, D. 2007. The why and how of experimental pragmatics: The case of 'Scalar Inferences'. In N. Burton-Roberts (Ed.), *Pragmatics* (pp. 184-212). London: Palgrave Macmillan.

O'Neill, D. K. 1996. Two-year-old children's sensitivity to a parent's knowledge state when making requests. *Child Development*, 67: 659-677.

Onishi, K. H. & Baillargeon, R. 2005. Do 15-month-old infants understand false beliefs?. *Science*, 308: 255-258.

Papafragou, A. & Musolino, J. 2003. Scalar implicatures: Experiments at the semantics-pragmatics interface. *Cognition*, 86: 253-282.

Papafragou, A. & Tantalou, N. 2004. Children's computation of implicatures. *Language Acquisition*, 12(1): 71-82.

Paris, S. 1973. Comprehension of language connectives and propositional logical relationships. *Journal of Experimental Child Psychology*, 16: 278-291.

Paterson, K. B., Liversedge, S. P., Rowland, C., et al. 2003. Children's comprehension of sentences with focus particles. *Cognition*, 89: 263-294.

Paterson, K. B., Liversedge, S. P., White, D., et al. 2006. Children's interpretation of ambiguous focus in sentences with "only". *Language Acquisition*, 13: 253-284.

Paul, W. & Whitman, J. 2008. Shi… de focus clefts in Mandarin Chinese. *The Linguistic Review*, 25: 413-451.

Penner, Z., Tracy, R. & Weissenborn, J. 2000. Where scrambling begins: Triggering object scrambling at the early stage in German and Bernese Swiss German. In S. M. Powers & C. Hamann (Eds.), *The Acquisition of Scrambling and Cliticization* (pp. 127-164). Dordrecht: Kluwer.

Percus, O. 1997. Prying open the cleft. In K. Kusumoto (Ed.), *The Proceedings the 27th Annual Meeting of the North-East Linguistics Society* (NELS) (pp. 337-351). Amerst: University of Massachusetts.

Philip, W. & Lynch, E. 2000. Felicity, relevance, and acquisition of the grammar of "every" and "only". In S. C. Howell, S. A. Fish & T. Keith-Lucas (Eds.), *Proceedings of the 24th Annual Boston University Conference on Language Development* (pp. 583-596). Somerville: Cascadilla Press.

Piaget, J. 1959. *The Language and Thought of the Child*. London: Routledge & Kegan Paul.

Pinker, S. 1984. *Language Learnability and Language Acquisition*. Cambridge: Harvard University Press.

Pinker, S. 1994. *The Language Instinct*. New York: Happer Collins.

Pinker, S. 1997. *How the Mind Works*. New York: Norton.

Pinker, S. 2005. So how does the mind work?. *Mind & Language*, 20: 1-24.

Plumert, J. M. 1996. Young children's ability to detect ambiguity in descriptions of location. *Cognitive Development*, 11: 375-396.

Pollard, C. & Sag, I. A. 1994. *Head-driven Phrase Structure Grammar*. Chicago: University of Chicago Press.

Portner, P. 2002. Topicality and (non-)specificity in Mandarin. *Journal of Semantics*, 19(3): 275-287.

Pouscoulous, N., Noveck, I. A., Politzer, G., et al. 2007. A developmental investigation of processing costs in implicature production. *Language Acquisition*, 14(4): 347-375.

Prince, E. F. 1981. Toward a taxonomy of given–new information. In P. Cole (Ed.), *Radical Pragmatics* (pp. 223-256). New York: Academic Press.

Prince, E. F. 1992. The ZPG letter: Subjects, definiteness, and information-status. In S. Thompson & W. Mann (Eds.), *Discourse Description: Diverse Analyses of a Fundraising Text* (pp. 295-325). Amsterdam: John Benjamins.

Prinz, J. J. 2006. Is the mind really modular?. In R. Stainton (Ed.), *Contemporary Debates in*

Cognitive Science (pp. 22-36). Oxford: Blackwell.

Radford, A. 1990. *Syntactic Theory and the Acquisition of English Syntax: The Nature of Early Child Grammars of English*. Oxford: Blackwell.

Ramchand, G. & Reiss, C. 2007. Introduction. In G. Ramchand & C. Reiss (Eds.), *The Oxford Handbook of Linguistic Interfaces* (pp. 1-13). Oxford: Oxford University Press.

Recanati, F. 2004. *Literal Meaning*. Cambridge: Cambridge University Press.

Reinhart, T. 1981. Pragmatics and linguistics: An analysis of sentence topics. *Philosophica*, 27: 53-94.

Reinhart, T. 2004. The processing cost of reference set computation: Acquisition of stress shift and focus. *Language Acquisition*, 12(2): 109-155.

Reinhart, T. 2006. *Interface Strategies*. Cambridge: MIT.

Rips, L. J. 1975. Quantification and semantic memory. *Cognitive Psychology*, 7(3): 307-340.

Roberts, C. 1996. Information structure in discourse: Toward an integrated formal theory of pragmatics. In J. H. Yoon & A. Kathol (Eds.), *OSU Working Papers in Linguistics 49: Papers in Formal Semantics* (pp. 91-136). Columbus: The Ohio State University, Department of Linguistics.

Robbins, P. 2017. Modularity of mind. In E. N. Zalta (Ed.), *Stanford Encyclopedia of Philosophy*. Stanford: Stanford University. https://plato.stanford.edu/entries/modularity-mind/.

Robinson, E. J. & Robinson, W. P. 1982. Knowing when you don't know enough: Children's judgements about ambiguous information. *Cognition*, 12(3): 267-280.

Rochemont, M. 2016. Givenness. In C. Féry & S. Ishihara (Eds.), *The Oxford Handbook of Information Structure* (pp. 42-64). Oxford: Oxford University Press.

Rooth, M. 1985. *Association with Focus*. Ph.D. Dissertation. Amherst: University of Massachusetts.

Rooth, M. 1992. A theory of focus interpretation. *Natural Language Semantics*, 1(1): 75-116.

Rozendaal, M. & Baker, A. 2010. The acquisition of reference: Pragmatic aspects and the influence of language input. *Journal of Pragmatics*, 42(7): 1866-1879.

Russell, B. 1905. On denoting. *Mind*, 14: 479-493.

Saxton, M. 2017. *Child Language: Acquisition and Development*. New York: Sage.

Schaeffer, J. 2000. Object scrambling and specificity in Dutch child language. In S. M. Powers & C. Hamm (Eds.), *The Acquisition of Scrambling and Cliticization* (pp. 71-93). Dordrecht: Kluwer.

Schaeffer, J. & Matthewson, L. 2005. Grammar and pragmatics in the acquisition of article systems. *Natural Language & Linguistic Theory*, 23: 53-101.

Schafer, R. & de Villiers, J. 2000. Imagining articles: What a and the can tell us about the emergence of DP. In S. C. Howell, S. A. Fish & T. Keith-Lucas (Eds.), *Proceedings of the BUCLD 24* (pp. 609-620). Somerville: Cascadilla Press.

Schmitz, M. & Höhle, B. 2007. Habituierung und dishabituierung als maße der perzeptuellen und kognitiven entwicklung: Methoden und anwendungsbereiche. In L. Kaufmann, H. C. Nuerk, K. Konrad, et al. (Eds.), *Kognitive Entwicklungsneuropsychologie* (pp. 47-57). Göttingen: Hogrefe.

Schulz, K. & van Rooij, R. 2006. Pragmatic meaning and non-monotonic reasoning: The case of exhaustive interpretation. *Linguistics and Philosophy*, 29(2): 205-250.

Serratrice, L., Sorace, A., Filiaci, F., et al. 2009. Bilingual children's sensitivity to specificity and genericity: Evidence from metalinguistic awareness. *Bilingualism: Language and Cognition*, 12(2): 239-257.

Shi, D. 1994. The nature of Chinese emphatic sentences. *Journal of East Asian Linguistics*, 3(1): 81-100.

Shyu, S. 2004. (A)symmetries between Mandarin Chinese lian...dou and shenzhi. *Journal of Chinese Linguistics*, 32(1): 81-128.

Shyu, S. 2010. Focus interpretation of zhi 'only' associated arguments in Mandarin triadic constructions. *Linguistics*, 48(3): 671-716.

Shyu, S. 2014. Topic and focus. In J. Huang, A. Li & A. Simpson (Eds.), *The Handbook of Chinese Linguistics* (pp. 100-125). Malden: Blackwell.

Shyu, S. & Hiseh, M. 2011. Review of *"Focus and Scales: An Experimental Study of L1 Acquisition of Cai and Jiu in Mandarin Chinese"*. *Journal of Chinese Linguistics*, 39(1): 246-265.

Simons, M., Tonhauser, J., Beaver, D., et al. 2010. What projects and why. In N. Li and D. Lutz (Eds.), *Proceedings of the 20th Conference on Semantics and Linguistic Theory (SALT)* (pp. 309-327). Ithaca: CLC Publications.

Sio, J. U. 2008. The encoding of referential properties in the Chinese nominal. *Language and Linguistics*, 9: 101-126.

Skordos, D. & Papafragou, A. 2016. Children's derivation of scalar implicatures: Alternatives and relevance. *Cognition*, 153: 6-18.

Slabakova, R. 2011. Which features are at the syntax-pragmatics interface?. *Linguistic Approaches to Bilingualism*, 1: 89-93.

Slobin, D. 1973. Cognitive prerequisites for the development of grammar. In C. A. Ferguson & D. I. Slobin (Eds.), *Studies of Child Language Development* (pp. 175-208). New York: Holt, Rinehart and Winston.

Slobin, D. I. 1985. Crosslinguistic evidence for the language making capacity. In D. I. Slobin (Ed.),

The Crosslinguistic Study of Language Acquisition, Vol. 2 (pp. 1157-1256). Hillsdale: Erlbaum.

Smith, C. L. 1980. Quantifiers and question answering in young children. *Journal of Experimental Child Psychology*, 30: 191-205.

Sorace, A. 2005. Syntactic optionality at interfaces. In L. Cornips & K. Corrigan (Eds.), *Syntax and Variation: Reconciling the Biological and the Social* (pp. 46-111). Amsterdam: John Benjamins.

Sorace, A. 2011. Pinning down the concept of "interface" in bilingualism. *Linguistic Approaches to Bilingualism*, 1: 1-33.

Sorace, A. & Filiaci, F. 2006. Anaphora resolution in near-native speakers of Italian. *Second Language Research*, 22(3): 339-368.

Sorace, A., Serratrice, L., Filiaci, F., et al. 2009. Discourse conditions on subject pronoun realization: Testing the linguistic intuitions of older bilingual children. *Lingua*, 119(3): 460-477.

Sperber, D. 1994. The modularity of thought and the epidemiology of representations. In L. A. Hirschfeld & S. A. Gelman (Eds.), *Mapping the Mind* (pp. 39-67). Cambridge: Cambridge University Press.

Sperber, D. 2002. In defense of massive modularity. In I. Dupoux (Ed.), *Language, Brain and Cognitive Development* (pp. 47-57). Cambridge: MIT.

Sperber, D. & Wilson, D. 1986. Pragmatics and modularity. In A. M. Farley, P. T. Farley & K.-E. McCullough (Eds.), *Papers from the Parasession on Pragmatics and Grammatical Theory* (pp. 67-84). Chicago Linguistic Society.

Sperber, D. & Wilson, D. 1995. *Relevance*. Oxford: Blackwell.

Sperber, D. & Wilson, D. 2002. Pragmatics, modularity and mind-reading. *Mind & Language*, 17: 3-23.

Stalnaker, R. C. 1972. Pragmatics. In D. Davidson & G. Harman (Eds.), *Semantics of Natural Language* (pp. 380-397). Dordrecht: Reidel.

Stalnaker, R. C. 1974. Pragmatic presuppositions. In P. K. Unger & M. K. Munitz (Eds.), *Semantics and Philosophy* (pp. 197-214). New York: New York University Press.

Stalnaker, R. C. 2002. Common ground. *Linguistics and Philosophy*, 25: 701-721.

Steinhauer, K., White, E. J. & Drury, J. E. 2009. Temporal dynamics of late second language acquisition: Evidence from event-related brain potentials. *Second Language Research*, 25(1): 13-41.

Stemmer, B. 1999. An on-line interview with Noam Chomsky: On the nature of pragmatics and related issues. *Brain and Language*, 68: 393-401.

Stephens, N. 2010. Given-Before-New: The Effects of Discourse on Argument Structure in Early Child Language. Ph.D. Dissertation. Stanford: Stanford University.

Stiller, A. J., Goodman, N. D., Frank, M. C. 2015. Ad-hoc implicature in preschool children. *Language Learning and Development*, 11(2): 176-190.

Strawson, P. F. 1950. On referring. *Mind*, 59: 320-344.

Strawson, P. F. 1964. Identifying reference and truth-values. *Theoria*, 30: 96-118.

Su, Y. 2013. Scalar implicatures and downward entailment in child Mandarin. *Journal of East Asian Linguistics*, 22(2): 167-187.

Sugawara, A. 2016. The Role of Question-Answer Congruence (QAC) in Child Language and Adult Sentence Processing. PhD. Dissertation. Cambridge: MIT.

Szendrői, K. 2004. Acquisition evidence for an interface theory of focus. In J. van Kampen & S. Baauw (Eds.), *Proceedings of Generative Approaches to Language Acquisition 2003* (pp. 457-468). Utrecht: LOT.

Szeto, K. 1993. Referentiality and definiteness in child Cantonese. Paper presented at the 2012 Annual Conferences of Linguistic Society of Hong Kong.

Teng, S. 1979. Remarks on cleft sentences in Chinese. *Journal of Chinese Linguistics*, 7: 101-114.

Guasti, M. T., Chierchia, G., Crain, S., et al. 2005. Why children and adults sometimes (but not always) compute implicatures. *Language and Cognitive Processes*, 20: 667-696.

Terrace, H. S. 1979. *Nim*. New York: Knopf.

Thornton, R. 1990. Adventures in Long-Distance Moving: The Acquisition of Complex Wh-questions. Ph.D. Dissertation. Storrs: University of Connecticut.

Thornton, R. 1996. Elicited production. In D. McDaniel, C. McKee & H. S. Cairns (Eds.), *Methods for Assessing Children's Syntax* (pp. 77-102). Cambridge: MIT.

Tomasello, M. 1992. The social bases of language acquisition. *Social Development*, 1(1): 67-87.

Tomasello, M. 2003. *Constructing a Language: A Usage-based Theory of Language Acquisition*. Cambridge: Harvard University Press.

Townsend, D. J. & Bever, T. G. 2001. *Sentence Comprehension: The Integration of Habits and Rules*. Cambridge: MIT.

Tsimpli, I. & Sorace, A. 2006. Differentiating interfaces: L2 performance in syntax-semantics and syntax-discourse phenomena. In D. Bamman, T. Magnitskaia & C. Zaller (Eds.), *The Proceedings of the 30th Annual Boston University Conference on Language Development* (pp. 653-664). Somerville: Cascadilla Press.

Tsimpli, I., Sorace, A., Heycock, C., et al. 2004. First language attrition and syntactic subjects: A study of Greek and Italian near-native speakers of English. *International Journal of Bilingualism*, 8(3): 257-277.

Tsoulas, G. 2015. The syntax-pragmatics interface. In A. Alexiadou & T. Kiss (Eds.), *Syntax-

Theory and Analysis: An International Handbook (pp. 1256-1283). Berlin: Mouton de Gruyter.

Tsoulas, G. & Gil, K. H. 2011. Elucidating the notion of syntax-pragmatics interface. *Linguistic Approaches to Bilingualism*, 1: 104-107.

Turner, E. A. & Rommetveit, R. 1967. Experimental manipulation of the production of active and passive voice in children. *Language and Speech*, 10: 169-180.

Vallduví, E. 1992. *The Informational Component*. New York: Garland.

van Rooij, R. & Schulz, K. 2004. Exhaustive interpretation of complex sentences. *Journal of Logic, Language and Information*, 13: 491-519.

Velleman, D., Beaver, D., Destruel, E., et al. 2012. It-clefts are IT (inquiry terminating) constructions. In A. Chereches (Ed.), *The Proceedings of the 22th Semantics and Linguistic Theory (SALT)* (pp. 441-460). Chicago: University of Chicago.

Velleman, L. & Beaver, D. 2016. Question-based models of information structure. In C. Féry & S. Ishihara (Eds.), *The Oxford Handbook of Information Structure* (pp. 86-107). Oxford: Oxford University Press.

von Fintel, K. 2008. What is presupposition accommodation, again?. *Philosophical Perspectives*, 22: 137-170.

Wagner, M. 2016. Information structure and production planning. In C. Féry & S. Ishihara (Eds.), *The Oxford Handbook of Information Structure* (pp. 541-561). Oxford: Oxford University Press.

Ward, G. & Birner, J. B. 2004. Information structure and non-canonical syntax. In L. R. Horn & G. L. Ward (Eds.), *The Handbook of Pragmatics* (pp. 153-174). Oxford: Blackwell.

Ward, G., Birner, J. B. & Kaiser, E. 2017. Pragmatics and information structure. In Y. Huang (Ed.), *The Oxford Handbook of Pragmatics* (pp. 568-591). Oxford: Oxford University Press.

Warden, D. A. 1976. The influence of context on children's use of identifying expressions and reference. *British Journal of Psychology*, 67: 101-112.

Warden, D. A. 1981. Learning to identify referents. *British Journal of Psychology*, 72: 93-99.

White, L. 2009. Grammatical theory: Interfaces and L2 knowledge. In W. Ritchie & T. Bhatia (Eds.), *The New Handbook of Second Language Acquisition* (pp. 49-68). Leeds: Emerald.

Wiltschko, M. 2022. Language is for thought and communication. *Glossa: A Journal of General Linguistics*, 7(1). doi: https://doi.org/10.16995/glossa.5786.

Wu, Z. 2017. Acquisition of scalar reading of dou in Mandarin. Paper presented at the First International Conference on East Asian Theoretical Psycholinguistics. Hong Kong: The Chinese University of Hong Kong.

Wynn, K. 1990. Children's understanding of counting. *Cognition*, 36: 155-193.

Wynn, K. 1992. Children's acquisition of the number words and the counting system. *Cognitive Psychology*, 24: 220-251.

Xiang, M. 2008. Plurality, maximality and scalar inferences: A case study of mandarin dou. *Journal of East Asian Linguistics*, 17: 227-245.

Xu, L. 2004. Manifestation of informational focus. *Lingua*, 114: 277-299.

Xu, L. 2007. Topicalization in Asian languages. In M. Everaert & H. van Riemsdijk (Eds.), *The Blackwell Companion to Syntax* (pp. 137-174). Oxford: Wiley.

Xue, J. & Onea, E. 2011. Correlation between presupposition projection and at-issueness: An empirical study. In G. Kierstead (Ed.), *The Proceedings of the ESSLLI 2011 Workshop on Projective Meaning* (pp. 171-184). Columbus: The Ohio State University.

Yang, C., Crain, S., Berwick, R. C., et al. 2017. The growth of language: Universal Grammar, experience, and principles of computation. *Neuroscience & Biobehavioral Reviews*, 81: 103-119.

Yang, X. 1999. Focus and Scales: L1 Acquisition of Cai and Jiu in Mandarin Chinese. Ph.D. Dissertation. Hong Kong: Chinese University of Hong Kong.

Yang, Y. & Liu, Y. 2017. Exhaustivity and at-issueness: Evidence from L1 Acquisition of Mandarin. In A. Lamont & K. Tetzloff (Eds.), *Proceedings of the Forty-seventh Annual Meeting of the North East Linguistic Society* (pp. 275-284). Ulverston: CreateSpace Independent Publishing Platform.

Zhang, N. 2006. Representing specificity by the internal order of indefinites. *Linguistics*, 44: 1-21.

Zhang, N. 2015. Nominal-internal phrasal movement in Mandarin Chinese. *The Linguistic Review*, 32: 375-425.

Zhou, P. & Crain, S. 2010. Focus identification in child Mandarin. *Journal of Child Language*, 37(5): 965-1005.

Zhou, P. & Crain, S. 2011. Children's knowledge of the quantifier *dou* in Mandarin Chinese. *Journal of Psycholinguistic Research*, 40(3): 155-176.

Zwicky, A. M. & Sadock, J. M. 1975. Ambiguity tests and how to fail them. In J. P. Kimball (Ed.), *Syntax and Semantics, Vol. 4* (pp. 1-35). New York: Academic Press.

后　记

在婴幼儿个体的早期发展中，语言的习得是最引人关注的一个方面。儿童习得语言的过程非常自然，他们不需要课本，不背单词和语法条目，也无须反复操练。儿童习得语言的过程也非常迅速。一般认为，学龄前儿童就已经基本掌握了母语的核心语法知识，后续主要是积累更多的词语，以及学习如何恰当地使用语言。但儿童在习得语言的过程中所能依赖的经验从"质"和"量"来看都非常有限：儿向语通常在词汇和语法方面都比较简单，充斥着大量不合语法或含混不清的表达。然而，儿童似乎不被这些潜在的问题困扰，按照他们自己的节奏快速地习得了语言这一复杂的系统。

生成语法认为，语言以模块化的方式组织和运作。语言本身是个独立的模块，区别于其他认知能力。而语言内部各模块也是相对独立的，有自己的运作方式，彼此之间通过接口相联系。各模块知识的发展也不同步。比如，尽管核心语法知识的习得很早就能完成，语用知识的习得需要的时间却相对较长。很多时候，孩子们虽然已经能熟练地遣词造句来表达自己的想法，却因为说的话不合时宜或者听不懂对方的言外之意而让人忍俊不禁。所谓的"童言无忌"正是这个意思。

近年来，接口知识的习得受到儿童语言研究者的关注。哪些知识具有接口特征？接口知识的习得是否比核心语法知识的习得更为困难？儿童如何习得和加工这类知识？学界对这些问题的探究方兴未艾。而本书正是从汉语儿童语言习得的角度加入讨论。书中选取了已知信息和新信息的表征、焦点小品词和等级含意三类语法-语用接口知识，采用自然语料追踪和行为实验相结合的方法，描写并尝试解释了汉语语法-语用接口知识的习得。希望这一努力有助于深化对语法-语用接口和汉语儿童语言习得的理解。

　　本书为我主持的国家社会科学基金项目"汉语儿童语言中的句法语用接口研究"（项目编号：13CYY024）的结项成果。首先，感谢所有参与调查和实验的儿童以及他们的家长和幼儿园老师。在长达六年的研究中，先后有北京语言大学幼儿园、湘潭大学幼儿园、深圳市第二幼儿园、深圳市第一幼儿园（原深圳市机关第一幼儿园）、广州市洛浦街格莱特幼儿园、广东外语外贸大学幼儿园的数百名儿童参与研究，从他们稚嫩的话语和可爱的反应中，我们得以了解语言发展的诸多细节。特别感谢香港中文大学李行德教授，李老师不仅是最早带我进入儿童语言习得领域的领路人，两次给我赴香港中文大学进行博士后研究的机会，更为重要的是，本书部分语料来自他所领导建立的北京话儿童早期语言获得语料库，有关汉语定指和不定指表征的习得研究也是在他的指导下完成的。他宽广的视野、深厚的学养和对后学无微不至的提携与关怀，都值得我终身学习。文卫平教授、杨小璐教授、周鹏教授、张云秋教授、胡建华教授、黄爱军教授、苏怡教授、黄海泉教授、潘海华教授，以及国家社会科学基金结项评审的匿名专家对书中研究提出了宝贵建议。正式交稿前，博士生章珩、缪永智通读了全书，并做了初步校对。科学出版社杨英老师和贾雪玲老师为本书的编辑出版付出了许多心血，她们对于部分文字表述的修改加工，让本书增色不少。本书的出版得到广东外语外贸大学英语语言文化学院的资助。在此笔者一并致谢。

　　最后，谨以此书纪念我的导师北京语言大学方立教授。桃李不言，下自成蹊。老师曾经给我的学识、鼓励和包容，永远是我前行的动力。